KB268124

함께하니 참 행복합니다

- 권태진 목사의 사랑 이야기 -

함께하니 참 행복합니다

- 권태진 목사의 사랑 이야기 -

함께하니 참 행복합니다

— 권태진 목사의 사랑 이야기

지은이 | 문성모
초판 발행 | 2017년 5월 10일
2쇄 발행 | 2017년 5월 19일
등록번호 | 제1988-000080호
등록된 곳 | 서울특별시 용산구 서빙고로65길 38
발행처 | 사단법인 두란노서원
영업부 | 2078-3333　FAX　080-749-3705
출판부 | 2078-3331

책값은 뒤표지에 있습니다.
❚ ISBN 978-89-531-2847-7 03230

편집부에서 독자의 의견을 기다립니다.
❚ tpress@duranno.com　　http://www.duranno.com

함께하니 참 행복합니다

- 권태진 목사의 사랑 이야기 -

문성모 지음

두란노

Contents

제1장

불로 연단 된 그릇

감 사 의 말

"나의 나 된 것은 오직 하나님의 은혜"(고전 15:10)라는 말씀이 곧 저의 고백입니다. 삶 전체가 병들고 부족한 나를 사랑하신 전능자의 은혜로 지금까지 감사하는 마음으로 목회를 하고 복지사역을 일구고 있습니다.

그러나 그 일을 할 수 있게 하신 힘과 지혜와 환경 역시 하나님의 은혜라 생각되어 글을 쓰고 있는 지금도 송구스러운 마음입니다.

교회를 개척하던 초기, 이성적으로 생각하면 무모했습니다. 목회와 가정 모두가 물 위로 걸어가는 예수님만 보고 걷는 듯했습니다. 배경, 돈, 환경, 건강 그 무엇도 갖추어지지 않은 상태에서 하나님께서는 강권적인 성령의 역사로 나를 부르셨고, 쉼 없이 불같은 연단을 하셨고, 천막으로 예배당을 세우게 하셨습니다. 사람 사랑하는 마음을 주시고 사단법인 성민원을 세울 수 있는 환경도 주셨습니다. 섬기고 돕고 나누며 사랑함으로 보람과 기쁨의 맛을 알게 하셨습니다.

한 알의 밀알이 만들어 내는 결실을 볼 수 있는 마음을 주셔서, 성도와 가족 모두가 함께 행복을 꿈꾸고 서로에게 행복의 날개가 되었습니다. 나의 최고의 선물인 아내, 최고의 기업인 자녀들과 신령한 가족인 성도를 주셔서 39년이 하루처럼 짧았습니다.

나의 삶과 목회 여정의 열매를 정리해서 역사 속에 간직할 수 있도록 해주신 전 서울장신대학교 총장 문성모 박사님과 군포제일교회의 성도들과 출판부에도 깊은 감사를 전합니다. 교계의 권위 있는 학자이신 문 박사님의 학문적인 실력과 뜨거운 영성의 시각으로 빚어낸 귀한 책을 통해 나의 목회와 복지사역이 알려져 동역자들이 함께 행복하기를 기도해 봅니다.

선배 목사님들, 동료 목사님들, 성도와 지인들의 따뜻한 평가에도 감사드립니다. 그리고 사랑하는 가족과 성도들, 또한 나와 함께 일한 교계의 많은 목사님들께도 말씀의 능력을 믿고 영육의 회복이 있기를 소원합니다.

사람의 필요를 채워 주다 보니 함께하는 분들이 늘어나고 기관들이 생겼습니다. 신령한 가족으로서 채워준 것이 착한 행실로 전능자께 영광이 되었고 지역에서 필요로 하는 교회가 되었습니다. 노인부터 아이까지, 신자부터 불신자까지 섬김과 나눔으로 봉사의 동질을 이루었습니다.

사랑하는 신령한 가족들, 고해의 바다를 항해하는 생애, 함께 웃고 사랑하며 십자가 지고 갑시다. 주님은 제게 기관이나 공동체의 틀을 넘어 천국 가는 날까지 여러분과 함께 가고 싶은 소원을 주셨습니다. 과거에 대한 감사, 현재의 자족, 미래의 준비로 균형 잡힌 삶을 살아 보려고 합니다. 천국에 가는 날까지 서로의 때를 알고 미래를 준비하며, 섬기고 나누고 사랑함으로 눈 덮여 길 없는 곳에도 행복의 발자국을 만들길 소원합니다.

이 책을 읽는 모든 분께도 같은 소원이 임하기를 기도합니다.

감사합니다. 행복하십시오.

2017년 5월

권태진 목사

　한 인간이 불같은 시련 속에서 연단되어 정금 같은 모습으로 하나님의 사람이 되는 과정은 아름답다. 인생에는 고난이 있고 고통이 끊이지 않는다. 산다는 것은 고난과의 싸움이다. 고통 속에서 살아남기 위해 인내하며 노력한 사람은 정신적으로 내밀한 성장을 하여 단단하고 알이 꽉 찬 모습을 보여 준다. 그런 사람들의 입지전적 인생 이야기는 아름다워서 듣는 이들의 마음에 감동을 준다.

　고난이 유익을 남기고 갈 때 그것을 잡아 삶을 가꾸고 감동적인 인생 스토리를 만들면 그 삶은 역사가 된다. 평범한 이들의 삶은 그 자신만의 역사로서 가치를 지닌다. 그러나 위대한 인간의 삶은 자신뿐만 아니라 그를 아는 이들이나 세상 모든 사람에게 감동을 주고 유익을 주고 교훈을 주는 역사가 된다. 자신을 넘어서서 어떤 공동체나 민족이나 세계에 영향을 끼치고 감동을 주는 역사를 만든 사람들을 우리는 위인(偉人)이라고 한다. 위인들의 삶이 감동적인 역사로 남는 이유가 있다. 그들은 굳이 행복하고 편한 길을 마다하고 하나님과 이웃과 민족과 세상을 위하여 자신을 희생하고, 시간과 정력을 소진하며 살아간 사람들이다.

여기 한 사람의 목회자요 설교자요 사회복지사요 시인인 권태진 목사의 이야기를 기록하여 세상에 소개한다. 이 책에는 그가 겪었던 불행에서 행복으로, 실패에서 성공으로, 시련에서 극복으로, 질병에서 치유로의 드라마 같은 이야기들이 날줄과 씨줄처럼 엮여 형형색색 수놓아져 있다. 그 역사가 저자인 나에게 감동을 주었다. 그리고 다른 사람들에게도 감동과 교훈을 선물할 것이라는 확신과 함께, 한국 교회 역사에 더없이 소중한 보물이라는 생각으로 이 책을 세상에 내놓게 되었다.

이 책에는 그가 지금까지 일구어 놓은 군포제일교회와 사단법인 성민원의 이야기가 담겨 있다. 또한 목회자와 설교자와 시인으로서 그의 면모를 소개하고 있다. 한 사람에 대한 전기(傳記)이지만 학문성과 대중성을 모두 포용하면서 만들었다. 또한 전기 형식을 유지하면서도 너무 딱딱하거나 지루하지 않도록 삶의 여러 파편들을 이야기로 만들어 소개했다. 먼저 권태진 목사의 삶과 신앙 이야기를 다루고, 다음에 권태진 목사와 저자가 묻고 답한 인터뷰 내용을 통하여 그의 인간적인 내면세계를 엿볼 수 있게 했다. 마지막으로 권태진 목사를 아는 지인(知人)들의 이야기에서 그의 위인으로서의 면모를 조명해 보았다.

이 책에는 권태진 목사에 관한 모든 것이 총망라되고 정리되어 있다. 그리고 권태진 목사의 저서와 관련 자료를 일목요연하게 소개함으로 그를 연구하려는 후학에게 유익을 주려고 노력했다. 또한 정확한 참고문헌의 게재를 위해 최대한 노력했다. 마지막으로 송암 권태진 목사 연보를 실어 삶의 자취를 정리했다.

자료를 구하고 정리하는 데 함께 고생한 군포제일교회 부속실의 김차희 간사, 마경은 간사에게 감사드린다. 무엇보다도 책을 쓸 수 있도록 동기부여를 해주고 인터뷰에 협조해 주신 권태진 목사께 감사드린다.

아무쪼록 이 책을 통하여 권태진 목사의 귀한 삶과 신앙과 열정이 감동으로 전해지길 바란다. 그리고 한국 교회에 권태진 목사와 같은 많은 후배들이 배출되어 하나님께 쓰임 받기를 바란다. 모든 영광을 하나님께 돌리며, Soli Deo Gloria!

2017년 5월
저자 문성모 목사

불로 연단된 그릇

나의 가는 길을 오직 그가 아시나니 그가 나를 단련하신 후에는 내가 정금같이 나오리라(욥 23:10, 개역한글)

1. 가난과 질병의 깊은 골짜기

권태진 목사는 1949년 4월 23일(음력) 경북 문경군 산양면 형천리의 '큰 구렁'(깊은 골짜기)이라 불리는 동네에서 아버지 권중훈(權重熏)과 어머니 최일녀의 둘째 아들로 태어났다. 그의 나이 세 살 때 당시 초등학교 교사로 재직하던 아버지가 폐결핵으로 일찍 세상을 떠나셨다. 청상과부가 된 어머니는 재혼하라는 작은할아버지의 권유를 뿌리친 채 어린 두 아들의 양육을 위해 혼자 살기로 결심했다. 먹고살 길이 막막하던 그 시절 가난을 뼛속까지 경험하면서 어린 시절을 보낸 권태진이었지만 그의 마음에는 야심이 있었다. 이대로 시골에서 계속 살 수는 없었다.

사춘기에 접어든 권태진은 고향을 떠날 기회를 엿보고 있었다. 당시 그의 형이 대구에 가서 가구점 기술을 배워 문경 시내 근처인 점촌에서 살고 있었다. 권태진은 형 집에서 일을 도우며 머물게 되었고, 아버지의 옛날 친구의 도움으로 학교 공부도 하게 되었다. 어린 권태진은 가난할수록 누구에게 지기 싫어하는 성격을 가지게 되었고, 그 때문에 태권도를 배우기 시작했는데, 너무 무리하게 운동에 집착한 결과 폐결핵에 걸리고 말았다. 그의 나이 15세 때의 일이다. 그는 그때의 고통을 다음과 같이 기록하고 있다.

오후가 되면 온몸에 신열이 나고 가슴은 바늘로 찌르는 것 같은 고통을 느꼈다. 얼굴의 피부는 검은색으로, 입술은 연둣빛으로, 눈가는 원숭이처럼 검은 반점이 생겼다. 다리와 팔은 운동했던 근육이 빠지느라 너무 아파서 밤새도록 잠을 이루지 못했다. 사진 촬영 결과 폐결핵으로 폐에 구멍이 났다고 한다. 너무 늦었지만 한번 약이나 써 보자면서 '파스짓'과 '아이나'라고 하는 두 종류의 약을 주었다. 집에 돌아와 약을 먹기 시작했다. 약을 먹으니 온몸이 더 쑤시고 소화도 되지 않아 결국 위장까지 문제가 생겼다. 이 고통과 아픔은 상상을 초월하는 것이었다.[1]

병원에서 결핵균을 죽이기 위해 처방해 준 항생제가 얼마나 독했던지 권태진은 폐결핵에 위장병까지 겹치는 상황을 맞았다. 가난에 질병까지 겹친 권태진은 심한 좌절감을 맛보게 되었고, 약을 먹어도 효과 없이 점점 심해져 가는 그의 병으로 말미암아 고통과 절망이 극에 달하게 되었다. 그는 의지할 부모도 친구도 없었다. 자신은 버려진 인생이고 잘못 태어난 생명이라고까지 생각하며 자포자기의 눈물을 쏟아 냈다.

2. 알 수 없는 이끌림

눈물과 절망으로 한숨 쉬며 삶을 포기하려 할 즈음, 그는 우연히 교회의 종소리를 듣게 되었는데, 마치 누군가가 자기를 부르는 소리같이 들렸다. 그는 형언할 수 없는 신비한 힘에 이끌려 종소리를 따라 집을 나서게 되었고, 난생처음으로 교회에 나가 예배를 드리게 되었다. 그는 교회에 출석하게 된 동기를 다음과 같이 회상하고 있다.

그때가 중학생 때였어요. 사춘기에 가난과 질병 속에서 좌절을 맛보았으니 죽고 싶은 심정이었습니다. 수요일 저녁이었습니다. 점촌제일교회의 부흥회를 알리는 종소리에 이끌려 난생처음으로 예배당에 발을 디뎠어요. 종소리가 꼭 나를 오라고 부르는 소리로 들렸습니

---

1) 권태진, 《목회 속에 피어나는 복지》, 쿰란출판사, 서울 2013, 16쪽.

다. 나는 그때까지 교회 나가는 내 또래 아이들을 비아냥거리고 무시했습니다. 잘못된 지식으로 교회는 남녀가 연애하는 장소요, 잠자리 채로 돈 내라고 강요하는 곳이요, 신발 도둑이 있는 곳이라고 생각한 것입니다. 아무튼 예배당에 갔어요. 알지 못하는 힘에 이끌린 나는 그곳에 가면 무엇인가 인생의 돌파구가 있을 것 같은 생각이 든 것입니다.[2]

권태진은 그다음 날 용기를 내어 교회에 찾아갔다. 목요일이었으므로 예배는 없었는데 교회 정원에서 점잖은 신사 한 분이 꽃과 나무에 물을 주고 있었다. 교회 목사님이었다. 권태진은 먼저 인사를 건넸다. "선생님 안녕하세요. 저 같은 사람도 교회 올 수 있습니까?" 그는 목사님이라는 명칭도 모르던 터라 목사를 선생님이라고 불렀던 것이다. 그 신사는 물 주던 조리개를 내려놓고 친절하게 악수를 청했다.

권태진은 그때까지 교회는 부자들만 좋아하고 없는 자를 멸시하는 집단으로 알고 있었다. 또 지식인들이 못 배운 자들을 무시하는 곳이라고 생각했다. 그런데 나이 많은 어른이 그에게 먼저 친절을 베풀고 다정하게 맞아 주는 것을 보고 권태진은 크게 감동을 받았다. 지식인 가운데도 저렇게 겸손하고 인자한 분이 있다는 사실에 교회에 호감이 가기 시작했다.

며칠 뒤 주일이 되어 권태진은 교회 가기로 마음먹었다. 그러나 교회 안으로 첫발을 들여놓기가 생각보다 쉽지 않았다. 그는 아침에 교회 근처까지 갔다가 용기가 없어서 들어가지 못하고 돌아왔다. 주일 저녁예배 시간이 되었는데, 그는 그때도 혼자 갈 용기가 없어서 병일이라는 친구를 데리고 갔다. 권태진은 처음 교회에서 예배드린 경험을 이렇게 적고 있다.

---

2) 권태진 목사와의 인터뷰. 2017. 1. 9. 군포제일교회 당회장실.

가지 않으려는 친구를 강제로 데리고 교회 안까지 들어갔다. 내가 자리잡은 곳은 신발장 앞이었다. 잔뜩 긴장이 되어 처음부터 끝까지 무릎을 꿇고 있었으나 무릎이 아픈 줄도 몰랐고, 그 예배 시간이 너무나 짧게만 느껴졌다. 나와 동행한 친구는 매우 고통스러워했다. 예배가 끝나자 나의 마음속에는 큰 위로와 기쁨이 샘솟았다. 나는 진작 교회에 출석하지 않은 것을 후회했다. '하나님 말씀을 듣고 사는 교인들은 정말 행복한 사람이겠구나' 하는 생각이 들었다. 내 눈에는 목사님이 한 분의 신으로 보였고 교인들은 천사와 같이 보였다. 내가 이곳에 속했다는 자부심 때문에 기분이 좋았다. 이제는 주일을 기다리는 자가 되었다. 교회에 가는 것을 기다리는 것 때문에 몸이 아픈 것까지 잊어버릴 정도였다. 약 한 달이 지나자 교회에서 나의 자리는 제일 앞자리가 되었다. 예배 시간 전에 가서 기다리고, 찬송을 부르고, 설교를 들으니 마른 스펀지에 물이 스며드는 것처럼 시원함을 느꼈다.[3]

3. 감격의 치유 체험

권태진은 주일만 되면 어김없이 교회로 발걸음을 옮겼고, 예배를 드리고 말씀에 감격하여 집으로 돌아오곤 했다. 그런데 문제가 발생했다. 어느 주일 예배를 마치고 나오는데 청년 하나가 권태진을 좀 보자면서 예배당 뒤로 끌고 갔다. 그러고는 다짜고짜로 욕을 하면서 "너 이 새끼 누구 꼬시러 왔냐"며 험악한 분위기를 만들었다. 교회를 안 나오던 낯선 얼굴이 보이니 여학생을 사귀러 온 것이라고 오해했던 것이다. 누구보다 지기

---

3) 권태진, 《목회 속에 피어나는 복지》, 17–18쪽.

싫어하던 권태진은 그 청년과 한바탕 싸움을 벌였다. 교회에는 모두 천사만 있는 것은 아니라는 생각이 들었고, 싸운 뒤라 그 교회에 갈 수도 없었다.

그러던 어느 날 권태진은 중학교 동창을 집 앞에서 만났다. 예전에 점촌감리교회에서 학생회장을 하던 친구였다. 그때는 권태진이 교회 다니는 아이들을 놀렸기 때문에 그는 그냥 지나치려 했다. 권태진은 그 친구를 불러 세우고 물었다. "야! 네가 다니는 교회에 나도 나갈 수 있냐?" 했더니 그 친구가 놀라며 교회 오는 것을 환영한다고 말했다. 권태진은 그 친구의 교회에 출석하게 되었다.

성탄절이 되어 교회 십자가에 장식을 하고 주일학교 성탄 발표회, 새벽송 등의 행사로 모두 분주했다. 그런데 토요일 학생회 예배 시간이 끝났을 때, 동네 불량 청소년 세 명이 찾아와 교회에 있는 아이들을 괴롭히고 욕을 했다. 권태진은 전에 싸운 일도 있고 해서 조용히 타이르려 했다. 그런데 그 불량배들이 이번에는 타이르는 그에게 다가와 시비를 걸었다. 그들 중 하나가 권태진에게 "쪼끄만 새끼가 까불어, 너 맛 좀 볼래" 하는 말에 화가 치밀었다. 권태진은 그와 육탄전으로 맞붙었고 5분 만에 싸움은 권태진의 승리로 끝이 났다. 전에 태권도를 배웠던 실력이 녹슬지 않은 결과였다.

권태진도 얼굴이 성한 곳이 없었다. 그는 그 일로 목사님께 불려 갔다. 그리고 목사님으로부터 교회에서 싸우지 말 것과 참아야 한다는 훈계도 들었다. 권태진은 이후 다시는 안내를 서거나 불량배들과 시비를 붙지 않고 앞자리에 앉아 말씀 듣고 기도하는 일만 했다.

어느 날 교회 부흥회가 시작되었다. 열심히 북소리에 맞추어 박수를 치면서 찬송을 불렀다. 부흥회에 참석한 권태진은 목사님의 설교가 하나님의 음성처럼 들렸다고 한다. 부흥회 3일째 되던 날 그는 성령 체험을 하고 방언과 입신 상태를 경험하면서 중생의 체험을 하게 되었다.

나도 모르게 통성기도 시간에 소리를 내어 부르짖게 되었고, 내 혀에서는 알지 못하는 이상한 언어가 나오는데 그게 방언이었습니다. 기도의 열기가 고조되었을 때 나는 사도 바울처럼 천국을 경험하는 입신 상태에 빠졌고, 그때 본 천국의 아름다움은 형언할 수 없었습니다. 천사의 인도를 받아 간 천국에는 각종 과일나무가 있었고, 황금으로 만든 보좌와 보석으로 꾸민 기둥들과 커다란 바다와 아름다운 꽃동산도 보았습니다. 입신 상태에서 일어나 보니 한 시간이나 지난 후였습니다. 그런 신비한 경험에서 깨어난 후 나는 거듭남의 체험과 더불어 하나님의 종으로 살 것을 서원하였습니다.[4]

이러한 체험 후에 그의 병도 사라졌고, 권태진은 완전히 새사람이 되어 중생의 즐거움 속에서 새로운 인생을 살게 되었다. 그리고 하나님의 종으로 살겠다는 결단도 했다. 그는 성경을 얻어서 읽기 시작했는데, 말씀이 마치 송이꿀같이 달고 맛이 있었다. 아무리 읽어도 지루하지 않았고 읽으면 읽을수록 깨달음이 오면서 하나님의 사랑을 느낄 수 있었다. 기도를 하면 하나님이 옆에 계신 것같이 느껴졌고, 찬송을 부르면 몇 번이고 다시 부르고 싶은 충동에 눈물을 흘리며 감격하기도 했다. 세상의 그 어떤 사람도 부럽지 않았고, 가난도 전혀 문제가 되지 않았다. 하나님이 그의 앞길을 책임져 주신다는 믿음 속에서 그는 하나님의 사람으로 이제 막 새 출발을 하게 된 것이다.

---

4) 권태진 목사와의 인터뷰. 2017. 1. 9. 군포제일교회 당회장실.

4. 고단한 부산살이

　권태진의 속사람은 하나님의 은총을 입어 새사람이 되었다. "내 영혼이 은총 입어 중한 죄짐 벗고 보니 / 슬픔 많은 이 세상도 천국으로 화하도다 / 할렐루야 찬양하세 내 모든 죄 사함 받고 / 주 예수와 동행하니 그 어디나 하늘나라." 그의 마음을 이처럼 잘 표현한 찬송이 또 있을까? 천국은 마음에 있다는 예수님의 말씀이 꼭 맞는 가사였다.

　그러나 권태진의 현실은 나아진 것이 별로 없었다. 여전히 가난했고, 여전히 희망의 물꼬를 찾기 어려웠다. 어디서부터 어떻게 삶의 질곡을 헤쳐 나와야 할지 인간적으로 뾰족한 수가 보이지 않았다. 인간적인 방법이 없을 때는 하나님만을 의지하는 것밖에 도리가 없었다.

　그는 답답한 현실에서 하나님의 뜻을 묻기 위해 무전여행을 하기로 마음먹었다. 당시에는 젊은이들이 무전여행을 많이 하던 때였다. 어머니의 돈을 일부 가지고 서울로 가기로 작심했다. 그야말로 무작정 상경을 결심한 것이다. 서울로 가려면 김천에서 기차를 타야 했다. 그는 김천역으로 가서 서울 가는 기차 시간을 물었다. 그러나 서울행 열차는 오후에 있었고 오전에는 부산행 열차밖에 없었다. 할 수 없이 행선지를 변경한 권태진은 이때 부산에 와서 뱃고동 소리를 처음 들었다고 한다.

　밤이 되자 잘 곳을 찾아야 했다. 값싼 여관에 가서 여관 주인에게 숙박비를 3분의 1만 내게 해달라고 사정을 했다. 주인은 다른 사람과 같이 방을 쓰면 깎아 주겠다고 했다. 권태진이 피곤하여 잠을 청하고 있는데 걸인이 들어왔다. 그는 권태진에게 가지고 온 고구마튀김을 건네며 이런저런 이야기를 들려주었다. 그날 밤 권태진은 거지 아저씨가 들려주는 '거지의 사계절 나는 법' 강의를 들었다.

　겨울에는 농촌의 부잣집에 들어가 소죽거리 주는 것을 돕고 문간방에서 지내면 되고, 봄이 되면 방 안에서 나가지 말고 잠만 자고 있으면 보다 못한 주인이 돈 주어서 내보낸다고 했다. 여름에는 들에서 일하는 사람을 위해 새참거리를 갖고 가는 여인들의 길을 막으면 돌아올 때 일꾼 밥 주고 남은 것을 준다고 했다. 가을에는 옷 잘 입은 사람 따라가면 잔칫집, 회갑집, 상갓집에 가서 맛있는 것을 먹을 수 있다고 자랑스럽게 말했다.[5]

아침에 거지 아저씨와 함께 길을 나섰다. 그는 권태진을 똘마니 정도로 생각하는 모양이었다. 그를 따라 부산역으로 갔다. 그러나 계속 거지를 따라다니며 밥이나 얻어먹을 수는 없는 노릇이었다. 권태진은 거지가 부산역 지하도로 들어갈 때 이탈하여 아무 버스나 탔다. 그가 탄 버스의 종점은 동래라는 곳이었다.

버스를 타고 가는 도중 교회 종소리가 들렸다. 주일이었던 것이다. 권태진은 무조건 내렸다. 그리고 종소리 나는 쪽을 향하여 걸었다. 교회로 들어가 예배를 드렸다. 가출 소년의 모습으로 예배를 마치고 갈 곳이 없어 텅 빈 예배당에 우두커니 앉아 있었다. 그때 교인 중 금 집사라는 중년 부인이 어디서 왔느냐고 물었다. 그리고 갈 곳이 없으면 자기 집에 가서 점심을 먹자고 하여 따라갔다. 그분은 조그마한 사업을 하고 있었는데 마침 일손이 부족하여 일할 사람을 찾던 중이었다.

그는 권태진의 사정을 듣더니 자기가 하는 공장에서 일하라며 일자리를 마련해 주었다. 그러나 스펀지 원단을 본드로 접착하는 공장일은 손에 익지 않았고, 일을 마치면 녹초가 되어 아무것도 할 수가 없었다. 아침부터 저녁까지 쉬지 않고 일만 해야 했다. 화공 약품으로 접착제를 만드는

5) 권태진, "고난의 수레에 사랑을 싣고", 안준배 편 《한국기독교성령백년인물사 I》, 쿰란출판사, 서울 2002, 225쪽 이하 참조.

작업이었기에, 독한 냄새가 코를 찔렀고 본드를 흡입한 것처럼 밤만 되면 신경이 마비되고 환각 상태에 빠지곤 했다. 그때의 경험을 권태진은 다음과 같이 쓰고 있다.

매일 저녁이 되면 화학 냄새와 먼지로 눈이 따갑고 아파서 견딜 수가 없을 때도 있었으나 세상을 경험하고 있다는 기쁨에 몇 달을 견딜 수 있었다. 집에서 떠나올 때 가져온 돈 몇 푼은 은행에 저축해 비상시 집으로 돌아갈 차비로 갖고 있었다. 몸이 너무 아프고 고통스러웠던 어느 날 비상금 중에 일부를 찾아서, 꼼장어 파는 할머니를 찾아가 몇 마리 사먹었던 때도 있었다. 너무 영양이 결핍되어 눈이 잘 보이지 않았는데 꼼장어를 먹으니 다시 눈이 밝아졌다. 객지에서 자신의 건강관리는 자기 스스로 해야 한다는 것을 터득하게 되었다. 자기 인생을 자신이 책임져야 하고, 자신의 장래는 현실의 열매라는 것을 늘 생각하게 되었다.[6]

부산에서 3개월이 지났다. 초겨울이 되자 공장의 일감이 줄어들었다. 겨울철 옷 만드는 일이 끝나고 있었기 때문이다. 이제는 여기서 나가야겠다고 결심한 권태진은 주인에게 나가겠다고 하니 그동안의 수고비로 돈 몇 푼을 더 주었다. 권태진은 부산역으로 향했다. 그날 부산에는 하얀 눈이 소복이 쌓였다. 왠지 그를 축복해 주는 눈처럼 느껴졌다. 객지에서의 홀로서기란 쉽지 않았으나 이제는 어디를 가도 살 수 있다는 자신감이 권태진의 마음을 편하게 해주었다. 그가 갈 곳은 서울에 사는 형님 집밖에는 없었다.

---

6) 권태진, 《그 나라가 좋아요》, 성빛출판사, 경기 1992, 24-25쪽.

5. 서울로

권태진은 부산에서 다시 서울로 올라왔다. 엄동설한에 의지할 곳은 혈육인 형님밖에 없었다. 형님은 삼양동 달동네에서 셋방살이를 하고 있었다. 형님의 생활도 어려웠던 터라 편한 생활을 기대할 수는 없었지만, 서울 생활은 그의 마지막 희망이었다. 권태진이 형님 집에 갔을 때 마침 형님은 겨울철이라 일거리가 없어서 고향으로 내려가고 없었다. 형님은 집주인에게 동생이 오면 주라고 약간의 돈을 맡기고 갔는데, 그 주인이 전해 주지 않아 권태진은 추위와 배고픔으로 떨며 지내야 했다. 그렇게 며칠 밤을 자고 나니 추위에 입이 돌아가고 영양실조로 온몸이 수척하여 저리고 쑤시고 아팠다. 집주인이 그제야 인심을 쓰듯 형님이 맡긴 돈을 주어 약을 먹고 건강을 회복할 수 있었다.

권태진은 살기 위하여 이력서를 들고 사원 모집하는 회사를 찾아다녔다. 어떤 사기꾼들은 사원을 모집한다고 하면서 보증금을 받아 가로챈다는 말도 들렸다. 어떤 회사는 신원보증과 재정보증을 요구하였으므로 갈 수가 없었다. 권태진의 신원보증을 설 사람이 서울 천지에 한 명도 없었기 때문이다.

그때 그를 구해 준 손길은 하나님으로부터 왔다. 그는 어려운 생활 속에서도 열심히 주일예배에 참석하고 교회 봉사에 참여했다. 그는 삼양감리교회에 출석했는데, 하나님의 도우심으로 교회 친구의 이모를 통하여 회생할 수 있었다. 이모는 어머니 같은 친절함으로 그에게 먹을 것과 용기를 주었다. 그분은 반찬가게를 했는데, 가끔 삼양시장과 경동시장에서 도매로 산 채소를 손수레로 날라야 했다.

한번은 새벽 일찍 일어나 밥도 제대로 못 먹은 채 일을 시작했다. 친구가 손수레를 앞에서 끌고 권태진이 뒤에서 밀었다. 그날 권태진은 탈진하여 쓰러졌다.

나는 본래 영양 상태가 좋지 못한 터에 새벽부터 고된 일이 시작된 것입니다. 잔뜩 짐을 실은 손수레를 미는 일이 결코 쉽지 않았습니다. 눈에는 반딧불이 반짝였고, 뼈마디마다 시려 왔습니다. 대지극장을 몇 미터 앞에 두고 도저히 안 되겠어서 손수레 채소 더미에 머리를 처박고 있는 힘을 다해 밀었습니다. 목적지에 간신히 도착하고는 쓰러졌습니다. 온몸에 맥이 풀리고 머리가 어지럽고 구역질이 나기 시작했습니다. 내가 중간에 쓰러졌다면 손수레 자체가 곤두박질치면서 큰 사고가 날 판이었습니다. 어떻게 왔는지 머리가 하얗게 되어 기억도 나지 않았고, 정신이 멍한 상태에서 눈물이 쏟아졌습니다.[7]

6. 꿈에 먹은 밥

그즈음 권태진은 배고픔에서 오는 고통과 서러움을 하나님을 믿는 믿음으로 이기는 체험을 하게 되었다. 어느 날 라면 하나를 먹고 하루를 지내다 저녁에 배가 고파서 예배당으로 갔다. 피곤한 영혼과 지친 육신을 이끌고 기도하기 위해 교회를 찾은 것이다. 고난의 연속 속에서 그에게는 하나님밖에 의지할 분이 없었다. 그는 마룻바닥에 앉아서 처음 은혜 받았을 때를 생각하며 그동안 기도 생활을 제대로 못한 것을 회개하면서 하염없이 울었다. 울다 지쳐 잠이 들었는데 어머니의 품처럼 편안한 품에 안겨 있는 느낌이었다. 그날 밤 꿈에 그는 하얀 쌀밥과 고기반찬을 원 없이 먹었다. 그러던 중 옆에서 사람 소리가 났다. 밤이 지나고 새벽기도회 시

간이 된 것이었다.

권태진은 이 경험을 "하나님께서 꿈을 통해 먹여 주셨다"라고 고백한다. 그는 이 경험 후부터 신기하게 병약한 몸도 회복되었고 무거웠던 마음도 한결 가벼워졌다고 한다. 구부정한 허리도 펴졌고, 허기진 배도 덤덤해졌으며, 해쓱한 얼굴에는 화색이 돌았다. 그는 이 기적을 체험한 후 건강과 기쁨의 주인이 하나님이신 것을 확실히 믿게 되었다.

참 놀랍고 신기한 경험이었어요. 꿈에 밥을 먹고도 배가 부를 수 있다는 것을 난생처음 느껴 보았습니다. 느낌이 아니라 정말 배가 든든하고 힘이 났던 것입니다. 나는 꿈에 하나님께서 먹여 주셨다고 믿습니다. 이 경험을 통하여 하나님은 가난과 질병과 절망의 나락에서 헤매던 나를 일순간에 구원해 주셨다고 생각합니다. 예배당에서 잠을 자다가 꾼 꿈인데, 사람들의 인기척이 들리기 시작했어요. 깨어 보니 새벽 4시이고, 새벽기도회 나온 사람들의 소리였습니다.[8]

7. 군대에서의 하나님 사랑

1970년 권태진은 만 21세의 나이로 군에 입대하여 논산 훈련소에서 훈련을 받았다. 훈련 중에도 교회에 가고 싶었다. 그는 훈련소에서 교회 예배에 참석할 수 있게 된 사연에 대하여 다음과 같이 회상하고 있다.

어느 주일이 되어 교회에 다녀왔더니 저녁 시간에 군종병이 훈련병들 중 교회 갈 사람은 앞으로 나오라는 것이었습니다. 내무반에서

---

8) 권태진 목사와의 인터뷰. 2017. 1. 9. 군포제일교회 당회장실.

15명이 가겠다고 나왔어요. 그런데 내무반장이 화를 내면서 너희들이 내무반에서 주일에 일하기 싫으니까 교회 간다고 하며 그중 한 명을 몽둥이로 실컷 때렸습니다. 그래도 갈 사람은 앞으로 나오라고 소리치는데, 나는 나갔습니다. 모두 세 명이 매 맞아도 교회 가겠다고 나온 것입니다. 그랬더니 뜻밖에 내무반장이 "너희들은 진짜니교회 가도 된다"는 것이었습니다. 그 후 아무런 제재 없이 훈련소에서 교회를 다녔습니다. 하나님은 사자굴에서 다니엘과 친구들을 구원하셨듯이 죽기를 각오하고 교회 출석하고자 하는 나와 내 친구들을 구원해 주셨습니다.[9]

권태진은 훈련을 마치고 51사단에 배치되어 아산만 석문 근처에서 근무했다. 그는 군 생활 중에도 주일이면 교회에 가고 싶었으나 부대 안에는 교회가 없었다. 밖으로 나가 민간인 교회를 출석해야 했지만 고참들이 허락하지 않았다. 그러나 이런 방해가 그의 교회 출석을 막을 수는 없었다. 그가 교회에 출석했다는 죄로 단체기합을 받았다. 술을 먹고 때리는 고참들도 있었는데, 죽음의 위협이 느껴질 만큼 모진 매를 맞았다.

이날 주일이었어요. 부대에는 교회가 없었으므로 면사무소가 있는 마을의 교회에 가서 예배를 드렸습니다. 갔다 왔더니 모두 일요일인데도 열심히 작업을 하고 있었습니다. 내일 사단장님이 부대를 방문하신다는 것이었습니다. 나를 보는 눈들이 별로 좋지 않은 것을 느꼈습니다. 미안한 마음에 나는 더 열심히 작업반에 끼어 일을 했습니다. 저녁이 되었는데 내무반 분위기가 매우 살벌해지기 시작했습니다. 술자리 뒤에 하사와 병장 간에 험한 말싸움이 시작되었고 졸병들

---

9) 권태진 목사와의 인터뷰. 2017. 1. 9. 군포제일교회 당회장실.

은 두려움에 떨었습니다. 무슨 큰일이 날 것 같았어요. 성이 난 하사가 나에게 오더니 "졸병 새끼가 일요일만 되면 여자나 만나러 밖에 나가는데, 너 농땡이 치는 꼴 더 이상 보지 못하겠으니 이제 너를 죽여 버리겠다"는 것이었습니다. '이제 죽었구나' 하는 공포감이 몰려오는 한편, 담대한 마음도 생겼습니다. 죽을 때 죽더라도 당당하게 맞서자는 생각이 들었습니다. 그 하사는 내가 술을 먹지 않는 것을 알고 대접에다 소주를 한가득 주면서 이것을 마시면 용서해 준다고 했습니다. 모두 나를 쳐다보았습니다. 나는 술이 든 대접을 받았으나 술을 먹을 수는 없었습니다. 그래서 입에만 대고 삼키지는 않고 돌아서서 마시는 흉내를 내면서 내 옷 속으로 부었습니다. 다른 사람들은 모두 내가 술을 먹고 흘린 것으로 착각했습니다. 하나님이 주신 지혜로 그 위기의 현장을 벗어날 수 있었습니다.[10]

권태진은 이 일이 있은 다음 주일에도 교회에 갔다. 그는 교회 가려고 중사인 분초장에게 허락을 받았다. 중사는 그를 좋아해서 교회 가는 것을 막지 않았다. 그러나 하사인 분대장이 문제였다. 항상 권태진이 교회 가는 것을 못마땅해 했고, 시비를 걸었다. 그날도 교회 가는 것을 달가워하지 않더니, 갔다 오니까 중사가 자리를 비운 틈을 타서 권태진에게 욕을 해댔다. 그러더니 다짜고짜 야전삽으로 권태진을 내리치고는 군화발로 걷어차고 죽도록 때렸다. 하사는 중사와 사이가 좋지 않았는데, 그 분풀이를 그에게 한 것이다. 권태진은 그래도 굽히지 않고 주일만 되면 교회에 출석했다. 그렇게 몇 번을 맞고 나니 그가 교회 가는 것을 아무도 말릴 수 없었다. 이후로 눈치 보지 않고 떳떳하게 교회 갈 수 있었다. 부대에 비상이 걸려도 권태진의 교회 출석은 막지 못했다. 살고자 하면 죽고,

---

10) 권태진 목사와의 인터뷰. 2017. 1. 9. 군포제일교회 당회장실.

죽고자 하면 산다는 말씀이 현실이 되었다.

8. 월남전에서 배운 인내

　하나님의 은혜로 권태진은 다른 부대로 옮겨졌다. 그리고 그곳에서 그는 맹호부대에 속하여 월남전에 참전하게 되었다. 그는 월남전에 참전한 이유에 대하여 다음과 같이 설명했다.

　6개월 군대 생활 후에 휴가를 나왔습니다. 첫 휴가를 얻어 집에 왔는데 모두들 반겨 주고 어머니도 건강해 보였습니다. 그런데 두 번째 휴가를 나왔을 때 옆집 아주머니가 나에게 말씀하시기를, 지난번 휴가 때 어머니가 아들에게 용돈도 주지 못하여 내가 떠나간 후 몹시 괴로워하며 우시더라는 겁니다. 나는 어머니가 불쌍해 보였습니다. 아들 노릇도 못하고 어머니 마음만 아프게 해드린 것 같았습니다. 부대로 돌아와서도 어머니 생각에 잠이 오지 않았습니다. 순간 돈을 벌어야겠다는 생각에 월남전에 참전하기로 마음먹었습니다. 그때는 월남선이 한창일 때라 시원만 하면 바로 갈 수가 있었습니다. 맹호부대에 편성되어 강원도 옴리에서 훈련을 받으면서 기도하고 말씀 읽는 일도 게을리 하지 않았습니다. 훈련이 끝나고 부산으로 가서 베트남으로 가는 배를 탔습니다. 한 일주일 타고 가니 베트남에 도착하였습니다.[11]

　그에게는 또 다른 인생의 모험이 시작된 것이다. 생전 처음 외국에 나

---

11) 권태진 목사와의 인터뷰. 2017. 1. 9. 군포제일교회 당회장실.

가는 것이요, 생사를 건 전쟁터로 향하는 것이라 발걸음이 무거웠다. 그러나 그는 베트남으로 가는 배에서 성경을 읽고 찬송을 부르며 하나님의 도우심을 간절히 구했다. 울며 찬송하고 또 울며 찬송 부르기를 반복했다. 당시 그의 마음을 가장 잘 표현한 찬송은 '멀리 멀리 갔더니'일 것이다 (합동찬송가 253장).[12]

멀리 멀리 갔더니 처량하고 곤하며
슬프고 또 외로와 정처 없이 다니니
예수 예수 내 주여 곧 가까이 오셔서
쉬 떠나지 맙시고 부형같이 됩소서

예수 예수 내 주여 섭섭하여 울 때에
눈물 씻어 주시고 날 반갑게 하소서
예수 예수 내 주여 곧 가까이 오셔서
쉬 떠나지 맙시고 부형같이 됩소서

다니다가 쉬일 때 갑갑한 곳 만나도
홀로 있게 맙시고 길이 보호합소서
예수 예수 내주여 곧 가까이 오셔서
쉬 떠나지 맙시고 부형같이 됩소서

정말 그의 인생을 하나님께 의탁하고 가는 여정에는 불안감과 함께 호기심과 비장한 믿음의 결단이 교차하고 있었다. 그는 기도했다.

---

12) 권태진이 젊은 시절 부르던 〈합동찬송가〉 253장의 가사를 실었다. 당시 찬송가의 제목은 '멀리 떠난 자의 돌아옴'이었다.

하나님! 제가 의지할 것은 주님 품밖에 없습니다. 가진 것도 없고 아는 사람도 없고 미래도 불확실하지만 하나님을 의지하고 나아갑니다. 저를 도와주옵소서. 어떤 상황에서도 저와 함께하시고, 어떤 난관 속에서도 저를 인도해 주옵소서.[13]

권태진은 1972년 그의 나이 23세에 베트남 전쟁터에 도착했다. 그의 눈에 들어온 첫 번째 물건은 하얗고 네모난 박스였는데, 전사한 전우들의 유해와 유품이 소장된 상자라고 했다. 순간 두려운 마음에 몸이 움츠러들며 발걸음이 떨어지지 않았다. 내무반에 도착하니 사진을 찍고, 머리카락과 손톱, 발톱을 깎으라고 했다. 나중에 전쟁터에서 적의 포로가 되거나 죽어 시체를 못 찾으면 이런 것들을 집으로 보낸다는 것이었다. 그야말로 공포의 현장이었고 죽음의 위협이 코앞에 있었다.

베트남에 도착하여 머리카락을 자르고 손톱 발톱을 자르라고 하는데, '아, 내가 죽을 수도 있겠구나'라는 생각이 들면서 겁이 났습니다. 그러나 이 상황에서 나를 도울 분은 하나님 한 분밖에 없다고 생각되니 더 간절한 기도가 나왔습니다. 그리고 알지 못하는 평안이 마음에 찾아와 안심이 되는 체험도 하였습니다. 지금까시 살아온 것도 하나님의 도우심이었으니 이 전쟁터에서도 하나님이 나를 살려 주신다는 확신도 들었습니다. 사실 지금까지의 삶도 총성 없는 전쟁터와 같은 생활이었고, 여기까지 살아온 것도 기적이었습니다. 모두 하나님의 은혜지요.[14]

---

13) 권태진 목사와의 인터뷰. 2017. 1. 9. 군포제일교회 당회장실.
14) 권태진 목사와의 인터뷰. 2017. 1. 9. 군포제일교회 당회장실.

통신병으로서 베트남에서의 군대 생활이 몇 달 지났을 때 위기 상황이 발생했다. 권태진이 도둑으로 몰린 것이다. 헌병대가 그를 잡아갔다. 중 위가 한국에서 송달 받은 돈 600불이 없어졌는데, 여러 동료 병사들을 심 문한 결과 권태진이 범인이라는 심증을 굳힌 것이다. 아무리 아니라고 변 명해도 소용이 없었다. 결과를 이미 정해 놓고 범인으로 몰아 버리니 빠 져나갈 재간이 없었다. 계속되는 헌병대의 범죄 수사는 그를 미치게 만들 었다. 동료들의 차가운 눈초리와 왕따시키는 태도는 참을 수가 없었다. 그의 손에는 언제나 총과 수류탄이 있었다. 마음 하나 잘못 먹으면 큰 사 고가 날 판이었다. 권태진은 그때의 상황을 다음과 같이 기록하고 있다.

밤이 지나 대낮이 되었을 때 본부중대에 집합하라는 소리가 들렸다. 지난밤 근무자와 불침번 모두가 헌병대로 끌려가게 되었다. 나도 근 무자인고로 영문도 모르고 끌려갔다. 모두 도살장에 끌려가는 소처 럼 불안하기만 했다. 열댓 명이 끌려가서 심문을 받았다. "너 어제 몇 시에 잤나? 너의 전 근무자가 누군가? 너의 후 근무자가 누군가?" 등 여러 가지를 물었다. 나는 생각나는 대로 똑바로 말했다. 같이 간 모 두가 그런 식으로 취조를 받았다. 그 결과 7명 정도가 추려졌다. 다음 날 아침부터 헌병대에 가서 꿇어 앉게 되었다. 그때 베트남에 함께 간 동료는 헌병대에 있으면서도 전혀 아는 체하지 않고 죄인 취급하 는 것이 매우 고통스러웠다. 무섭고 고통스러워 죽고 싶을 정도였다. 3일 동안의 고통이 있었다. 일곱 명 모두는 시골 출신이어서 때리고 윽박지르면 말이 자꾸만 달라지고 취조하는 하사의 유도심문에 자 꾸 말려들었다. 그러나 나는 사실대로 말한 것이 기억되기 때문에 다 섯 번 물어도 조금도 변함이 없었다. 그때 그들 나름대로 결론을 내 린 것 같았다. 그 기간 중 중대장이 불러서 중대장실로 들어가니 권

총을 빼서 나를 향하여 "너 같은 놈이면 600불 아니라 6000불을 먹어도 고문에 흔들리지 않겠다"고 했다. 그때 나는 예수님을 믿는 내 자신을 생각하고 하나님은 아신다는 생각을 했다. 그때 중대장이 말하기를 지금은 전시중이기 때문에 너 같은 놈은 죽여도 문제가 되지 않는다고 했다. 나의 참을성도 한계에 이르렀다. 온몸이 불덩이 같고 피는 끓어오르기 시작했다. 눈은 충혈되고 눈에서는 눈물이 났다. 그때 나는 총을 겨눈 중대장에게 소리치면서 "쏴라! 죽일 테면 죽여라" 하고 달려들었다. 그때 나의 코에서는 코피가 터져 나오고 거센 숨소리는 피와 뭉쳐서 움직이며 나의 군복을 촉촉이 적셨다. 겁이 난 중대장은 도망을 갔다. 이 소식이 헌병대로, 중대본부로 알려졌다. 나는 너무나 억울했다. 나보다 순진한 시골 출신의 병사들을 욕하고 때리며 도둑으로 만든 자들의 소행이 너무나 악하게만 느껴졌다. 헌병대에서 하사와 다시 대면할 때 "나는 예수님을 믿는 자이며 절대 돈을 훔친 일이 없다"고 했다. 그러나 그는 내가 가져갔다고 했다. 나는 거기서 정 이렇게 하면 같이 죽자 하면서 죽이겠다고 덤벼들었다.[15]

권태진이 그날 밤의 분노를 잘 삭이고 무사히 넘길 수 있었던 것은 하나님의 도우심이었다. 그의 손에는 수류탄과 실단을 장전한 총이 있었다. 그러나 고향에 계신 어머니가 생각났다. '어머니에게 효도하려고 베트남에 온 것 아닌가. 그런데 내가 여기서 죽으면 어머니는 누가 모시고 이 불효의 죄를 어떻게 씻을 수 있을까.' 이런 생각이 들면서 하나님께 기도했다. 자신이 돈을 훔쳐 가지 않은 것을 하나님은 아시니 도와 달라는 기도였다. 그 흐느낌이 어찌나 간절했던지 옆의 동료들도 같이 울었다고 한다. 예수 믿는 사람이 총이 있다고 사고를 칠 수는 없었다. 어떻게든 살아

---

15) 권태진, 《그 나라가 좋아요》, 36쪽 이하.

돌아가야 한다는 생각이 머리를 지배했다.

권태진이 기도하고 또 기도하는 가운데 마음에 평안이 찾아왔다. 그때 그를 붙잡는 성령님의 손길이 느껴졌다. 십자가에서 피 흘려 돌아가시면서도 원수들의 잘못을 용서해 달라는 주님의 기도가 생각났다. 고향에 계신 어머니의 얼굴도 떠올랐다.

> 주여, 저들의 잘못을 용서하겠습니다. 주님이 십자가에서 죄인들을 용서하신 것처럼 저도 용서하겠습니다. 하나님은 진실을 아시오니 해결해 주옵소서. 이 억울함을 풀어 주옵소서. 저의 복수심을 다스려 주옵소서. 이 고난 속에서도 믿음을 지켜 승리하게 하옵소서.[16]

기도하고 나니 마음이 한결 가벼워졌다. 하나님이 다 알고 계신다고 생각하니 억울함도 조금 누그러지는 듯했다. 그리고 신기한 일이 벌어졌다. 일주일이 지나도록 권태진을 못살게 굴고 죄인 취급하며 모욕적인 언사를 일삼던 중대장이나 헌병대, 선임하사 등 상관들과 동료들이 그를 피하기 시작했다. 아니 그의 눈치를 보는 듯했다. 진범이 잡힌 것이다. 범인은 상사였다. 중위가 상사에게 600불을 주면서 냉장고와 필요한 물품을 사서 한국의 가족들에게 부치라고 했는데, 상사가 사러 가기 전날 밤 돈을 잃어버렸다고 중위에게 거짓 보고함으로써 벌어진 사건이었다.

드디어 그의 누명이 벗겨졌고 모든 것이 정상으로 돌아왔다. 그는 이참에 군목을 만나 자신이 받은 인간 이하의 수모와 폭력을 모두 고발하고 싶었으나 이 또한 성령께서 만류하셨다. 그는 참고 또 참아 하나님의 뜻에 순종했다.

이 사건을 통하여 그는 인내를 배웠다고 한다. 하나님만 의지하고 사람

---

16) 권태진 목사와의 인터뷰. 2017. 1. 9. 군포제일교회 당회장실.

을 믿지 말아야 한다는 교훈도 얻었다. 생각해 보면 고난이 변하여 복이 된 사건이었다. 그가 하나님의 사람으로 쓰임 받기 위한 시험을 무사히 통과한 의미 있는 사건이었다. 고난 중에 인내를 배우고, 하나님의 도우심을 기대하며 실수하지 않았으니 어찌 감사한 일이 아니랴! 합력하여 선을 이루시는 하나님의 뜻을 발견한 소중한 경험이었다.

9. 첫사랑의 회복

권태진은 전쟁터에서 살아남았다. 제대 말년에는 그가 고참이 되어 어려운 일도 별로 없었다. 기도 생활도 계속하였는데 이상하게 평안할 때는 고난의 때보다 하나님에 대한 간절한 신앙이 없었다. 그냥 이대로가 좋게 느껴졌다. 평안의 때가 오히려 영적으로는 위기 상황이라는 것을 그는 그때까지 몰랐다. 태평성대에 다윗이 범죄한 것처럼 그는 하나님에 대한 첫사랑을 점점 잃어버리고 있었다. 교회에 가는 것도 형식적이 되었고, 찬송이나 기도도 습관적으로 하게 되었다. 과거의 신비한 영적 체험도 그에게는 잊혀진 옛일이 되었다.

하나님은 이러한 권태진을 그냥 두지 않으셨다. 그의 몸에는 어린 시절 폐결핵의 후유증으로 생긴 위장병이 다시 찾아왔고, 이 때문에 그는 쇠약한 심신으로 전역해야 했다. 서울로 돌아온 후 아무 일도 못하고 병을 치료하고 있을 때, 어떤 청년이 찾아왔다. 권태진이 예수 믿고 첫 은혜를 받았을 때 그를 놀리고 비아냥거리던 청년이었다. 그가 예수를 믿은 뒤 예전 일을 사과하러 찾아온 것이다. 자신이 신앙생활을 하고 보니 그때 일이 마음에 걸려 용서를 구하러 왔다고 했다. 권태진은 그 일을 까맣게 잊고 살았는데, 이것은 또 무슨 일인가 생각하면서 기도할 마음이 생겼다.

그때 권태진은 크게 깨달았다. 내가 잊고 있던 죄와 허물이 있을 것인데 이를 회개해야 한다는 절박감이 몰려왔다. 그는 다시 교회를 찾아 철야기도회에서 눈물을 흘리며 회개하고 간절히 용서를 빌었다. 그는 이 일로 말미암아 주님을 만났을 때의 첫사랑을 회복할 수 있었다.

> 신앙적인 위기를 처음 겪었습니다. 위장병은 하나님이 주신 회개의 기회였고, 그 청년이 찾아와 내게 용서를 빈 사건은 십자가에서 내 죄를 용서하신 주님을 다시 만나는 계기가 되었습니다. 그저 평범하게 신앙생활을 하고 있던 나를 하나님이 더 크게 쓰시려고 질병 속에서 연단하셨다고 생각합니다. 그 일 후에 신학교에 가게 되었으니까요. 주님을 처음 만나 중생의 경험을 했을 때, 주의 종으로 살겠다던 나의 결심이 다 잊혀진 옛일이 되어 버렸는데, 하나님은 나를 다시 일깨우시고 사명을 주신 것입니다.[17]

10. 신학교 입학과 목회자의 길

1973년 군에서 제대한 후 권태진은 중곡동에 있는 세광교회에 출석하면서 집사로서 주일학교 교사와 재정부 일을 맡아 봉사했다. 그의 남다른 신앙적 열심은 담임목사의 눈에 들어왔다. 그는 집사 권태진에게 그가 강의하는 신학교에 가서 공부할 것을 권했다. 뜻밖의 제안이었다. "권 집사는 신학교 가서 주의 종이 되어야 한다"는 담임목사의 말씀은 권태진을 어리둥절하게 만들었다. 하지만 막연하게 기억되는 서원기도가 떠올랐다. 그가 어린 시절 거듭남의 체험을 했을 때 주의 종이 되겠다는 기도를

---

17) 권태진 목사와의 두 번째 인터뷰, 2017. 2. 6. 군포제일교회 당회장실.

한 일이 생각난 것이다. 권태진은 이것이 그 기도에 대한 하나님의 응답이 아닌가 했다.

그는 신학교에 다니면서도 아직 소명의식이 명확하지 않았다. 정말로 이 길이 내가 가야 할 길인가 하는 의문이 계속 따라다녔다. 어느 추운 겨울 남한산성의 기도원을 찾았다. 그리고 사력을 다해 기도했다. "하나님, 저는 주의 종으로 살 자신이 없습니다. 저는 아는 것도, 배운 것도 없는 사람입니다. 저는 사람 앞에 서면 숫기가 없어 말도 어눌하고 설교는 더더욱 할 수가 없습니다. 주여 불쌍히 여기사 길을 보여 주옵소서." 권태진은 그 기도원에서 하나님의 응답을 받았다. 환상을 본 것이다.

> 눈이 많이 내리던 어느 날 기도하는데, 비몽사몽간에 내가 초원에 있었습니다. 그런데 큰 황소 한 마리가 어린 꼬마에게 끌려 이리저리 다니고 있었습니다. 가만히 보니 그 꼬마의 손에 있는 막대기 끝에 십자가가 달려 있는 것이었습니다. 그 꼬마가 막대기를 자기 등 뒤로 넘기니까 그 큰 황소가 아이를 향해 달려들었습니다. 놀란 아이가 십자가 막대기를 황소에게 들이대니 그 소가 죽고 말았습니다. 나는 이 환상이 하나님의 응답이라고 믿었습니다. 어린아이 같은 내가 의지할 것은 오직 십자가뿐이라는 귀중한 교훈을 얻은 것입니다. 저는 하나님께 그 환상의 의미를 알려 달라고 기도했습니다. 제 마음속에 깨달아진 것은 나무는 말씀이고 십자가는 성령의 능력이라는 것입니다.[18]

그 응답 후에 권태진에게는 두려움이 사라지고 담대함이 생겼다. 내 능력과 지식으로 목회하는 것이 아니라 말씀과 성령의 능력으로 하는 것임

---

18) 권태진 목사와의 두 번째 인터뷰, 2017. 2. 6. 군포제일교회 당회장실.

을 깨달은 것이다. 말씀과 성령의 능력은 이후 권태진의 목회에 기초가 되었고, 군포제일교회의 심볼(symbol)도 이에 근거하고 있다.

11. 오직 한 길로만 인도하신 하나님

권태진은 신학교를 다니면서, 집사로 봉사하던 세광교회에서 전도사로 섬기게 되었다. 그리고 1977년 같은 교회 주일학교 교사였던 김희연 사모를 만나 결혼하게 되었다. 그는 아내의 헌신적인 내조와 지원 속에서 신학 공부를 무사히 마칠 수 있었다.

당시 권태진은 경제적으로 여전히 어려웠고, 사람들의 도움 없이는 살 수가 없었다. 그는 목회의 길을 가는 대신 차라리 사업을 하여 돈을 벌고 난 후에 교회 100개를 개척하리라 마음먹었다. 돈에 대하여 한이 맺힌 것을 풀고 싶었던 것이다. 그러나 그것은 하나님이 원하시는 길이 아니었다. 이러한 생각을 품고 실천에 옮기려 할 때 채찍을 맞았다. 아내가 큰 병을 얻어 한양대 부속병원에서 대수술을 받게 된 것이다. 의사가 믿는 사람이었는지 권태진에게 기도하라고 권했다. 회복을 보장할 수 없는 상황이었나 보다. 그는 밤을 새워 회개의 기도를 했고, 하나님의 은혜 가운데 아내는 예상보다 빨리 완쾌되어 퇴원하게 되었다. 그는 기도하면서 또 다시 하나님의 기적을 체험했다.

삼각산에 올라가 40일 작정기도를 시작했어요. 내가 사명을 저버리고 돈 벌려고 했던 것에 대한 하나님의 채찍으로 아내가 아프다고 생각하니 회개의 눈물이 쏟아졌습니다. 아내를 살려 달라고 간절히 기도했어요. 비가 억수같이 쏟아지던 어느 날이었습니다. 늘 기도하던 굴을 찾았는데, 이상하게 두려운 마음이 생겨 그날은 굴속에 들어가지 못했습니다. 그런데 다음 날 보니 내가 기도하던 자리에 큰 바위가 굴러 내려앉아 있었습니다. 하나님의 보호하심을 다시 한 번 느낀 사건이었습니다. 40일 작정기도의 37일째 되던 날에 환상을 보았습니다. 큰 용이 기도하는 나를 삼키려고 구름을 가르며 나에게 달려들었습니다. 나는 공포에 질려서 두 손을 높이 들고 "주여! 주여!" 하고 크게 소리를 질렀습니다. 예수의 이름으로 사탄아 물러가라고 악을 쓰며 외치고 또 외쳤습니다. 그 기세에 용이 박살이 나는 장면이 지금도 눈에 선합니다.[19]

아내는 건강을 되찾았으나 조금 모아 둔 돈은 물론 전세금까지 병원비와 치료비로 다 써 버린 상태였다. 더구나 1977년 동아신학교를 졸업한 후 다니던 교회에서 나와야 할 형편이었다. 동료들이 모두 교회를 개척하여 사역을 시작했는데 권태진도 개척교회를 시작하는 것밖에는 다른 길이 없었다.

앞길이 막막한 권태진은 졸업하고 목사고시를 앞둔 시점에서 본동교회 최홍 목사님을 찾아갔다. 그는 권태진이 청년 시절 삼양동 형의 집에서 기거할 때 삼양감리교회에서 함께 신앙생활을 하던 분이었다. 최 목사는 권태진을 자기 교회 교육목사로 추천하였고, 권태진은 목사고시에 합격하여 안수를 받게 되었다. 그 후 그는 삼각산 기도원에서 여러 날 특별기도를 드리며 하나님의 뜻을 구했다.

---

19) 권태진 목사와의 두 번째 인터뷰, 2017. 2. 6. 군포제일교회 당회장실.

12. 사명은 하나님이 이루신다

권태진은 1978년 30세의 나이로 목사 안수를 받았다. 안수를 받기 전 그는 마음에 무거운 짐을 진 자처럼 평안이 없었다. 아무리 생각해도 목회할 자신이 없었고, 목사가 된다는 사실이 두렵기만 했다. 감당할 자신이 없어 다시 기도하기 시작했다. 목사 안수를 앞두고 권태진은 당시 살고 있던 동네에서 가까운 아차산에 올라가 밤샘기도를 했다. 그때는 통행금지가 있어서 새벽 4시 전에는 산에서 내려올 수 없었다. "주여, 저는 많이 배우지도 못했습니다. 언변이 없어서 설교도 잘 못합니다. 경제적으로 바닥인 상태이고, 아무도 저를 도와줄 사람이 없습니다. 주여, 저는 목회의 은사가 없습니다." 이렇게 기도하면서 권태진은 하나님의 도우심을 밤새워 구했다. 하나님은 이때도 그에게 환상으로 응답하셨다.

> 기도하고 있는데 신비한 환상이 보였습니다. 동굴 속에서 갑자기 용광로에서 쇳물이 쏟아지듯 금빛 물이 흘러나오더니 금으로 된 보좌가 만들어졌습니다. 그러고는 알지 못하는 힘이 나를 이끌어 그 보좌에 앉히는 것입니다. 그때 나에게 큰 깨달음이 왔습니다. 목회는 인간의 힘이 아니라 하나님이 하시는 하나님의 일이라는 것입니다. 내가 순종하고 헌신하면 일을 이루시는 분은 하나님이심을 보여 주신 환상이었습니다.[20]

이 환상을 체험한 후 권태진의 마음에 두려움이 사라지고 목사가 된다는 마음의 짐도 가벼워졌다. 그는 목사로 세우시는 분도 하나님이시니 순종하는 마음으로 안수를 받기로 했다. 그리고 앞길도 주님께 맡기며 나아

---

20) 권태진 목사와의 두 번째 인터뷰, 2017. 2. 6. 군포제일교회 당회장실.

가기로 결심했다. 권태진은 목사가 된 후 한 번도 성직의 길에 들어선 것을 후회해 본 적이 없으며, 언제나 하나님만 바라보고 목회하고 있다.

목사가 되기 전까지 권태진은 유독 환상을 통하여 하나님의 뜻을 많이 깨달은 사람이다. 그렇다고 그는 신비주의에 기울거나 개인의 체험을 말씀보다 앞세우지는 않는다. 권태진은 누구보다도 말씀 중심의 신앙과 목회 철학을 가지고 있다. 환상을 많이 본 경험에 대하여 그는 자신이 너무 믿음이 없고 자꾸 좌절하니까 하나님께서 그런 방법을 동원하여 깨닫게 하시고 믿음을 주신 것이라고 설명한다.

> 저는 젊은 시절 환상을 많이 보았기 때문에 이런 현상을 부정할 수 없습니다. 하나님은 지금도 경우에 따라서는 이런 방법으로 자신의 뜻을 나타내신다고 봅니다. 그러나 내 신앙의 기준은 성경입니다. 이제는 환상을 기대하지도 않고 이에 끌려 말씀을 놓치지 않습니다. 믿음이 성장하고 하나님에 대한 확신이 서니까 성경만 가지고도 하나님의 뜻을 분명히 알 수 있었습니다. 성경에도 표적을 보고 믿는 자보다 보지 않고 말씀만 믿는 자가 더 복이 있다고 하였습니다. 내가 미련하고 강퍅해서 하나님을 의심할 때 주님께서는 초자연적인 방법으로 믿음의 확신을 가지게 하신 것이라고 생각합니다. 그 당시 저는 의심 많은 도마와 같이 보아야 믿는 자였습니다. 그러나 부활하신 예수를 만난 후에 도마가 변한 것처럼 저도 말씀이신 예수님만을 신앙의 기준으로 삼고 목회하고 있습니다.[21]

---

21) 권태진 목사와의 두 번째 인터뷰, 2017. 2. 6. 군포제일교회 당회장실.

제2장

내 양을 먹이라

그들이 조반 먹은 후에 예수께서 시몬 베드로에게 이르시되 요한의 아들 시몬아 네가
이 사람들보다 나를 더 사랑하느냐 하시니 이르되 주님 그러하나이다 내가 주님을 사
랑하는 줄 주님께서 아시나이다 이르시되 내 어린 양을 먹이라 하시고(요 21:15)

권태진 목사는 군포제일교회 교인들이 사랑하고 존경하는 설교자다. 매 주일 교회에 출석하여 권 목사의 말씀을 듣는 5천 명이 넘는 교인들은 그의 말씀 하나하나에 감동하고 은혜 받는다. 그리고 그 받은 말씀을 되새기며 삶에서 실천하려고 노력한다. 군포제일교회의 성장은 다른 여러 요소도 많지만 권 목사의 설교가 결정적인 요소다.

> 2013년 여름, 660명의 교인들이 설문조사에 참가했다. 출석 교인의 58.9%가 "목회자의 설교 내용이 좋아서 교회에 처음 나오게 되었다"고 답해 담임목사의 설교가 교회 선택의 큰 요인임이 밝혀졌다. 매 주일예배에 참여하는 비율이 전체 성도의 91.4%, 한 달에 3회 이상 구역 모임에 참여하는 비율이 응답자의 53.7%로 무척 높게 나타났다. 무엇보다 "교회에 나와 신앙이 성장했다"고 답한 사람이 55.3%나 되었다.[22]

권태진 목사는 해외로 출타하거나 병원에 입원하지 않는 한 반드시 강단을 지킨다. 설교는 예배라는 반지의 보석과도 같은 위치에 있다. 예배에 찬양이나 기도도 중요하지만 설교만큼 중요한 것은 없다. 권태진 목사는 설교 하나로 군포제일교회와 성민원이라는 큰 배를 움직이는 선장인 셈이다.

권태진 목사는 정성을 다해 설교를 준비하고 목숨을 걸고 설교한다. 목사로서의 정체성이 설교에 있기 때문이고, 목사의 가장 신성한 사명이 설교에 있기 때문이다. 권태진 목사의 설교는 다음과 같이 분석해 볼 수 있다.

---

22) 권태진, 《아비목회》, 두란노, 서울 2014, 57-58쪽.

1. 양을 먹이는 고민, 강해설교

권태진 목사의 설교는 철저하게 강해설교다. 그는 목회 초기에 성경을 성경대로 설교하는 강해설교의 가치를 깨달았다. 성경을 그대로 믿고 선포하는 강해설교야말로 교인들이 하나님의 말씀을 100% 믿고, 그 삶을 변화시킬 수 있다고 깨달은 것이다. 그는 목회 초기에 교인들이 말씀을 듣긴 들어도 삶이 변화되지 않는 현상을 보면서 문제가 자신의 설교에 있다고 판단했다. 그리고 인간의 생각과 의도가 배제된, 철저히 성경에서 주제를 찾고 풀어 가는 강해설교를 통하여 하나님의 말씀만 전하기 시작했다.

강해설교를 시작하면 우선 본문을 설교자 마음대로 선택할 수 없다. 한 성경의 본문을 계속 강해해야 하기 때문이다. 권 목사는 이렇게 한 성경을 택하여 계속 강해설교를 한 결과 교인들이 성경에 대한 지식과 더불어 삶에서의 적응력이 높아졌다고 한다. 교인들에게 영의 양식을 편식시키지 않고 균형 있게 먹이게 되었고 교회는 말씀에 기초하여 부흥하기 시작했다고 말한다.

아이러니하게도 강해설교는 정말 재미가 없다. 마치 맛이 없는 밥을 먹는 것과 같다. 그런데 음식을 맛으로만 먹겠는가! 맛보다 영양이 먼저다. 마찬가지로 양분이 풍성한 말씀을 듣는 것은 참으로 힘들다. 듣기 좋은 말씀만 들으면 영양 불균형으로 건강하게 성장할 수 없게 된다. […] 강해설교를 하게 된 다른 이유는 교회가 성경을 믿지 않는다는 심각한 문제 때문이었다. 성경 말씀을 믿고 실천하기보다는 기복주의 신앙에 빠지려는 경향을 경계하기 위함이었다. […] 말씀을 들을 기회도 많고, 성경에 해박한 사람도 많지만 말씀의 편식이 성도들

의 신앙과 삶을 분리시키고 있었다. 그래서 시작하게 된 것이 강해
설교다. 강해설교의 경우 듣는 성도들에게도 쉽지 않지만 전하는 이
에게는 더더욱 어렵다. 어떤 말씀은 제목도 안 나오고 주제도 안 잡
힌다. 그럴 때는 슬쩍 건너뛰고 싶다. 하지만 그렇게 건너뛰기 시작
하면 성도들은 영양실조에 걸린다. […] 그런데 감사하게도 강해설교
가 계속되는 동안 성도들이 조금씩 변하기 시작했다. 말씀을 붙들고
삶 가운데서 도전하고, 희생과 손해를 감수하며 주님의 가르침을 따
르다가 기적을 만나고 병 고침을 받는 일들이 일어났다. 그러자 교인
들 사이에 성경 읽기와 기도의 불이 붙었고 새벽예배 출석자들이 늘
어 갔다. 십일조 생활이 정착되어 가는 한편 구역 예배와 남여 전도
회 활동이 활발해졌다. 그렇게 강해설교와 함께 교회의 틀이 만들어
지기 시작했다.[23)]

2. 앉으나 서나 묵상

권태진 목사의 강해설교는 말씀을 깊이 묵상한 데서 나온 것이다. 그는
말씀을 전하기 전에 먼저 하나님께로부터 말씀을 듣는다. 그의 설교 준비
는 별 다른 것이 아니다. 정해진 본문의 말씀을 묵상하고 또 묵상하는 가
운데 하나님께서 주시는 말씀을 먼저 듣는 것이다. 그리고 그것을 교인들
에게 그대로 전한다. 그는 토요일을 온전히 말씀을 묵상하는 날로 정하고
말씀 준비에 들어간다. 그러나 그의 말씀 준비는 일상생활에서부터 이미
시작된 것이다.

한 주 전 또는 몇 주 전에 벌써 본문의 말씀을 가지고 하나님께서 들려주

---

23) 권태진, 《아비목회》, 53–54쪽.

시는 메시지를 기대하며 길을 걸을 때도 묵상하고 자리에 앉아 있을 때도 묵상한다. 권 목사는 이렇게 하여 묵상 속에서 하나님이 주시는 말씀을 설교자가 먼저 받고 들은 그대로를 전해야 올바른 설교가 된다고 말한다.

사도 요한은 요한계시록 1장 2절에서 어떠한 자세로 말씀을 전해야 하는지를 말했다. 곧 하나님의 말씀과 예수 그리스도의 증거만을 전하겠다고 했다. 이것은 말씀의 내용이 무엇인가를 우리에게 명백히 보여 준다. 말씀을 전파할 증인이 강단에 서서 하나님의 말씀이 아닌 다른 것을 전하면 안 되기 때문이다. 베드로는 베드로후서 1장 16절에서 말씀하기를 "우리 주 예수 그리스도의 능력과 강림하심을 너희에게 알게 한 것이 교묘히 만든 이야기를 따른 것이 아니요 우리는 그의 크신 위엄을 친히 본 자라"고 하면서, 자기가 전하는 내용은 공교히 만든 이야기가 아니라 변화산에서 친히 본 사실이라고 했다.[24]

권태진 목사의 설교는 본 것을 전하고 들은 것을 말하는 묵상에 기초한 설교다. 그는 아무리 바빠도 매일 말씀 묵상의 시간을 놓치지 않는다. 이것이 그가 수많은 설교를 감당하는 비결이다. 끊임없이 하나님으로부터 말씀을 들으며 살면 말씀 전하는 일이 행복하고 쉬워진다는 것이 그의 생각이다.

생각해 보면 한국 교회 설교자들에게 가장 부족한 것이 묵상인지도 모른다. 설교자는 전하는 사람이 아니라 먼저 듣는 사람이 되어야 한다. 들은 것을 전하는 것이 설교라고 설교에 대한 정의를 다시 내려야 한다. 목회에 너무 바쁘고 회의와 모임에 너무 시간을 빼앗기다 보면 조용히 묵상

---

24) 권태진, 〈교회성장과 지역사회복지사역의 연관성 연구—대한예수교장로회 군포제일교회를 중심으로〉, 합동신학대학원대학교와 버밍햄신학대학원 공동 수여 목회학박사 학위논문, 2003년 12월 논문 제출, 2004년 2월 발행, 90쪽.

하며 말씀을 들을 시간이 없게 된다. 그러면 설교를 준비하면서 먼저 주석 책을 보게 되고, 남의 설교를 기웃거리게 된다. 하나님으로부터 들은 말씀이 아닌 인위적으로 가공된 지식으로 설교하게 되는 것이다. 이것은 올바른 설교 방법이 아니며 교인들이 감동 받을 수도 없는 설교다. 권태진 목사의 묵상을 통하여 말씀을 듣는 훈련은 한국 교회 목회자들이 본받아야 할 설교 준비의 기본 자세라고 생각한다.

리더는 영적 능력의 원천이신 하나님으로부터 영적 능력을 부여 받는다. 리더는 말씀 묵상과 기도, 금식을 통한 하나님과의 깊은 교제 속에서 공급 받은 능력으로 사람들의 삶에 변화를 일으키는 영적 영향력을 끼칠 수 있다. 단순히 인간적인 좋은 요건으로는 사람들의 삶에 영적 변화를 일으킬 수 없다.[25]

3. 어디까지나 성경 중심으로

권태진 목사의 설교는 성경의 메시지만 전하는 설교다. 그의 설교에는 정치적 선동이나 시사적인 문제를 상황하게 서론하며 교인들을 설득하려는 시도가 없다. 또는 강의하듯 성경 지식을 늘어놓는 일도 없고, 사람을 웃기려고 사오정 이야기를 예화로 꺼내지도 않는다. 그는 설교가 정치나 경제, 사회적인 문제를 해설하는 시간이 아님을 분명히 한다. 설교자는 이런 주제를 가지고 토론하는 평론가가 아니며, 이런 분야의 전문가도 아니다.

권태진 목사는 성경 한 절 읽어 놓고 세상 이야기나 이데올로기로 설득

---

25) 권태진, 《빚진 자의 마음으로 사회로 달려가라》, 국민일보, 서울 2004, 168쪽.

하려는 설교를 지양한다. 즉 자기 주장을 위하여 성경을 이용하려는 것을 경계한다. 설교 시간에 다른 이야기할 필요가 없기 때문이다. 교인들이 다 알고 있는 시사를 설교 시간에 장황하게 반복할 필요가 없다. 사실 한국 교회 강단에 자신의 정치 신념이나 종교적 주장을 위하여 성경을 이용하려는 설교자가 너무 많다.

권태진 목사는 오직 성경으로 성경을 풀어 나가는 설교를 한다. 설교는 하나님의 말씀을 전하는 시간이다. 하나님의 말씀을 오늘의 상황에 맞게 전하는 것이 설교다. 설교가 성경의 핵심을 벗어나면 사람의 말이 되어 버린다. 권 목사는 성경으로 성경을 해석하고, 성경 말씀 안에 담긴 하나님의 뜻을 전하는 데도 시간이 모자라서 할 말을 다 못 하고 설교를 끝맺는 사람이다.

권태진 목사의 설교 '신분과 부름'의 한 대목을 보자. 성경 구절을 계속 인용하면서 성경으로 성경을 풀어 가는 것을 알 수 있다.

"이를 위하여 우리의 복음으로 너희를 부르사 우리 주 예수 그리스도의 영광을 얻게 하려 하심이니라"(살후 2:14). 하나님의 부르심에는 목적이 있습니다. 예수님께 영광을 돌리는 가운데 자신도 그 영광에 참여하게 됩니다. 하나님이 사람을 창조하신 목적이 있습니다. "내 이름으로 불려지는 모든 자 곧 내가 내 영광을 위하여 창조한 자를 오게 하라 그를 내가 지었고 그를 내가 만들었느니라"(사 43:7). 구원시키고 회복시키는 목적도 동일합니다. 다윗은 시편 23편에서 이렇게 고백합니다. "내 영혼을 소생시키시고 자기 이름을 위하여 의의 길로 인도하시는도다"(시 23:3). 하나님이 주신 복으로 오는 환경에 대해 모두 하나님께 감사하고 영광을 돌리고 의를 겸하면 이 땅에서 영원까지 행복하게 살 수 있습니다. "그러므로 형제들아 굳건하게 서서 말로나 우리의 편지로 가르침을 받은 전통을 지키라"(살후 2:15). 복음을 따라 사는 과정 속에는 흔드는 자가 있으므로 굳게 서야 합니다. 말씀으로 자신을 굳게 세우고 가정, 직장, 사회를 굳게 세워야 합니다. 말로나 편지로 받는 교훈을 굳게 붙잡아 지켜야 합니다.[26]

교인들은 성경이 말씀하시는 하나님의 음성을 듣고 싶어서 교회에 나온다. 따라서 그 하나님의 말씀을 들려주는 것이 설교자의 사명이다. 이 사명을 잘 감당하기 위해서는 설교자가 우선 성경 전문가가 되어야 한다. 그리고 성경으로 성경을 풀어 가는 능력과 지식이 있어야 한다. 성경을 해석하는 데 제일 좋은 자료는 성경 자체다. 구약의 말씀을 풀이하는 데 신약보다 더 좋은 주석이 없고, 신약의 의문점들은 구약이 다 말해 준 것이다. 설교를 위한 최고의 자료는 성경이다. 나머지는 그야말로 2차 자료요, 부수적일 뿐이다.

현대 설교의 아쉬운 점은 본문의 뜻을 바로 이해하지 못하고 설교를 하는 것이다. 또한 성경 구절을 인용할 때 성경 구절의 참 뜻을 바로 이해하지 못하고 인용하는 것이다. 설교의 대지를 가를 때, 본문에 근거하시 않고 설교사의 주관적인 생각내로 대지를 가르는 일이 있다. 또한 성경 내용은 읽기만 하고 설교는 본문에 의거하지 않고 자신의 의견이나 다른 좋은 예를 들어서 설교하고, 예화를 들 때도 비현실적이고 비역사적이면서 비과학적인 예화를 드는 경우가 있다. 이러한 폐단을 없애고 말씀의 흐름과 말씀 속에서 교훈하는 하나님의 뜻을 바로 전하기 위해서 필자는 노력해 왔다.[27]

---

26) 권태진, 《사랑이 흐르는 강》, 쿰란출판사, 서울 2012, 153–154쪽.
27) 권태진, 〈교회성장과 지역사회복지사역의 연관성 연구—대한예수교장로회 군포제일교회를 중심으로〉, 90쪽.

성경 중심의 설교, 성경으로 성경을 해석하는 설교를 하려면 무엇보다 성경을 많이 읽어야 한다. 성경을 정독도 하고 통독도 하면서 나무도 보고 숲도 보아야 한다. 망원경도 동원하고 현미경으로도 말씀을 보아야 한다. 성경을 역사적으로도 보아야 하고, 인물별로도 살펴야 한다. 성경이 쓰인 시대의 관습이나 문화도 알아야 하고, 용어 하나하나의 구체적인 의미도 살펴야 한다.

권태진 목사는 목사의 설교나 교인들의 신앙생활도 결국 모두 성경에 의해 좌우된다고 믿는다. 성경을 많이 읽은 목사가 설교를 잘하게 되어 있고, 성경을 많이 읽은 교인이 신앙생활도 열심히 하게 되어 있다는 것이다. 그래서 그는 교인들에게 성경 읽기를 권하고, 성경공부를 통하여 성경을 이해할 것을 독려한다. 그는 목회 초창기부터 베델 성경공부반을 개설하기도 하고, 주보성경공부라 하여 주보에 성경 문제를 실어 성경을 배울 수 있는 장을 마련하기도 했다.

> 기독교 신앙의 근거는 하나님의 말씀이다. 이 기간 교회는 여러 가지 방법으로 성경을 가르치며 성도들이 말씀의 기초 위에 신앙의 토대를 쌓을 수 있도록 했다. 그리하여 성도들이 지식을 쌓기보다는 성경과 친해지고 삶 가운데 하나님의 말씀을 실천하도록 했다.[28]

4. 지루하리만치 복음만 들고

권태진 목사의 설교에는 복음이 살아 있다. 복음적인 설교란 무엇일까? 바로 십자가의 구원이 언급되는 설교다. 그의 설교 주제는 언제나 십

---

28) 권태진, 《군포제일교회30년사》, 군포제일교회 편집부, 군포 2008, 170–171쪽.

자가와 예수밖에 없다. 그의 설교를 한마디로 요약한다면 요한복음 3장 16절이다. "하나님이 세상을 이처럼 사랑하사 독생자를 주셨으니 이는 그를 믿는 자마다 멸망하지 않고 영생을 얻게 하려 하심이라." 이것이 권태진 목사의 설교 내용이다. 그리고 십자가를 통한 예수 그리스도의 구원이라는 하나님의 사랑을 받았으니 우리도 하나님을 사랑하고 이웃을 사랑하자는 것이 권 목사의 설교 주제다.

권태진 목사는 복지사역을 하는 목사로 알려져 있다. 그러나 그의 설교에는 의외로 그런 강조가 별로 없다. 오직 십자가의 복음만을 전하고, 하나님의 사랑을 역설한다. 그의 설교는 지루하리만큼 같은 주제의 반복이다. 어제나 오늘이나 그의 설교는 '십자가로 보증하신 하나님의 사랑'이 주제다. 그렇게 전하는데도 교인들은 알아서 스스로 봉사도 하고 섬기기도 하며 사랑을 실천한다.

사실 사도행전에 나타난 초대교회의 설교는 예수 그리스도의 십자가 사건을 그대로 전하는 복음적 설교가 전부였다. 한국 교회는 복음적인 설교를 상실하고 십자가나 구원, 재림, 영생이 없는 축복론과 기복신앙에 기대고 있다. 교회가 설교의 핵심 가치인 이런 주제들을 소홀히 했기 때문에 오히려 이단들이 이런 주제들을 포교의 수단으로 사용하면서 기존 교인들의 신앙을 흔들고 있다. 복음적 주제들을 이단들에게 빼앗긴 정통 교회의 강단에서는 복음을 윤리나 이데올로기, 교리, 사회정의, 구제 등과 혼합시킨 설교가 유행하고 있다. 이제 기성 교회에서 구원이나 성령운동을 강조하거나 재림을 주장하면 이상한 눈으로 쳐다보는 시대가 되었다. 복음을 선포하지 않는 교회가 생명력을 잃어 가는 현상은 어찌 보면 당연한 것이다.

권태진 목사의 설교에는 한두 번씩 복지사역에 대한 강조가 있다. 그러나 설교의 근간은 항상 십자가와 예수님을 통한 구원이다. 그는 복음과 복지를 뒤섞어서 잡탕 설교를 하지 않는다. 또는 복지를 위하여 성경을 이용하지 않는다. 성경 한 절 읽어 놓고 복지에 대한 이야기만 장황하게 늘어놓지 않는다는 말이다.

권태진 목사의 설교 '믿는 자에게 임한 말씀'(요일 5:13-17)은 도입부에 복지사역에 대한 암시를 주지만 곧바로 복음적 메시지로 연결된다.

> 여러분! 행복하기를 원하십니까? 행복은 옆 사람이 행복해져야 자신이 행복합니다. 행복은 혼자 만드는 것이 아니라 행복은 울림입니다. 상대를 웃게 할 때에 내가 웃을 수 있는 환경이 됩니다. 상대가 웃을 때 내가 그와 더불어 행복한 것입니다. 상대가 울 때 내가 행복하다면 그것은 잘못된 것입니다. 지난주 말씀에 "아들이 있는 자에게는 생명이 있고 하나님의 아들이 없는 자에게는 생명이 없느니라"(요일 5:12)고 했습니다. 전 세계 인구 약 60억 명 중에는 이 생명이 있는 사람과 없는 사람이 있습니다. 그중에 생명이 있는 사람은 하나님의 택한 백성으로 예수 그리스도를 믿음으로 구원을 얻은 사람입니다. 그 사람은 하나님께로서 난 자입니다. 이 하나님께로서 난 자는 세상을 이깁니다. 바꾸어 말하면 영혼이 죽었고 영혼이 예수 그리스도 안에 있지 않는 사람은 세상에 진 사람이라는 뜻입니다. 이 지구 속에는 세상을 이긴 사람이 있는가 하면 세상에 지고 세상이 원하는 대로 분쟁하고 전쟁하고 음란하고 파괴하는 사람이 있습니다. 그런데 우리는 세상을 이긴 사람들의 반열에 서 있습니다. 거듭남은 신비입니다. 우리는 예수 그리스도의 물과 피와 성령으로 새롭게 되었습니다. 우리는 굉장히 큰 복을 받은 것입니다. 그래서 정욕도 명예도 욕심도 다 뒤로하고 하나님이 원하는 삶을 살려고 몸부림치는 것입니다.[29]

---

29) 권태진, 《요한이 가르쳐주는 사랑의 능력》, 성빛출판사, 경기 2002, 130-131쪽.

이것은 권 목사가 강해설교에 충실한 결과다. 그가 만약 다른 목사들처럼 주제 설교를 했다면 설교 내용이 사회복지로 일관되었을지도 모른다. 그는 이러한 오류에 빠지지 않기 위해 더욱 충실하게 강해설교에 매달렸고 성경적 설교에 충실했고 복음적 설교라는 테두리를 벗어나지 않으려고 몸부림쳤다.

권태진 목사의 설교는 십자가를 통한 하나님의 사랑을 강조한다. 그는 이것을 강조한 다음 그 받은 사랑을 나누라고 설교한다. 즉 복음의 은혜 안에서 복지사역에 헌신하라는 것이다.

5. 성령이 말하게 하심을 따라

설교자 권태진 목사는 설교 준비에 충실한 설교자다. 그러나 그가 강단에 서면 성령의 인도로 말씀을 전한다. 즉 성령의 인도하심에 따라 설교가 흘러가도록 맡기는 것이다. 설교자가 때때로 준비한 원고가 아닌 전혀 생각지도 못한 방향으로 설교가 진행되어 뜻밖의 은혜를 끼칠 때가 있다. 어떤 때는 설교자의 의도를 막으시고 하나님이 직접 설교자의 입을 주장하셔서 말씀하실 때도 있다. 이것이 바로 성령의 역사인 것이다.

권태진 목사는, 설교 준비는 사람이 하지만 설교는 성령께서 하시는 것임을 인정한다. 그래서 그는 설교 시간에 마음이 편하다. 그는 감동을 주려고 억지를 부리지 않는 설교자다. 그는 육신의 귀를 즐겁게 하려고 하지 않는다. 그는 얼굴 표정을 관리하려고 애쓰지도 않고, 일부러 조미료를 섞어 맛을 내는 것 같은 인위적인 언어나 제스처를 사용할 줄도 모른다.

권태진 목사는 인간의 이성에 호소하면서 설교하지 않는다. 그의 설교에는 논리가 중요하지 않다. 그는 전통적인 설교학에 맞추려 하지도 않고,

수사학을 동원하지도 않는다. 권태진 목사는 원고는 있으나 원고에 매인 설교를 하지는 않는다. 그는 강단에 설 때마다 항상 성령의 인도하심을 구하고 인도 받기를 원한다. 사실 초대교회의 설교는 원고에 의존한 설교가 아니었다. 입만 열면 설교가 나오는 성령의 인도함을 받는 설교였다.

그는 주일 설교뿐만 아니라 저녁예배, 수요예배, 특별새벽기도회, 성민원과 교회 직원 예배, 심방예배, 연합기관 예배 등 설교할 곳이 많다. 이 모든 설교 사역이 가능한 것은 원고에 매달리는 설교가 아니라 성령의 인도함을 받는 설교이기 때문이다. 그는 언제 어디서나 설교한다. 설교를 위하여 따로 준비해야 할 원고가 없다. 어느 성경 본문을 택하든지, 어느 곳에서든지 입만 열면 설교가 가능하다.

권태진 목사의 설교에는 설교학에서 강조하는 형식인 서론, 본론, 결론의 구분도 없다. 바람 같은 성령처럼 그의 설교는 자유롭다. 설교학적인 정의를 넘어서는 자유함이 그의 설교의 특징이다. 그는 구태의연한 설교 형식에 매이지 않고 훨훨 자유의 나래를 펴면서 설교에 돌입한다.

권태진 목사는 설교를 성령의 인도에 맡기면 말씀을 전하는 동안 자연히 회개의 역사가 일어나고, 바른 삶을 위한 결단을 하고, 절망적인 마음에 위로와 희망이 찾아온다고 주장한다. 실제로 그가 설교할 때 질병이 치유되고, 자살 직전에 있던 사람이 마음을 고쳐먹거나, 이혼 직전의 가정들이 회복된 경우가 부지기수다.

6. 내 양을 위로하라

권태진 목사의 설교는 많은 부분 위로와 희망을 주는 메시지다. 이는 가난한 자들과 소외된 이웃을 목회하면서 생긴 자연스런 현상이다. 그는 가난을 운명처럼 타고난 사람들이 몰려들고, 불행을 안고 태어나 살려고 몸부림치는 이들이 다가왔을 때 하나님의 사랑을 전했다. 버림받고 배고픈 노인들을 향하여 음식을 나눠 주고 희망을 선물했다.

권태진 목사의 설교에서 들을 수 있는 위로와 희망의 메시지는 하나님의 사랑에 근거한다. 고난과 역경은 누구에게나 찾아올 수 있고, 시련과 고통은 삶의 일부이지만, 그 속에서도 하나님의 사랑을 믿고 일어서라는 것이다. 그의 위로와 희망은 성도에게 주어지는 하나님의 자녀라는 권세에서 나온다. 하나님 자녀 됨의 권세로 세상을 이기고 고난을 극복하라는 것이다.

구원 받고 성령으로 하나님의 자녀가 되었다고 해서 세상살이에 프리미엄은 없다. 하나님의 자녀들도 불신자들처럼 똑같이 환난을 당하고, 절망의 벼랑 끝에 몰리고, 죽음을 경험하기도 한다. 그러나 성도들은 영생을 가진 권세 있는 존재이기에 마귀가 넘어뜨릴 수 없고, 세상의 고통이 이길 수 없다. 권태진 목사는 모든 것을 합력하여 선을 이루시는 하나님을 믿으면서 인내하고 소망을 갖고 고난을 극복하라고 권면한다.

> 요즘 많은 사람들이 어렵다고 합니다. 우리나라가 매우 불안하다고 합니다. 무엇이 어렵습니까? 신앙생활하기 어렵습니까? 아니면 경제생활하기가 어렵습니까? 육신의 어려움은 하나님이 거룩하게 하시는 사건이 될 것입니다. 몸이 아프면 신앙이 올라가고 경제가 어려우면 타락하는 사람이 적어집니다. 자살이 많이 생기는 것은 인생이 무엇인지 알지 못하기 때문입니다. 가만히 있어도 끝은 옵니다. 예수 믿고 인내하는 것이 최고의 지혜입니다. 연단도 전쟁도 끝이 있습니다. 기도할 때 그날을 위해 기도합시다. [30]

---

30) 권태진, 《하나님의 능력을 입은 백성이 되라》, 성빛출판사, 경기 2004, 207쪽.

권태진 목사의 설교가 사람들에게 위로와 희망을 주는 것은, 그의 메시지가 자신의 신앙고백을 담고 있기 때문이다. 그는 고난과 질병 속에서 삶의 희망을 잃어버리고 좌절한 경험이 있으며, 교회를 통하여 위로 받고 새 인생을 살았던 체험이 있다. 그러므로 그는 고난당하고 낙심한 자들의 심정을 누구보다도 잘 이해하고 있으며, 이에 맞는 위로와 희망의 메시지를 선포할 수 있었다.

권태진 목사는 교인들에게 말씀을 들은 대로 실천할 것을 강조한다. 가난하고 소외된 자에 대한 봉사를 강조하고 헌신을 요구한다. 그러면 교인들은 전혀 불평하지 않고 그의 말에 순종하고 따른다. 왜냐하면 그로부터 이를 보상할 만한 위로와 희망의 메시지를 받았기 때문이다. 그의 설교를 듣고 감동을 받은 교인들은 벌써 시간과 물질과 재능과 삶의 일부를 드려서라도 주님의 사랑에 보답하고자 하는 헌신의 자세가 되어 있다.

> 나이를 먹어 가면서 민영훈 씨도 하루하루 사는 게 무척 바빠졌다. 하지만 주일마다 이른 아침 교회에 가서 찬양대로 섬기고, 예배가 끝나면 주일학교 교사에 노방전도, 구역예배에 참석하고 나서 저녁예배를 드린 후 밤 10시가 넘어서야 집에 돌아온다. 그런 삶이 힘들고 피곤할 때도 있지만 성도라면 당연히 그렇게 살면서 세상 사람들에게 도전을 주고, 도움을 주며, 신뢰를 주어야 한다고 생각한다. 그런 삶의 패턴에 정착할 때까지 가장 큰 영향을 끼친 사람은 권태진 목사였다.[31]

---

31) 권태진, 《아비목회》, 123쪽.

7. 무엇보다 쉽게

권태진 목사의 설교는 아주 평범하고 쉽다. 그는 누구나 알아들을 수 있는 언어로 설교한다. 좋은 강의는 알아듣기 쉬운 강의이고, 좋은 설교는 단순하고 이해하기 쉬운 설교다. 그는 설교할 때 헬라어나 히브리어를 쓰지 않는다. 영어나 한자 풀이도 하지 않는다. 그냥 옆 사람과 이야기하듯 술술 풀어 나간다. 어떤 설교자들은 쓸데없이 영어를 섞어 쓰는가 하면, 영어로 풀이하면서 설교를 한다. 외국인이 하나도 없는데 그럴 이유가 있을까? 이는 설교자의 지식 자랑으로 비칠 수 있고, 쉬운 설교라는 목적에도 부합하지 않는다.

어떤 설교가는 영어로 된 설교를 번역하거나 참고하여 설교하기도 한다. 이때 문제는 영어식 문장을 그대로 해석해서 말하기 때문에 이해하기 어려운 문장이 되고 만다. 가령 주어가 사람이 되어야 하는데 사물이 되다 보면 문장으로서는 이해할 수 있으나, 구어체가 아니므로 설교 현장에서는 금방 이해하기 어려운 말이 되는 것이다.

권태진 목사는 설교 중에 신학적인 용어나 개념을 꺼내지도 않는다. 설교는 조직신학의 개념 풀이가 되어서는 안 된다. 성서지리학의 해설 시간도 아니다. 권 목사는 그저 일상의 언어로만 설교한다. 그는 백 사람, 천 사람을 놓고 설교해도 한 사람의 친구와 대화하듯 설교한다. 그러므로 그의 설교를 듣고 이해가 안 된다거나 난해해서 못 듣겠다는 사람이 한 사람도 없다.

실제로 여러 교회의 교인들 중에는 목사님의 설교가 어려워서 이해를 잘 못하겠다는 사람들이 많다. 또 기존의 교인들은 이해를 하는데 교회에 처음 나온 사람들은 못 알아듣는 설교도 많다. 이렇게 설교가 가슴에 와 닿지 않으면 한 번 나왔다가도 다시 올 확률이 낮다.

사도행전을 보면 베드로나 빌립은 물론이고, 많이 배웠다는 바울도 철학적 설교를 포기하고 오직 쉬운 언어로 복음을 전하고 있지 않은가? 오늘날 한국 교회 설교자들이 너무 배운 티를 낸다. 실존주의가 어떻고, '칼바르트가 말하기를'처럼 인용하지 않아도 될 이론들을 어렵게 표현하면서 자기도취에 사로잡혀 설교한다. 이는 목회에 아무런 도움도 되지 않는다. 설교의 표현은 쉬워야 한다.

'하나님은 이스라엘 백성의 아버지'라는 주제를 누구든지 이해하기 쉬운 평범한 문장으로 설명하는 권태진 목사의 설교 한 대목을 소개한다.

> 2년 전부터 제일가정봉사원 파견센터에서 돌봐 드리던 할아버지가 있었습니다. 그분은 아내나 자녀들의 보살핌을 받지 못하고 가정봉사원들의 도움을 받으며 조용히 세상을 떠나야 했습니다. 그런데 그분의 가슴에는 통장 하나가 있었습니다. 그는 그 통장을 가출한 딸이 돌아오면 결혼시킬 자금으로 간직했던 것 같습니다. 그러나 가족은 살아생전에 돌아오지 않았습니다. 그는 통장을 남기고 돌아가셨고, 그의 육체는 시청과 성민원의 도움으로 화장하여 한 줌의 재로 돌아갔습니다. 아버지 사후에 아내와 딸이 와서 그 통장을 찾아갔습니다. 이 사건으로 인해 자녀는 부모를 버렸지만, 부모는 자녀를 버릴 수 없음을 알 수 있었습니다.[32]

8. 누구보다 잘 아는 나를 예화로

권태진 목사의 설교에는 예화가 별로 없지만, 있더라도 대부분은 자신

---

32) 권태진, 《믿음의 사람이 가는 길》, 성빛출판사, 경기 2007, 124쪽.

의 일상에서 경험한 것들을 소개한다. 그는 소위 '황금예화집' 같은 남의 예화를 기웃거리지 않는다. 흔히 목회자들이 설교를 준비하면서 제일 힘들어 하는 부분이 바로 예화 사용이다. 목사는 같은 교인들을 놓고 10년, 20년 그리고 평생 동안 다른 설교를 해야 한다. 교인들은 10년 전에 썼던 예화도 다시 사용하면 금방 눈치 챈다. 이 예화의 문제를 해결하려고 인터넷도 들어가 보고 남의 설교집도 기웃거리지만 정작 쓸 만한 예화는 쉽게 발견되지 않는다. 그래서 궁여지책으로 자기도 잘 모르는 철학자들이나 정치가들의 명언과 에피소드를 설교에 삽입하지만 불안하다. 시중의 예화집은 그 출처가 불분명한 것이 태반이고, 잘못된 에피소드들을 감동만 더하려고 사실과 다르게 각색한 것이 많다. 설교자는 그런 예화집을 보고, 가령 칸트의 말을 인용하지만 그 말이 어느 책에서 나왔는지도 모르고, 칸트가 어느 상황에서 그런 말을 했는지 알지 못한 채 설교의 예화로 쓴다. 이런 예화는 전혀 감동이 되지 않는다. 교인들은 설교자가 보고 베껴서 예화로 쓴다는 것을 알기에 실감이 나지 않는 것이다. 게다가 교인들 중에 이 분야의 전문가가 있다면 낭패를 보기 십상이다.

권태진 목사는 남의 이야기가 아닌 자신의 이야기를 예화로 써야 한다고 생각한다. 설교자는 일상의 삶에서 자신이 직접 경험한 이야기를 예화로 사용하는 것이 좋다. 사람을 만나고, 뉴스를 보고, 책을 읽으면서 느낀 것을 예화로 사용하면, 설교자 스스로 확신에 차서 실감나게 이야기하게 되고, 그러면 듣는 사람에게 감동으로 다가갈 것이다.

권태진 목사는 가정에서 일어난 일, 아이들과의 관계, 목회하면서 만난 사람들, 성민원에서 있었던 일 등에서 예화를 찾아낸다. 그러므로 그의 예화는 듣는 사람들에게 감동을 준다. 그의 설교 속 예화는 그의 인생 스토리요 삶의 파편이기 때문이다. 그가 예수 믿기 전의 어린 시절에 제사를 드리던 기억을 소재로 한 예화를 소개한다.

저도 어릴 때에 할아버지와 삼촌을 쫓아서 제사 지내는 데 따라다녔습니다. 코가 땅에 닿도록 절을 했는데 하고 나면 할아버지 제사인지 할머니 제사인지 누구 제사를 지냈는지 모를 때가 많았습니다. 그러다 보니 완전히 무속신앙이 되어 버렸습니다. 그러나 예수 믿고 나니 부모님께 효도하는 것은 살아서 하는 것이라는 것을 알게 되었습니다. 조상은 존경과 사랑의 대상이지 믿음의 대상이 아닙니다. 맛있는 음식은 오히려 부모가 살아 계실 때 마땅히 마련해서 드릴 일입니다. 부모님은 효도를 기다려 주지 않습니다. 따라서 효도를 내일로 미루는 것은 죄 중에 큰 죄입니다.[33]

설교자들이 알아야 할 것이 있다. 바로 예수님의 설교나 바울의 설교에는 소크라테스나 플라톤의 어떤 행적이나 말이 예화로 등장하지 않는다는 것이다. 주님의 설교에는 일상의 이야기들이 예화로 등장한다. 바울의 설교는 자기가 겪었던 여러 가지 사건들이 나열되면서 하나님의 능력과 예수 그리스도의 구세주 되심을 증거하고 있다.

오늘날 설교자들이 자신의 예화를 쓰지 않고 시중의 예화집이나 인터넷에 떠도는 예화를 가져다 쓰다 보니 자기도 다 소화하지 못한 200년 전의 이야기나, 사실 확인이 안 된 미국이나 독일의 예화를 마구 쓰게 된다. 그리고 감동이 안 되니까 자꾸 유머로 웃기려고 든다. 생활 속에서 예화를 찾아 사용하는 예수님의 방법이야말로 가장 감동적이요 마음에 와 닿는 설교임을 알아야 한다.

---

33) 권태진, 《요한이 가르쳐주는 사랑의 능력》, 72쪽.

9. 삶으로 인정받는 설교

설교는 선포다. 권태진 목사는 매우 부드러운 성품을 가지고 있고, 음성도 푸근하다. 그의 설교는 시종일관 높은 톤이 없다. 잔잔히 흐르는 물과 같다. 그러나 그는 죄를 책망할 때나 회개를 촉구할 때는 매우 단호하고 분명한 어조로 말한다. 그는 위로와 희망의 메시지도 주지만 어떤 때는 교인들의 신앙생활을 위하여 책망과 질책도 서슴지 않는다.

> 강해설교 속에는 자녀들을 향한 하나님 아버지의 책망이 포함되어 있다. 교회가 병들고 자녀들이 병드는 이유 중 하나는 편식 때문인데 목회자가 좋은 아버지 노릇만 하고, 좋으신 하나님만 강조하다 보면 성도들은 병들게 된다.[34]

설교자가 선포로서 설교를 하려면 영적인 권위가 있어야 한다. 설교자는 '하나님이 나를 강단에 세우셔서 말씀을 전하게 하셨다'는 강한 자신감을 가지고 선포해야 한다. 강단에 서 있는 것은 사람이지만, 말씀하시는 분은 하나님임을 깨닫고 설교해야 한다. 자신감이 있으면 설교할 때 여유가 생긴다. 말이 쉬워지고 일굴에 웃음을 띠게 된다. 설교자가 자신이 없으면 괜히 소리만 지르고 화난 표정으로 설교를 할 수밖에 없다.

권태진 목사는 영적 권위를 가지고 설교하기 위해 자신이 먼저 하나님 앞에 채찍을 맞는 심정으로 스스로에게 엄격한 신앙의 잣대를 대며 살았다. 교인들을 책망하기 위해서는 자신이 먼저 책망 받을 일이 없어야 하고, 교인들을 회개시키기 위해서는 설교자가 먼저 회개해야 한다고 믿었다.

---

34) 권태진, 《아비목회》, 53쪽.

강해설교를 하면서 설교자인 내가 먼저 하나님 앞에 올바로 서야 한다는 것을 깨닫게 되었다. 하나님이 거룩하신 것처럼 설교자인 자신이 먼저 거룩해야 했기 때문에 끊임없는 자신과의 싸움이 요구되었다. 따라서 나는 하나님께 먼저 합당하게 되고, 성도들 앞에서 부끄러울 것이 없는 목회자로 하나님의 말씀을 전하기 위해 노력했다.[35]

권태진 목사는 교인들에게 설교하지만, 동시에 그는 청중의 한 사람이 되어 자기 자신에게도 말씀을 적용한다. 하나님께서 권 목사의 입을 빌려 선포하신 말씀이기에, 그는 하나님께서 자신에게도 말씀하신 것이라고 믿는다. 즉 그는 말씀을 전한 대로 살려고 노력하는 설교자다. 그는 좋은 설교란 좋은 삶에서 나온다는 것을 믿는다. 설교자의 삶이 말씀을 따르지 않는 것이라면 설교는 공허한 말장난에 불과하다.

강해설교는 성경의 맥을 이어 가면서 그 내용을 그대로 전하고, 설교자가 삶을 통해서 말씀대로 산다는 것을 보여 주는 데 그 힘이 있다고 하겠다.[36]

오늘날 한국 교회에는 유머가 넘쳐 나고, 예화가 풍부하여 감동적이고, 논리가 정연하여 설교학적으로 완벽한 설교가 유행하고 있으나, 교회는 점점 힘을 잃어 가고 있고 교인들의 신앙은 시들해져 가고 있다. 왜냐하면 삶이 따르지 않는 설교가 홍수를 이루고 있기 때문이다. 설교자가 먼저 하나님 앞에 엎드려 말씀을 듣지 않고 설교했기 때문이요, 설교한 대로 살지 않았기 때문이다. 자기의 주장이나 인기를 위하여 말씀을 수단화

---

35) 권태진, 《빚진 자의 마음으로 사회로 달려가라》, 171쪽.
36) 권태진, 《빚진 자의 마음으로 사회로 달려가라》, 170쪽.

했기 때문이다.

권태진 목사는 말씀을 전하기 전에 먼저 자신에게 적용시켜 본다. 그는 가난을 알고, 배고픔을 알고, 인간으로서 절망적인 상태를 경험한 사람이다. 그는 헌신을 몸소 실천하고 섬김과 나눔의 정신으로 살려고 노력하는 사람이다. 그는 박수 받는 자리에도 있어 보고 감투도 써 보고 명예의 맛도 아는 사람이다. 그는 풍부에 처할 줄도 알고 빈곤에 처할 줄도 아는 사람이다. 그리고 이 모든 상황에서 전해야 할 말씀을 하나님의 음성으로 먼저 듣고 자신을 점검한다.

이렇게 권태진 목사의 설교는 자신에게 먼저 임상실험을 거친 후에 교인들에게 선포된다. 그 결과 교인들은 그의 설교를 '오늘 나에게 주시는 말씀'으로 받으며 놀란다. 그의 설교를 듣는 교인들 각자가 '꼭 나를 두고 하시는 말씀 같다'는 생각을 하게 되는 것이다. 왜냐하면 권 목사 스스로가 먼저 자기에게 적용한 것을 전하기 때문이다. 그렇기에 그의 설교는 많은 청중들이 안고 있는 문제를 다루게 되고, 청중들은 설교자가 일대일로 자신의 문제에 대해 해답을 주고 적용을 제시하는 것처럼 느낀다.

10. 아는 만큼 싱숙해지는 설교

설교는 말장난이 아니다. 설교와 강연은 다르다. 설교는 뭉클한 감동을 주고 박수를 받는 일회성 공연이 아니다. 말씀을 들은 교인들의 삶이 실제로 변해야 성공한 설교인 것이다. 설교가 교인들의 삶에서 적용되어 변화가 일어나지 않는다면 이는 열매 없는 무화과나무처럼 쓸모가 없다. 그러므로 설교자는 복음의 말씀을 삶에서 구체적으로 적용시킬 것을 강조해야 한다.

적용은 반복적으로 계속해야 반응이 일어난다. 또한 열 가지를 말하면 교인들은 한두 가지 실천에 옮긴다. 그러므로 설교는 반복 교육이다. 설교자는 오늘 한 이야기를 다음 주에 또 하고, 그다음에 또 하면서, 하나님의 말씀이 교인들의 생활에 녹아들고 교회의 분위기를 이끌어가게 해야 한다. 목회자가 설교에서 적용을 소홀히 하면 교인들의 생활이나 생각이나 습관이 변하지 않는다. 그 결과는 좋은 설교가 강연으로 끝나게 되고, 교회는 구습을 벗어나지 못하게 되며, 목회자는 변하지 않는 교인들을 대하면서 지치게 된다. 여기에 바로 설교자의 고민이 있는 것이다.

권태진 목사는 설교 속에서 적용을 상당히 강조한다. 그는 설교를 통하여 말씀을 받은 청중이 그 말씀을 각자의 삶에 적용하여 생각과 인격과 생활이 변화되기를 소망한다. 어떤 때는 부드러운 어머니의 음성으로 권면하기도 하고, 어떤 때는 단호한 아버지의 호령으로 교인들을 책망하면서 말씀대로 살 것을 촉구한다. 권태진 목사는 설교가 교인들의 삶에 적용되도록 하기 위해 강해설교를 시작했다고 말한다.

무허가 천막을 치고 교회를 개척한 순간부터 목사와 성도가 동역하는 교회를 꿈꾸었다. 그러기 위해서 가장 중요한 것은 목사에 버금가는 영성 깊은 성도를 키우는 것이었다. […] 그래서 매주 눈물로 기도하며 말씀을 준비했다. 그 말씀을 통해 믿음과 삶이 일치하는 평신도를 키워 내는 데 모든 것을 걸었다. 그런데 1년이 다 되도록 성도들의 삶이 변하지 않았다. 교회는 성장했지만 성도 한 사람 한 사람의 삶이 변하지 않는 것은 커다란 고민거리가 되었다. 가정이나 직장에서 문제가 생기면 하나님의 말씀으로 헤쳐 나가야 하는데, 그렇지 못하는 모습에 안타까울 수밖에 없었다. 도대체 문제가 무엇일까? 고민하다가 작정을 하고 기도원에 들어가서 주님께 답을 구했다. 그런데 주님은 설교에 문제가 있다는 마음을 주셨다. 바로 내 문제라는 이야기였다. 그래서 시작된 것이 사람의 생각과 의도가 전혀 들어가지 않은 강해설교였다.[37]

권태진 목사는 특별히 사회복지나 섬김에 대한 적용을 많이 강조한다. 그렇다고 설교의 근간을 복음에서 이탈시켜 사회복지나 봉사가 주제가 되지 않게 한다. 그의 설교는 복음이 주제이지만 적용은 복지나 봉사, 섬김으로 흘러가는 경우가 많다. 권 목사는 교인들에게 믿음과 더불어 행함을 권한다. 그 결과 교회도 부흥하고 성민원의 성장도 가능했다.

> 또한 행함이 없는 믿음은 죽은 믿음(약 2:17, 2:26)이므로 말씀을 전할 때마다 가난한 자와 소외된 자를 돌아보라고 강조했다. 가난을 멸시하는 교회는 복음의 능력을 상실하기 때문이다. 나는 강해설교의 특징을 살려 본문에 나오는 역사적 사실을 그대로 서술하고, 그 속에서 교훈하는 말씀을 삶과 연결시키면서 세상에 나가서 빛과 소금의 역할을 잘하도록 적용했다. 따라서 군포제일교회의 성도들은 이러한 말씀을 받아 실천에 옮기므로 교회가 사회복지하는 데 중요한 인적 자원이 되고 있다.[38]

권태진 목사의 설교에는 윤리에 대한 적용이 거의 없다. 또는 윤리적인 주제가 설교의 제목이 되는 법도 없다. 그는 복음만을 강조하며, 복음으로 변화된 자들이 그리스도 안에서 거룩한 생활을 해야 함을 권면한다. 세상 사람들보다 하나님의 자녀들은 다르게 살아야 함을 주장한다. 그리

---

37) 권태진, 《아비목회》, 52-54쪽.
38) 권태진, 《빚진 자의 마음으로 사회로 달려가라》, 171쪽.

스도인들은 예수님의 성품을 닮아야 하며, 세상의 빛과 소금으로 살아야할 것을 강조한다. 교회는 다니지만 예수 믿기 전의 성품을 그대로 가지고 변화되지 않는다면 그것은 예수를 잘못 믿는 것이라고 말한다. 교회일에는 열심이고 신앙생활은 빈틈이 없는데, 말과 행동에는 아무런 변화도 없이 구원 받기 전의 모습 그대로 구습을 좇아 살면 안 된다는 것이다. 권태진 목사는 "부르심의 목적을 알라"(살전 4:1-8)는 설교에서 다음과 같이 강조하고 있다.

> "너희는 이 세대를 본받지 말고 오직 마음을 새롭게 함으로 변화를 받아 하나님의 선하시고 기뻐하시고 온전하신 뜻이 무엇인지 분별하도록 하라"(롬 12:2). 구별되게 사는 것이 하나님의 뜻입니다. 환경을 이기면서 사는 것이 하나님의 뜻입니다. 하나님은 우리가 거룩하게 살기를 원하십니다.[39]

11. 설교자 권태진 목사

권태진 목사의 설교를 어떻게 평해야 할까? 그의 설교는 향이 진한 커피나 달콤한 콜라 맛이 아니다. 오히려 무미, 무색, 무취의 생수와 같다.

그의 설교는 투박하고 세련되지 못하다. 강한 경상도 사투리를 절제하며 설교하고 있으나 시골 출신의 촌스러움을 벗어나지 못한다. 그의 설교 어조는 특별한 강조점도 없이 같은 높이의 부드러운 톤으로 계속 이어진다. 그의 설교는 너무 소박하여 자칫하면 졸릴 수도 있다.

게다가 그는 유창한 달변가도 아니다. 간혹 발음이 헛나가기도 하고,

---

39) 권태진, 《사랑이 흐르는 강》, 72쪽.

문장이 매끄럽게 이어지지 못하면서 멈칫거리는 경우도 종종 있다. 그의 설교에는 유머가 거의 없다. 그의 설교를 들으면서 청중이 파안대소해 본 적이 별로 없다는 말이다. 그는 예화도 가뭄에 콩 나듯 가끔씩 사용하는데, 이것도 실감나게 연출하지 못하여 어설픈 면이 있다.

권 목사의 설교에는 논리도 없고, 설교학적으로 건질 것도 별로 없다. 딱히 서론, 본론, 결론을 구분할 수도 없으며, 설교의 도입 부분이나 결론 부분이 일정한 틀에 의하여 시작하고 끝맺어지지 않는다. 그의 설교에는 기발한 단어나 신선한 어휘, 화려한 테크닉이 없다. 논리적인 재치나 시대적인 관찰력이나 지성적인 고상함도 찾기 힘들다. 그는 설교하며 손짓이나 몸짓 등의 제스처를 과하게 사용하지 않는다. 그는 강단 위에서 몸을 거의 움직이지 않고 고정적인 자세로 설교한다.

청중은 설교자의 얼굴을 보면서 말씀을 듣는데, 권태진 목사는 호감이 갈 만한 미남형도 아니고 키도 크지 않다. 그는 오래 사귀면 푸근하고 인정이 많은 사람임을 느낄 수 있지만, 처음엔 강인한 인상과 매서운 눈매 때문에 쉽게 접근하기 어렵다.

그럼에도 불구하고 그의 설교를 들으러 매주 수천 명이 군포제일교회로 몰려든다. 적어도 군포제일교회의 성도들은 권태진 목사를 최고의 설교자로 인정하는 데 주저함이 없다. 그의 설교를 듣고 병이 낫고, 문제가 해결되고, 자살을 포기한 사람이 부지기수다. 그렇다면 권태진 목사의 설교는 어떤 매력이 있는 걸까?

권태진 목사의 설교에는 '아비목회'라는 일관된 주제가 있다. 즉 하나님 사랑과 이웃 사랑이라는 주제가 확실하다. 그의 설교에는 언제나 하나님을 사랑하라는 말씀과 함께 이웃에 대한 사랑이 강조된다. 그의 설교에는 예수님 이야기가 가득하고, 십자가와 복음이 언제나 중심을 이루고 있다.

권태진 목사는 소박함이 오히려 장점이다. 그를 오래 만나다 보면 쉽게 친해질 수 있는 것은 가식이나 위선이 없는 인격 때문이다. 그리고 설교도 그의 성품을 닮았기에 몇 번 그의 설교를 들으면 세련미가 없는 설교가 오히려 가슴에 와 닿는다.

권태진 목사는 병들었다가 고침 받고 절망적인 삶에서 구원 받은 체험으로 설교한다. 그러므로 그의 설교는 교인들의 아픔을 아는 설교이고 상처를 치유하는 효과를 낳는다. 그리고 그의 설교를 통하여 회복된 교인들은 또 다른 사람에게 다가가 삶에 용기를 주고 있다. 선순환이 이뤄지고 있는 것이다.

권태진 목사는 행복하게 목회한다. 그가 행복하므로 모든 교인이 행복을 느낀다. 그가 설교하는 군포제일교회 안에는 싸움이나 갈등이 없다. 반대를 위한 반대가 없고 모든 교인이 권태진 목사를 신뢰하고 따른다. 그는 웃기는 설교를 하지는 않지만 그가 조금만 웃어도 교인들이 크게 따라 웃는 모습에서 목사를 사랑하는 교인들의 마음을 읽을 수 있다.

권태진 목사는 항상 배우는 자세로 설교하는 사람이다. 그는 자신이 설교를 잘한다고 생각하지 않는다. 그러므로 누구를 만나든 배우려 하고 그의 이야기를 귀담아들으려 한다. 그리고 배운 것을 설교에 녹아들게 한다. 그래서 그의 설교는 겸허하고 신선하다.

잘하는 설교가 무엇일까? 여기에 대한 정답은 없다. 설교학적으로 완벽한 설교가 잘하는 설교라고 할 수 없으며, 설교대회에서 1등하는 설교가 목회에 도움이 될 가능성도 많지 않다. 설교학자들이 정해 놓은 틀에 맞추어 설교를 아무리 잘해도 목회 현장에 가면 먹혀들지 않는 경우가 많다.

한국에서는 유독 대형 교회 목사들이 비난의 표적이 되는 경우가 많다. 그들의 과오는 침소봉대되는 반면에, 공과 업적은 과소평가되고 사장되는 경우가 많다. 그리고 이들의 설교도 덩달아서 비판의 대상이 된다. 즉 학자들이나 교회를 비판하는 엘리트들의 취향에 따라 목회자들의 설교가

난도질당하는 것이다.

그러나 그런 사람들에게 권하고 싶은 말이 있다. 남의 설교를 비판하기 전에 반드시 예배 현장에 가서 설교를 직접 들으라는 것이다. 그것도 비평가로서 듣지 말고, 말씀 앞에 머리를 숙이고 예배자로서 들어 보라는 것이다. 설교는 독립된 강연이 아닌 예배의 일부분이기에, 예배 안에서 들어야 한다. 설교집이나 TV 방송을 통한 설교는 녹음된 음악처럼 현장성이 결여된 불완전한 것이다. 이런 방법으로 남의 설교를 듣고 비판하는 행위는 하나님의 말씀을 모독하는 것이며, 한국 교회 목회에 해악을 끼치는 무익한 시도일 뿐이다.

설교 시간은 내가 말씀을 비판하는 시간이 아니라, 말씀이 나를 비판하는 시간이다. 설교자는 자기 말을 하지 말고 하나님의 말씀을 대언해야 하며, 듣는 자는 인간의 말로 듣지 말고 하나님의 말씀으로 들어야 한다. 이런 기본자세가 선행되지 않으면, 설교 비판은 비판자 자신의 신학이나 이데올로기에 따라 왜곡될 수밖에 없다. 즉 신학적 색깔이 같은 자기편에는 후한 점수를 주고, 그 반대편의 설교자에게는 이유 불문하고 혹독한 비판을 가하는 것이다. 이는 올바른 설교 비판이 아니며, 한국 목회나 교회 부흥에 아무런 유익이 될 수 없다.

권태진 목사의 설교도 방송이나 TV를 통하여 듣는 것보다 예배 현장에서 들어야 감동이 배가된다. 말로 설명할 수 없는 성령의 역사는 현장에서만 느낄 수 있다. 그의 설교를 들으러 모여든 교인들의 열기와 응답을 통하여 하나님의 말씀이 어떻게 선포되는가를 체험할 수 있다.

잘하는 설교는 교인들의 사랑을 받는 설교다. 듣는 자가 감동을 받아 깨닫고 실천하는 설교다. 그리고 설교자도 전한 대로 사는 설교가 잘하는 설교요 목회를 위한 설교다. 이런 점에서 권태진 목사는 군포제일교회 교인들에게 최고의 설교자다.

설교를 잘하면 교인들이 목사를 사랑하게 된다. 목사의 웬만한 허물은 다 덮어 준다. 문제가 있어도 은혜롭게 해결된다. 교회는 단비를 맞은 화초처럼 살아나고 활기를 띠게 된다. 오늘날 군포제일교회의 모습이 권태진 목사의 설교에 대한 평가라고 말하면 틀림없다. 그의 설교로 교회가 평화롭게 부흥하였고, 그의 설교에 감동받은 헌신자들에 의해 사단법인 성민원이 오늘날처럼 건강한 복지기관으로서 그 위상을 떨치게 된 것이다. 하나님께서는 권태진 목사라는 설교자를 사용하시어 '교회와 복지'라는 통합 모델을 만드셨다. 그는 한 시대를 위하여 쓰임 받고 있는 하나님의 종이자 한국 교회의 보배다.

제3장

내 교회를 세우리니

또 내가 네게 이르노니 너는 베드로라 내가 이 반석 위에 내 교회를 세우리니 음부의
권세가 이기지 못하리라(마 16:18)

권태진 목사의 이름 뒤에는 열 개도 넘는 직함이 붙어 있다. 그러나 그가 가장 자랑스러워하는 직함은 군포제일교회 담임목사라는 것이다. 그의 일생은 군포제일교회와 함께한 시간이었고, 그는 이 교회의 설립과 발전과 부흥과 성장을 위해 한평생을 바친 사람이다. 그런 의미에서 그는 타고난 목회자다. 목사가 되기 이전에 그가 겪은 고난과 연단은 모두 군포제일교회의 개척과 사역을 위한 하나님의 연단이고 준비 과정이었다고 보아도 과언이 아니다. 목회자 권태진 목사의 목회 철학은 무엇일까? 그가 이룬 사역의 열매인 군포제일교회는 어떤 교회일까?

1. 목사 권태진의 정체성, 아비목회

권태진 목사는 2014년에 그의 목회 철학을 정리한 책 《아비목회》를 출간했다. 그의 목회 철학을 이보다 더 분명하게 표현한 개념은 없다. 권태진 목사 이전에는 아비목회라는 용어 자체를 사용한 사람이 없었다. '아비목회'라는 용어는 권태진 목사의 특허품이요 창조적 개념이라는 점에서 중요하다.

권태진 목사의 아비목회 철학의 핵심은 이웃 사랑의 정신을 실천하는 것이다. 즉 아비의 심정으로 인간을 사랑하는 것이다. 그는 이를 실천하기 위해 긍휼사역의 스펙트럼을 극대화했다. 또한 아비목회 철학은 하나님 사랑의 정신을 구현하는 것이다. 하나님이 우리의 아버지이고, 그 아버지의 사랑으로 우리를 구원하셨으므로, 구원 받은 자들은 하나님의 자녀로서 아버지 되신 하나님을 사랑해야 한다는 것이다. 권태진 목사는 《군포제일교회30년사》에서 그의 목회 철학을 다음과 같이 설명하고 있다.

군포제일교회는 […] 하나님을 사랑하며 사람을 사랑하는 교회로 하나님의 섭리 안에서 영혼을 사랑하는 교회입니다.[40]

군포제일교회 심벌 마크의 설명에도 '하나님을 사랑하며 사람을 사랑하는 교회'[41]라고 되어 있다.

종합하면 권태진 목사의 목회는 하나님 사랑과 이웃 사랑의 정신을 바탕으로 하고 있다. 하나님을 사랑하는 길은 마음을 다하고 목숨을 다하고 뜻을 다하고 힘을 다하여 사랑하는 것이다. 그리고 이웃을 사랑하는 방법은 자기 자신과 같이 사랑하는 것이다. 이는 예수님의 말씀처럼 온 율법과 선지자의 강령을 실천하는 목회이며, 아비 되신 하나님을 사랑하는 한편, 아비의 심정으로 이웃을 사랑하는 목회다. 그러므로 권태진 목사의 아비목회는 가장 성경적이요, 예수님의 목회 철학을 따르는 목회 방법론이라고 할 수 있다.

권태진 목사의 아비목회 철학은 그의 어려웠던 과거에 기인하고 있으며, 이는 권태진 목사를 긍휼사역자로 사용하시기 위한 하나님의 연단이었다.

나에게 목회 철학이라는 것이 있다면 교회는 직장이 아니라는 것이다. 교회는 사업체도 아니다. 교회는 하나님을 믿는 사람들이 모여 함께 살아가는 가족이다. 아버지가 일찍 돌아가신 나에게 하나님은 아버지가 되어 주셨다. 그것이 내 삶을 바꾸어 놓았기에, 성도들에게 역시 같은 경험을 주고 싶었다. 아비가 자녀를 보살피듯이 살피고, 필요한 것은 없나 아픈 곳은 없나 관심을 가지고 찾아가고, 사랑으로

---

40) 권태진, 《군포제일교회30년사》, 16쪽.
41) 권태진, 《군포제일교회30년사》, 18쪽.

보듬어 안고, 필요할 때는 매를 들기도 해야 했다. 그러다 보니 자연스럽게 우리는 영적 가족이 되었다. 의도한 것은 하나 없었다. 이 모든 것이 자연스럽게 일어난 것들이다. 사실 우리 교회는 복지라는 것을 모르고 시작했다. 교회도 어려웠던 초창기, 그저 우리가 어려우니까 어려운 이웃들이 눈에 들어왔고, 물질도, 영혼의 주인도 없이 떠도는 그들이 마음에 걸려 조금씩 가진 것을 나누기 시작했다. 그렇게 가진 콩알 하나를 나눠 먹는 심정으로 함께하려고 노력했고 하나님이 생명을 사랑하듯이 우리도 생명을 소중히 여기며, 생명이 필요로 하는 것을 열심히 채워 준 것뿐이다.[42]

이와 같이 권태진 목사는 아버지 되신 하나님으로부터 받은 사랑을 교인들에게 나누며 아비의 심정으로 목회했다. 즉 스스로 아비가 되어 교인들을 자녀처럼 사랑하고 돌보면서 교회를 가정 같은 역동적인 사랑의 공동체로 만들고, 이러한 정신을 복지에까지 확장시킨 것이다.

아비목회는 목사는 아비, 성도는 자녀로서 신령한 영적 가족이 됨을 의미합니다. 돌아오는 것이 없어도 한없이 베푸는 아비의 마음과 같이 목회함으로 성도들은 목사로부터 깊은 사랑을 느끼고 가족과 같은 결속력을 보입니다. 그것이 군포제일교회를 지탱하는 힘이며, 앞으로도 이어 갈 거룩한 전통입니다. 아비목회는 목회자와 성도 간의 가족 공동체 같은 교회의 관계를 뜻하며, 이 정신이 이웃 사랑과 복지로 확장되어 갑니다.[43]

---

42) 권태진, 《아비목회》, 12쪽.
43) 권태진, 《군포제일교회30년사》, 16쪽.

2. 아비목회의 두 기둥

군포제일교회의 신축 예루살렘 예배당은 권태진 목사의 아이디어로 두 기둥의 형상을 하고 있다. 이는 불기둥과 구름기둥을 상징한다. 더불어 이 두 기둥은 권 목사가 아비목회 철학으로 일구어 낸 '교회'라는 기둥과 '복지'라는 기둥의 상징이다.

권태진 목사는 군포제일교회라는 최고의 교회와 사단법인 성민원이라는 최고의 복지기관이라는 두 기둥을 견고히 세운 최고의 목회자다. 대한민국에는 군포제일교회보다 더 큰 교회가 많다. 그러나 군포제일교회처럼 하나님 사랑과 이웃 사랑이 균형을 이루며 건강하게 부흥한 교회는 드물다. 그런 의미에서 군포제일교회는 최고의 교회다. 대한민국에 사단법인 성민원보다 규모가 더 큰 복지단체가 여럿 있다. 그러나 성민원처럼 지역사회가 박수를 보내고, 교인들이 헌신하며, 교계에 화제가 된 복지단체는 흔지 않다.

그런 의미에서 권태진 목사는 주님이 원하시는 가장 이상적인 목회를 하고 있다. 예수님은 복음을 전하고 인류를 구원하기 위해 십자가를 지셨다. 한편 주님께서는 주린 자를 먹이시고, 병든 자를 고치시고, 소외되고 가난한 자의 친구가 되어 주셨다. 권태진 목사는 평생 주님의 목회 방법을 닮고자 했고, 주님의 의지인 "내 교회를 세우리니"라는 말씀을 실천에 옮겨 성공한 목회자다. 이와 같은 그를 대한민국 최고의 목회자라고 평가하는 것은 결코 무리가 아니다.

한국 교회가 살 길은 권태진 목사가 제시한 아비목회의 목회 철학에 있다. 이 아비목회의 정신은 하나님 사랑과 이웃 사랑이다. 권 목사는 이를 실천하기 위한 방법으로 교회와 복지, 즉 처치(Church)와 파라처치(Para-Church)의 두 기둥을 세우는 목회를 한 것이다.

권태진 목사의 목회를 '두 기둥 목회'라고 정의하고 그의 목회를 종합하면 다음과 같다.

1) 처치(Church)와 파라처치(Para-Church)의 두 기둥 목회

권태진 목사는 처치(교회)와 파라처치(교회 자매기관)의 두 기둥으로 목회한 사역자다. 권 목사는 목회 처음부터 교회와 함께 복지를 생각했다. 그리고 교회를 부흥시키고 세우는 한편 사단법인 성민원을 설립하여 복지의 비전을 실현했다.

보통 목회자는 교회밖에는 생각을 못한다. 그리고 복지사업도 교회를 통하여 하려고 한다. 그러나 교회는 교회의 역할이 있고 한계가 분명하다. 교회가 복지사업에 주력할 수는 없는 것이다. 그것은 성민원 같은 복지 전문 단체가 해야 한다. 즉 '파라처치'가 해야 하는 것이다. 순수한 복지사업도 교회의 이름으로 하면 오해 받기 쉽다.

권태진 목사는 바로 이 점을 일찍부터 파악하고 교회와 복지사업을 분리시켰다. 그는 성민원으로 하여금 복지사업을 전담하게 했다. 교회는 사람도 있고 돈도 있다. 권 목사는 이를 활용하여 복지기관 성민원을 꾸려갔다. 또 성민원이 알려지면서 군포제일교회는 좋은 소문이 나고 교인들이 늘어났다. 교회(처치)와 성민원(파라처치)이라는 두 기둥은 권태진 목사의 목회의 근간이 되었다.

이제 한국 기독교는 변해야 한다. 신학교는 복지관을 신설하고 교회는 지원하며 정부는 협력하여야 할 것이다. 교회가 가지고 있는 시설과 인원, 물질, 재원을 가지고 노인 복지나 장애인 복지, 청소년 복지 중에서 교회와 지역의 특성에 맞게 한 가지 또는 그 이상의 사업을 택하여 실천에 옮겨야 할 것이다. 그러면 교회는 자연히 성장하게 될

것이다.[44]

2) 목회자와 평신도의 두 기둥 목회

권태진 목사는 목회자와 평신도의 두 기둥으로 목회하는 사역자다. 보통 교회는 목회자만 사역하는 것으로 알고 있다. 그래서 어느 부서에 사역자가 필요하면 교역자를 초청하여 맡기려고 한다. 그러나 여기에는 한계가 있다. 전도사나 목사는 일정 기간이 지나면 떠나게 된다. 그러면 다시 목회자를 교체하는 과정에서 행정과 목회의 일관성이 흐트러진다.

권태진 목사는 평신도가 움직이는 교회를 지향한다. 목회자만 열심히 일하고 평신도들은 가만히 앉아서 말씀이나 듣고 돌아가는 교회는 건강하지 못하다. 그는 평신도들이 목회자와 함께 일하고 그 역할을 담당하는 교회가 되어야 한다고 강조한다. 권 목사의 평신도에 대한 생각은 목회자와 동등이다. 그리스도의 몸에 속한 지체라는 관점에서 보는 것이다.

세상은 평신도를 보고 교회를 안다. 평신도가 보여 주는 이미지에 따라 그들은 교회를 골리앗과 맞서는 다윗으로 보든지 아니면 공포로 떠는 사울 왕으로 보는 것이다. 그러므로 평신도는 교회의 객체가 될 수 없다. 그들은 정기적으로 예배에 나와 경건한 의식에 감명을 받고 돌아가는 손님이 아니다. 더욱 주인의 명령에 마지못해 움직이는 하인의 신분도 아니다. 평신도는 교회의 주체다. 교역자와 평등하게 그리스도의 몸에 속한 지체들이다. 그들 모두가 머리 되신 주님으로부터 소명을 받고 있다. 이 소명을 위해 성령은 각자에게 분수에 맞는 은사를 주어 몸의 지체로서 그 기능을 다하게 하신다. 그러므로 필자는 평신도가 교회에 소속감을 갖고 교회를 사랑하도록 교육했다. 일

---

44) 권태진, 《빚진 자의 마음으로 사회로 달려가라》, 25-28쪽.

반적으로 대부분의 교회에서는 대교구를 교역자나 여전도사를 두어서 돌아보게 한다. 그러나 전도사들은 적정한 기간이 지나면 떠나게 되고, 그들이 떠난 뒤에는 성도들을 관리하는 데 어려움이 있고 성도와 새로운 전도사와의 적응 기간이 반복되는 것은 좋을 일이라 할 수 없다. 이러한 문제를 개선하기 위해서 필자는 전도인(전도사 역할을 감당할)이 될 만한 평신도를 개별 지도하여 세우는 전도인 제도를 둔 것이다.[45)]

권태진 목사는 목회자와 평신도가 모두 하나님의 일꾼이며, 그 기능과 영역에는 차이가 있을지라도 사역에는 차이가 없다고 믿는다. 그는 평신도 중에서 전도사 역할을 할 수 있는 사람들을 훈련시켜 '전도인'이라는 직책을 주어 목사를 돕게 했다. 전도인들은 주로 여성도들 가운데서 선택하여 임명하였고, 대교구를 맡아 관리하도록 했다. 이들은 또한 각 교구에서 서리집사를 추천하는 일과 교구장이나 구역장을 추천하는 일, 구역의 편성, 심방 계획, 행사의 조직, 인원 동원 등을 책임지고 있다. 권태진 목사는 1990년대부터 전도인을 교구장으로 세워 현재는 6개 대교구장이 모두 전도인들로 임명되어 있다.

전도인들은 교역지와 함께 성도의 집을 심방한 뒤 매주 각 가정의 기도 제목과 어려운 문제 등을 보고서로 작성해 담임목사에게 전달한다. 그러면 담임목사는 중보기도팀에 기도를 부탁하거나 직접 전화하거나 불러서 상담을 한다. 권태진 목사는 이 전도인 제도도 아비목회 철학에서 나온 것이라고 말한다.

전도인은 군포제일교회만의 독특한 사역 직분으로 [⋯] 그들에게는

---

45) 권태진, 〈교회성장과 지역사회복지사역의 연관성 연구—대한예수교장로회 군포제일교회를 중심으로〉, 88쪽.

섬겨야 하는 담당 교구가 정해지는데 주로 교구 담당 목사들과 함께 성도들의 삶 구석구석을 세심하게 돌보는 사명을 감당하고 있다. 한 마디로 담임목사와 성도들을 이어 주는 징검다리와 같은 존재다. 처음 전도인 제도를 만들었을 때 이 일을 해 줄 사람이 필요해서 시작한 것은 아니다. 일을 핑계 삼아 쓰러진 사람을 일으켜 볼까 해서 시작한 것이다. 도움을 받는 사람이 부끄럽지 않게 합법적으로 도우려다가 전도인 제도를 떠올린 것이다. 사람을 불쌍히 여기는 마음을 가지면 하나님이 비상한 지혜를 주신다는 것을 그때마다 경험한다.[46]

평신도를 사역자로 세워 동역함으로써 목회자와 평신도라는 두 기둥으로 목회를 성공시킨 권태진 목사는 한국 교회에 새로운 목회 모델을 보여 주었다.

3) 말씀과 기도의 두 기둥 목회

권태진 목사의 목회에는 말씀과 기도의 두 기둥이 있다. 그가 목회하는 동안 가장 주력한 것은 말씀을 잘 전하는 일이었고, 교인들에게 가장 강조한 것은 말씀 듣는 일이었다. 그는 또한 기도를 강조한다. 그는 큰일을 시작하기 전에 교인들에게 기도 훈련을 강하게 시킨다. 복지를 위해 일하는 것도 중요하지만, 일하기 위해서는 먼저 말씀을 먹어야 하고, 하나님의 음성을 들어야 하기 때문이다. 기도로 하나님의 뜻을 묻고 그 능력을 공급 받아서 일할 수 있기 때문이다.

말씀은 하나님이 인간에게 주시는 영의 양식이요 삶의 지침이요 행동 규범이다. 그리고 기도는 인간이 하나님께 소원을 아뢰고 뜻을 묻고 힘을 얻는 영적 교통의 시간이다. 교인들이나 목회자들이나 일하기 전에 먼저

---

46) 권태진, 《아비목회》, 71-72쪽.

먹어야 하고 주인의 뜻을 묻고 그 힘으로 봉사하고 섬겨야 한다.

권태진 목사가 제일 싫어하는 것이 예배를 등한히 하면서 봉사하는 것이다. 그는 말씀도 듣지 않으면서 자기 멋대로 복지사업을 돕겠다고 나서는 교인들을 경계한다. 기도하지 않으면서 자기 능력만 믿고 행동하려는 사람들과는 함께 일하지 않는다. 그렇기 때문에 권 목사의 목회에는 언제나 예배가 강조된다. 교회가 아무리 할 일이 많아도 예배만큼 소중한 시간이 없고 행복한 순간이 없어야 한다.

권태진 목사와 군포제일교회를 잘못 알고 있는 사람들은 복지사역 중심의 교회라고 생각할 수 있다. 그러나 권 목사에게 물어보면 군포제일교회는 예배를 최우선 가치로 생각하는 교회다. 왜냐하면 예배를 통하여 말씀을 듣고 기도하지 않으면, 복지사역은 감당할 수도 없을 뿐만 아니라 의미도 없다는 것이 권 목사의 생각이기 때문이다.

군포제일교회의 모든 동력은 권태진 목사의 설교에서 나온다. 교인들은 권 목사의 설교를 통하여 하나님의 음성을 듣는다. 그리고 말씀은 구역과 기관의 예배를 통하여 되새김질된다. 이 말씀을 행동에 옮긴 것이 군포제일교회의 복지사역이요 봉사인 것이다.

> 나는 주일 오전에 행한 설교를 그 주간의 구역장 성경공부의 내용이 되게 했다. 이렇게 함으로 같은 말씀을 한 주간 내에 몇 번이나 반복해서 듣고 전하게 되어 말씀으로 든든히 세워지게 되었다. 그러므로 자동적으로 교사 교육이 바로 평신도 교육이 되기도 했다. 주일학교 교사는 대부분 구역장을 겸하고 있다. 그러므로 구역장 공부 때 들은 말씀을 생활에 잘 적용하도록 쉽게 바꾸어, 다음 주일에 모이는 주일학생에게 가르치게 하여 장년과 어린이의 신앙교육을 일원화하도록 했다. […] 또한 교회 직원과 복지관 직원은 주일 받은 말씀을 한 주

간의 직원 예배 설교로 삼는다. 매일 같은 본문의 말씀이지만 인도를 돌아가면서 하기 때문에 인도자에 따라 받은 은혜가 다르게 되므로, 자동으로 평신도 지도력이 길러지는 것이다.[47]

또한 권 목사는 기도를 강조하는 목회자다. 군포제일교회는 기도로 성장했다고 해도 과언이 아닐 정도로 초창기부터 기도가 목회의 핵심이었다.

군포제일교회의 생명력은 기도에 있다고 해도 과언이 아니다. 교회 창립 때부터 다양한 기도 모임으로 기도의 맥이 끊어지지 않도록 했다. 초창기에는 구역장과 남여 전도회는 물론 부서별, 기관별로 산 기도를 집중적으로 했다. 이 시기에는 다양하게 기간을 정해 놓고(30일 40일 50일 70일 100일) 24시간 기도를 했는데 대표적인 것을 나열하면 다음과 같다. 일만제단기도운동(2000년), 새해축복과 건축회사 선정과 복지관을 위한 30일 24시간 기도(2001년), 예배당 완공을 위한 100일 릴레이 기도회(2001년), 민족 복음화와 북한 핵 평화적 해결을 위한 40일 24시간 특별기도회(2003년), 신학 강좌를 위한 40일 기도회(2003년), 예배당 건축과 헌신위원을 위한 100일간 24시간 기도회(2004년), 일백 가정 전도를 위한 기도회(2004년), 2006년 준비와 잃어버린 양 찾기 위한 24시간 40일 기도회(2005년) 등 이외에도 특별한 기도 제목 없이 다양하게 24시간 릴레이 기도를 선포하여 교인이 쉼 없이 기도하도록 했다.[48]

---

47) 권태진, 《빚진 자의 마음으로 사회로 달려가라》, 171-172쪽.
48) 권태진, 《군포제일교회30년사》, 208쪽.

권태진 목사는 2017년을 맞아 또 하나의 거대한 기도 프로젝트를 제시했다. 바로 '1천 명 1천 일 24시간 특별기도회'다. 1차부터 10차까지 100일씩 나누어 총 1000일(약 3년)간 기도하는 프로젝트로, 2017년 2월 1일부터 시작했다. 권 목사는 이 기도운동을 위해 '한국찬송가개발원'을 통하여 '일천일 24시간 기도회가'라는 주제가를 만들었다(권태진 작사, 문성모 작곡).

일천일 24시간 기도회가

4) 전도와 양육의 두 기둥 목회

군포제일교회는 전도와 양육의 두 기둥이 견고한 교회다. 대부분의 교회가 전도는 열심히 하지만 양육에 약점을 보이고 있다. 따라서 새신자의 정착률이 높지 않고 출석하는 교인들의 적극성도 떨어진다. 그러나 군포제일교회는 양육 시스템이 아주 잘 갖추어져서 전도를 통하여 교회에 발을 들여놓은 새가족들이 교회에 정착하고 각 분야에서 적극적으로 봉사하고 있다.

권태진 목사는 교회가 존재하는 이유는 주님의 지상명령인 만민에게 복음을 전파하고 잃어버린 영혼을 구원하는 데 있다고 강조한다. 이에 따라 군포제일교회는 초창기부터 모든 교인이 전도요원이 되어 영혼 구원에 열심을 내었다. 각 교구가 날을 정하여 노방전도와 축호전도를 실시하였고, 교구별로 전도대원을 세워 전도했다.

> 구역 모임이 활성화되고 전도하고자 하는 열정이 각 구역에서 타오를 때 전도의 날을 정하게 되었다. 구역원들이 열심히 새신자들을 전도하여 자리가 조금씩 채워지자 구역별로 전도하는 요일을 정하여 정기적으로 전도대원들이 쉬지 않고 노방전도와 집집마다 찾아가는 축호전도를 하게 되었다. 이는 전도에 책임감을 더하고자 하는 성도들의 자기 규율이었다. […] 구역별로 전도 활동을 한 후에는 금요일 오전 구역장 성경공부를 시작하기 전에 전도 사례 발표를 해서 더욱 효과적인 전도 활동이 되도록 했다. 또한 전도를 위하여 집사 중심의 전도요원을 선발하여 전도 특별 훈련도 실시하여 개인 전도 능력을 향상시켰다. 교회는 총동원주일을 선포하여 온 성도들로 하여금 전도에 동참케 하고, 전도를 가장 많이 한 구역과 개인에게 시상을 하여 동기를 부여했다.[49]

---

49) 권태진, 《군포제일교회30년사》, 208쪽.

이렇듯 교회가 새신자를 전도했으면 양육에 들어가야 한다. 많은 교회들이 전도나 새로운 교인의 영입에는 열심을 낸다. 하지만 양육에는 대책을 세우지 않는 경우가 많다. 권태진 목사는 양육의 과정 없이 교인들에게 직분을 주지 않는다. 반드시 일정한 양육과 훈련의 단계를 거치게 하여 일꾼을 세운다. 권 목사는 새로 온 교인을 다른 교회에 빼앗길까 봐 빨리 직분을 주고 중요한 직책을 맡기는 일을 하지 않는다.

권태진 목사는 이렇게 전도해서 얻은 새신자들이 바로 양육 프로그램에 편성되어 정착 단계에 들어가게 만든다. 현재 군포제일교회는 모든 조직과 기관을 전도와 양육에 초점을 맞춘 체제로 바꾸고 이를 위해 힘쓰고 있다. 교회는 '대교구-교구-구역'의 조직을 갖추고 있는데, 각 대교구는 전도인이 책임을 지고 심방하며 그 결과를 담임목사에게 보고한다.

권 목사는 양육과 일꾼 훈련을 위하여 여러 성경공부반을 실시하고 있는데 대표적인 것을 소개하면 다음과 같다.

(1) 새가족 성경공부반

새가족 성경공부반은 5주에 걸쳐 진행한다. 새신자는 5주간의 새가족 성경공부를 이수해야 한다. 다른 교회를 다녔던 교인이라도 군포제일교회에 첫발을 딛는 순서이므로 등록한 사람은 누구나 필수적으로 이 반을 거쳐야 한다. 이 공부를 마치면 각 구역에 소속되어 구역예배를 드리며 에스더 성경공부를 할 수 있다. 예수 그리스도를 구주로 믿기 시작한 사람들이 믿음 안에서 잘 성장하도록 교육하는 한편, 교회에 대한 소속감과 자부심을 갖게 한다.

(2) 에스더 성경공부반

새가족반을 이수하고 나면 8주 과정의 에스더 성경공부반에 들어갈 수 있는데, 담임목사의 지도로 공부한다. 시간은 매주 수요일 오전 10시에서 오후 12시 반까지다.

〈특징〉

- 성경공부를 통하여 신앙을 재정비하고 교회 생활의 중요성과 삶의 참 행복을 느낀다.
- 에스더 성경공부반을 수료하면 구역장 성경공부에 참여할 수 있다.
- 성경공부를 하면서 가정에 꼭 필요한 부분을 상담할 수 있다.
- 소그룹이므로 티타임 시간에 다른 교구 성도들과 만날 수 있는 좋은 교제의 시간이다.
- 수료 후 저녁예배 때 모든 수료자가 소감을 발표하며 감사 특송을 한다.
- 아이를 데리고 오는 성도를 위한 아기 돌보미가 있다.
- 두 번 연속 결석하면 다음 기수에 다시 이수해야 한다.
- 에스더 성경공부반 훈련생들은 수료시에 중·고등학생들에게 장학금을 지급한다.
- 교회 집사와 구역장, 교사 등 모든 직분자가 되려면 이 에스더 성경공부반을 수료해야 한다.
- 마지막 주에는 그동안 배운 것을 다시금 정리하도록 시험을 본다.

(3) 디모데 성경공부반

군포제일교회 등록 교인 중 남전도회원이면 참여가 가능하다. 한 차원 높은 성경공부와 생활을 잘 접목시킴으로써 힘찬 신앙생활을 하게 만든다. 또한 남전도회 회원들이 서로를 알아 가는 친교와 만남의 시간으로도 활용한다.

(4) 구역장 성경공부반

구역장 성경공부 시간은 매주 금요일 오전 10시 30분부터 오후 12시까지다. 구역예배는 매주 구역장 성경공부 시간에 참여한 구역장의 인도하에 진행되는데 말씀을 삶에 적용하며 대화식으로 예배를 드린다. 구역장 공부의 특징은 다음과 같다.

- 교구장·부교구장들은 성경공부에 앞서 담임목사와 기도회를 갖는다.
- 주일 설교 말씀을 한층 더 심도 있게 배운다.
- 말씀과 삶이 분리되지 않고 말씀대로 삶을 살도록 적용시키면서 지혜를 얻는다.
- 사례 발표와 토론을 함으로써 다른 사람의 삶을 통해 경험하지 못한 부분을 체험하게 된다.
- 담임목사와의 상담을 통해 일상생활에서 일어나는 문제 가운데 하나님의 일반 섭리를 분별하는 지혜를 얻는다.
- 성경을 통해 지혜를 얻음으로 행복한 가정을 꾸려 나간다.

권태진 목사는 이러한 양육과 훈련 프로그램을 통하여 교인들의 은사를 찾아내고, 이단이나 사이비에 속한 자들을 걸러내기도 한다. 또한 구원의 확신이 없는 자들에게 확실한 믿음을 주고 군포제일교회의 정체성과 역할을 설명하는 기회로 활용한다. 또 이러한 성경공부의 목적은 단순한 지식을 가르치는 것이 아니라 교인들을 그리스도의 장성한 분량에 이르기까지 성장시키는 것이다. 즉 양육은 영적으로 아이를 낳는 것이요, 제자를 만드는 일이다. 이를 위하여 권 목사는 먼저 소수의 평신도를 훈련시켰고, 이들이 또 다른 교인들을 가르치고 양육하도록 하고 있다. 권태진 목사는 전도와 양육의 두 기둥이 견고한 교회를 만들었다. 그리고 전도와 양육은 군포제일교회에서 선순환적인 결과를 낳고 있다.

(5) 신학 강좌

권태진 목사는 교인들의 바르고 깊이 있는 신앙 성장을 위해 신학 강좌를 해마다 실시하고 있다. 그는 부흥회보다 신학 교수들을 초청하여 신학 강좌를 하는 것이 교인들의 신앙 성장에 훨씬 더 유익하다고 생각했다. 권 목사는 매년 교회 창립 주간에 신학 강좌를 개최함으로써 스스로 목회에 대해 점검하고 교인들의 영적 분별력을 길러 주었다. 그 결과 군포제일교회 교인들은 쉽게 이단에 빠지지 않게 되었고, 건강한 교회의 모습으로 성장하게 되었다.

나는 목회를 하면서 감정에 치우치기 쉬운 부흥회보다는 신학대학교 교수들을 모셔서 성도들에게 가르치지 못한 신학을 가르치도록 했다. 하나님을 섬기기 위해서는 가슴이 뜨거워야 하지만 바르게 판단하는 냉철함이 필요하다. 그래서 성도들의 지적인 영역을 채워 주는 신학 강좌를 개설하기로 했다. 그리하여 창립 8주년이 되는 해부터 창립 주간에 신학 강좌를 열었다. 그동안 기독교와 신비 체험, 구원받은 성도의 삶, 학개서에 나타난 모범적인 목회자상, 고린도전서에 나타난 사랑의 특성, 청교도의 신앙과 생활, 교회의 사회적 책임, 빌립보서에 나타난 겸손과 승귀, 로마 천주교회의 교회상, 선교학, 구약학, 조나단 에드워즈와 교회 부흥, 지혜서와 잠언 등 다양한 강좌를 개설했다. 주제에 따라 다양한 교수들이 와서 강의를 했다. 신학 강좌는 성도들로 하여금 목회자에 대한 목회 점검과 목회적 분별력을 일깨워 줄 뿐만 아니라 성경에 대한 바른 분별력을 갖게 하여 그

릇된 길로 빠지는 것을 막아 주는 힘이 되었다.[50]

5) 복음과 문화의 두 기둥 목회

군포제일교회는 복음과 문화의 두 기둥이 확실히 자리매김한 교회다. 권태진 목사는 설교도 복음적이요, 목회도 복음적이며, 사회복지도 복음적인 범주를 벗어나지 않는다. 그는 복음에 대하여 절대로 타협이 없는 목회자다. 복음은 시대와 장소에 따라 변하지 않는다. 또한 신학 사조나 세속적인 이데올로기에 영향을 받지도 않는다. 그가 전하는 설교 메시지도 복음밖에는 없다. 오직 예수 그리스도를 통한 구원 이외에 다른 복음을 말하지 않는다. 선명한 복음, 원색적인 복음의 메시지를 들으려면 군포제일교회 예배에 참석하여 그의 설교를 들으면 된다.

보통 한국에서 자신을 보수주의라고 말하는 목회자들의 문화 마인드는 폐쇄적인 경향이 있다. 문학이나 예술 따위는 선교에 별 가치가 없는 것으로 여기며 소홀히 하는 경우가 많다. 그러나 권태진 목사는 다르다. 그는 설교하는 목사이면서 시인이요 찬송작사가요 수필가다. 그는 복음의 말씀을 설교하고, 그 설교를 요약하여 시를 쓴다. 즉 그가 설교로 선포한 복음은 시로 표현되어 문화의 옷을 입는 것이다.

그는 이렇게 설교에서 얻은 영감을 시로 쓰고, 이것을 묶어 시집을 출판하였는데, 1993년 《어둠의 화폭에 빛 되었으면》을 첫 출판한 이래 2016년 《시.작.하다》까지 모두 14권의 시집을 냈다. 이외에도 설교집, 수필집 등 그가 출간한 저서가 35권이나 된다.

권 목사는 2016년 7월 3일 '한국찬송가개발원'을 개원하여 이사장이 되고, 작곡가 문성모 목사를 원장으로 임명하여 자신의 시로 찬송가를 만드는 작업을 시작했다. 이제 그의 설교는 시가 되고 노래가 되어 교인들의

---

50) 권태진, 《빚진 자의 마음으로 사회로 달려가라》, 179쪽.

입을 통하여 불리고 있다.

권태진 목사는 자기만 시를 쓰는 게 아니라 모든 교인이 신앙고백을 글로 표현할 수 있도록 특별한 목회 프로그램을 개발했다. 바로 '시와 찬미의 밤'이라는 추수감사절 행사다. 이는 1995년 10월 15일에 처음 시작하여 2016년 11월 20일 제16회까지 거의 매년 개최하고 있다.[51]

권 목사는 이때 발표된 교인들의 자작시나 수필을 책으로 묶어 출판하기도 했는데, 성도들의 글 모음집으로는 2002년 11월 17일 《돌샘에 나는 물》, 2004년 11월 20일 《돌샘 주위의 사람들》, 2015년 1월 1일 《내 영혼에 햇빛 비치다》 등이 출간되었다.

> 군포제일교회는 찬양대회, 성경퀴즈대회, 체육대회 등 교회 초창기부터 다양한 문화행사를 해왔다. […] 처음에는 창립 주간 기념으로 진행하다가 점차로 추수감사절로 옮겨 갔다. 담임목사의 시와 성도들의 자작시, 짧은 수필이 낭송되고, 교구별로 찬양과 율동이 어우러졌다. '시와 찬미의 밤'은 소수의 재능 있는 사람들의 무대라기보다는 남녀노소 모든 성도가 다 참여하는 축제로, 문학이 있고 예술이 있고 감성이 있는 교회의 모습을 잘 드러내는 행사다. 성도들의 글은 《돌샘에서 나는 물》로 출간되었다.[52]

권태진 목사는 사람을 변화시키는 복음과 더불어 세상을 변화시키는 문화에 대한 균형 감각으로 목회하고 있다. 하나님의 교회는 세상에 발을 붙이고 존재한다. 그러므로 교회가 세상을 변화시키는 매개체로서 문화를

---

51) '시와 찬미의 밤' 개최 일시: ① 1995. 10. 15. ② 1996. 10. 20. ③ 1997. 10. 19. ④ 1998. 11. 1. ⑤ 2000. 11. 19. ⑥ 2002. 11. 17. ⑦ 2003. 11. 16. ⑧ 2004. 11. 21. ⑨ 2005. 11. 20. ⑩ 2006. 11. 19. ⑪ 2010. 11. 21. ⑫ 2011. 11. 20. ⑬ 2013. 11. 17. ⑭ 2014. 11. 16. ⑮ 2015. 11. 15. ⑯ 2016. 11. 20.
52) 권태진, 《빚진 자의 마음으로 사회로 달려가라》, 179쪽.

활용해야 한다. 즉 복음은 문화의 옷을 입고 세상에 전파되는 것이다. 권 목사는 교회가 문화라는 것을 매개로 주도적으로 세상을 변화시켜야 한다고 믿는다. 그런 의미에서 그는 2003년 '성민실버합창단'과 2007년 '성민소년소녀합창단'을 창단하여 무대에 올렸다. 그리고 2007년부터는 '성민청소년축구대회'를 개최하여 지역의 청소년들에게 스포츠를 통한 전도 효과를 기대하고 있다. 또한 2005년 1월 9일에는 〈군포복지뉴스〉를 창간하였는데, 이 월간지는 2006년 3월 6일 〈경기복지뉴스〉로 명칭을 변경하고 다양한 뉴스와 읽을거리를 제공하며 세상과 소통하고 있다.

권태진 목사는 교회 건물의 일부를 문화 공간으로 사회에 환원했다. 군포제일교회에 들어서면 교회 밖에서나 볼 수 있는 커피숍, 베이커리 등을 만날 수 있다. 또한 본당도 콘서트홀처럼 파이프오르간을 설치하고 음향적인 면에서도 세심한 배려를 했다.

권태진 목사가 목회하는 군포제일교회는 복음이 살아 있고 문화가 숨 쉬는 공간이다. 그는 복음이라는 기둥과 더불어 문화라는 기둥을 교회의 근간으로 세우고 목회를 성공시킨 사람이다.

6) 영혼 구원과 사회 구원의 두 기둥 목회

권태진 목사의 목회는 영혼 구원과 사회 구원의 두 기둥이 확실히 서 있는 목회다. 흔히 군포제일교회의 가장 큰 비전을 성민원 사업으로 잘못 알고 있는 사람들도 있다. 그러나 권 목사가 바라는 바는 복지사업을 통하여 영혼을 구원하는 것이다.

영혼을 구원하려면 영혼을 담고 있는 육신을 사랑하지 않으면 교회는 성장할 수 없다. [⋯] 지난 5년 동안 복지관만을 통하여 전도된 노인 분이 158명이다. 이들 대부분은 교회를 처음 나온 노인들이다. 이

분들이 세례를 받고 하나님을 영접하는 모습을 보면서 교회 예산과 성도들의 땀이 헛되지 않았음을 볼 수 있었다. 한 사람의 영혼을 천하보다 귀하게 여기는 하나님께서는 가난하고 소외된 자에게 행한 것을 기억하여 기뻐 받으시고 우리의 수고 이상으로 교회를 성장시켜 주셨다.[53]

권태진 목사의 복지를 통한 사회 구원에 대한 비전은 그가 어린 시절에 경험한 가난에 기인한다. 그는 가난이 무엇인지를 누구보다 잘 아는 사람이다. 그리고 그는 교회를 통하여 이 가난과 절망의 굴레에서 구원 받은 사람이다. 그런 까닭에 그에게 영혼 구원과 사회 구원은 떨어져 있는 게 아니라 하나다. 예수님이 말씀을 가르치시다가 굶주린 무리들에게 오병이어의 기적을 베풀어 육신의 배고픔도 해결해 주셨듯이, 그의 목회는 영혼 구원과 사회 구원의 두 기둥을 세우는 일이었다.

흔히 한국의 대형 교회들은 영혼 구원에만 매달려 이런 복지사역을 등한히 했다는 비판을 받아 왔다. 그러나 교회가 크건 작건 간에 한국 교회만큼 구제와 복지사업에 힘쓰는 곳도 없다. 그리고 이 점에서 권태진 목사는 타의 추종을 불허하는 열정과 관심과 열매를 가지고 있다.

3. 주님의 교회를 세우는 데 일생을 걸다

권태진 목사의 하나님 사랑의 목회 정신은 교회 개척과 예배당 건축, 그리고 말씀 중심의 예배로 실현되었다. 그는 1978년 교회를 개척한 이래로 현재까지 모두 9차례나 예배당을 옮겨 예배를 드려야 했다. 그때마

---

53) 권태진, 《빚진 자의 마음으로 사회로 달려가라》, 266쪽.

다 권태진 목사는 새로 제단을 쌓는다는 심정으로 새 출발을 했다. 그는 예배당을 옮길 때마다 새로 교회를 개척한다는 초심으로 돌아갔고, 따라서 그는 교회를 아홉 번이나 개척한 셈이다. 그 순서를 열거하면 다음과 같다.

번호	장소	기간	비고
1	천막 교회	1978년 10월 ~ 1978년 12월	2개월
2	가정집 전세 교회	1978년 12월 ~ 1979년 4월	4개월
3	2층 전세 교회	1979년 4월 ~ 1981년 6월	2년 2개월
4	상가 전세 교회	1981년 6월 ~ 1984년 7월	3년 1개월
5	당동 단독 건물 교회	1984년 8월 ~ 1998년 4월	13년 8개월
6	금정동 교회(증축 전)	1998년 4월 ~ 2002년 3월	3년 11개월
7	금정동 제2교육관 교회(증축 중)	2000년 9월 ~ 2002년 3월	1년 6개월
8	금정동 증축 교회(베들레헴 예배당)	2002년 3월 ~ 현재	성민원 본부
9	당정동 교회(예루살렘 예배당)	2012년 8월 ~ 현재	대예배당

표1. 군포제일교회 예배처소 변천사

예수님이 세상에 오셔서 하신 일은 예수를 그리스도로 고백하는 신앙 고백 위에 '내 교회'를 세우는 일이었다. 권태진 목사는 바로 '주님을 머리로 하는 주님의 교회'를 세우는 일이 하나님이 가장 기뻐하시는 일이라고 믿었기 때문에, 교회를 세우는 일에 열정을 아끼지 않았다.

4. 천막교회로 개척하다

권태진 목사는 목사 안수를 받은 직후인 1978년에 담임목사를 통해 경북에 있는 모 교회에 청빙 추천을 받았다. 그러나 마음속 성령이 허락하지 않았다. 그는 목회할 곳을 위해 기도하던 중 1978년 10월 초에 〈복음신문〉의 기사를 보았다. "군포중앙교회를 인수할 교역자를 찾습니다"라는 광고였다. 권태진 목사는 경기도 시흥군 남면읍 사거리(현재 군포시)에 있는 '중앙교회'를 찾기 위해 버스를 타고 낯선 시골 마을인 남면읍을 향했다. 그러나 하나님의 뜻이었을까? 그는 실수로 행선지가 다른 버스를 탔고, 잘못 내린 곳이 군포역이었다. 목적지와는 다르지만 그는 근처 공터를 보면서 여기가 하나님이 정하신 예배처소라는 확신을 가졌다. 그는 이런 우연 중에도 하나님의 역사하시는 손길이 있음을 느꼈다. 권태진 목사는 이 사건을 '하나님의 인도하심'으로 믿었다.

> 가을바람이 불어와 낙엽들이 몸 둘 바를 모르고 이 골목 저 골목으로 굴러다니고 있을 때 복음 전하며 바르게 살리라 다짐한 나는 하나님의 인도하심으로 시흥군 남면읍 소재지에 오게 되었다. 눈을 뜨면 불가능하게 보이고 감으면 될 것 같은 마음이었지만 환경과 이성을 초월한 결단으로 1978년 10월 15일 오후 2시 당리 122번지 아카시아 나무 숲속 공터에 천막을 치고 창립 예배를 드렸다.[54]

"눈을 뜨면 불가능하게 보이고 감으면 될 것 같은 마음"이라는 표현이 재미있다. 권태진 목사는 이곳 시흥군 남면읍 당리 122번지에 천막을 치고 1978년 10월 15일 주일 오후 2시에 창립예배를 드렸다. 이곳이 지금은

---

54) 권태진, 《목회 속에 피어나는 복지》, 38쪽.

군포시 당동이다.

황량한 나무숲에 천막을 치고 교회를 시작한다는 것은 모험이었다. 사실 권 목사는 준공을 앞둔 2층 벽돌 건물을 임대하려고 했으나 건물 주인이 교회가 들어오는 것을 원치 않았고, 그럴 만한 돈도 없었다. 당시의 상황을 《군포제일교회30년사》에서 이렇게 기술하고 있다.

지금은 행정구역의 개편으로 군포시 당동이 된 이곳은 당시에는 쓰레기장 같은 지저분한 곳으로 주변에는 한양연립주택 12가구와 허술한 개인집 몇 채와 양조장이 있었다. 담임목사 내외는 몇 분의 친구들과 함께 연탄재와 고양이 시체 등으로 쌓인 쓰레기 더미를 치우고 튀어나온 돌들을 삽으로 골라 평평하게 터를 만들고, 천막 입구에 십자가를 세우고, '군포제일교회'라는 교회 현판을 아카시아나무에 달았다. 10평 정도의 바닥에 가마니를 깔고 그 위에 방석을 놓아 자리를 만들었으며, 철제 책상으로 강단을 삼고 풍금을 놓았다. 그리고 그 위를 호떡장사용 포장마차에서 쓰는 천막으로 덮어 예배처소를 마련했다.[55]

창립 예배는 권대진 목사의 사회로 진행되었고, 기도 최흥(본동교회) 목사, 설교 이종열 목사(안양 늘사랑교회), 축도 오창흠 목사(덕장교회)가 순서를 맡았다. 예배위원을 포함하여 7명의 목사와 5명의 전도사와 3명의 장로와 40여 명의 축하객들이 모여 감격의 첫 예배를 드렸다.

개척 예배의 기쁨도 잠시였다. 날은 추워지고 교인이라곤 만삭의 아내밖에 없었다. 천막은 제일 싼 것으로 덮어씌웠기 때문에 비가 오면 물이 새고 바람이 불면 금방이라도 넘어질 것 같았다. 그리고 천막에 사람이

---

55) 권태진, 《군포제일교회30년사》, 161쪽.

없을 때는 동네 아이들이 들어와 장난을 하고, 개와 고양이들이 오줌과 똥을 싸기도 했다. 누군가가 천막 입구에 세워 둔 십자가를 부러뜨려 놓아 다시 만들어야 했다.

권태진 목사에게는 기도 외에는 할 수 있는 게 아무것도 없었다. 그는 11월 추위에도 천막 예배당을 떠나지 않고 밤을 새워 기도하기 시작했다. 그리고 새벽 4시 반이 되면 아무도 없는 천막에서 혼자 찬송하고 기도하고 설교했다. 어느 날 새벽, 만삭이 된 아내가 밤을 새고 새벽예배를 인도하는 권 목사가 걱정이 되어 천막에 왔다가, 아무도 없는데 권 목사 혼자 소리 내어 설교하는 광경을 보고 눈이 마주쳐 서로 배꼽을 잡고 웃은 적도 있었다.

그러나 권태진 목사의 새벽을 가르는 기도 소리는 무의미한 것이 아니었다. 그 기도 소리에 잠이 깬 동네 청년 3명이 찾아와 등록을 한 것이다. 천막교회가 첫 번째 등록교인을 얻은 것이다.

> 한 명의 성도가 없어도 새벽 4시 30분에는 매일 예배를 드렸다. 천막교회가 세워진 지 삼 일째 되는 날 이웃에 살던 세 청년 박혜옥, 이순선, 이순옥이 새벽예배에 참석하여 등록하므로 군포제일교회는 첫 성도를 맞이했다. 이후 이들은 담임목사 내외와 함께 예배와 전도에 힘쓰며 교회의 기둥이 되었다.[56]

권태진 목사는 개척 후 20일쯤 지난 11월 초순에 안양 늘사랑교회의 이종열 목사를 강사로 모시고 3일간 부흥회를 열었다. 부흥회를 한다니까 모여든 15명가량의 성도는 대부분이 처음 등록한 3명의 청년들 친구였다. 부흥회 이후 매주 한두 명씩 새신자가 늘어났는데, 주로 인근 공장에

---

56) 권태진, 《군포제일교회30년사》, 162쪽.

서 일하는 청년들이었다. 그리하여 천막교회가 헐릴 때까지 청년 10여 명과 장년 3명, 어린이 15명 정도가 모이는 교회가 되었다.

5. 가정집 전세 교회

천막교회 주변엔 불신자들로 가득했고, 이들의 천막교회에 대한 민원이 끊이지 않았다. 드디어 이들의 민원으로 천막교회는 면사무소 직원들에 의해 강제 철거되었다. 당장 예배드릴 처소를 잃어버린 권 목사와 교인들은 대책이 없었다. 마침 사모가 해산을 하여 권 목사는 이중으로 앞길이 막막했다. 그가 아무것도 할 수 없을 때 하나님은 기적을 베풀어 주셨다. 하나님의 도우심으로 권태진 목사와 교인들은 1978년 12월 5일 가정집을 얻어 제2의 예배처소를 마련할 수 있었다.

제가 목사가 되기 전 다니던 교회가 서울 중곡동에 있는 세광교회였습니다. 천막교회 시절 그 교회의 최길자 집사님이란 분을 만나게 되었고, 돈을 빌려서 전기장판을 샀습니다. 밤이면 심한 한기가 바닥으로부터 올라오기 때문에 필요했습니다. 그런데 그 전기장판을 도둑맞고 말았습니다. 그런데 천막이 철거된 직후 최 집사님이 아시고 자기가 경영하던 미장원을 처분하고 받은 계약금 100만 원을 이자도 없이 빌려 주었습니다. 뜻밖의 하나님의 은혜였습니다. […] 그 돈으로 당시 시흥군 남면 당리 121-21번지 소재의 신축 건물 방 2개짜리 가정집을 전세로 얻을 수 있었습니다. 작은 방은 사택으로 사용하고 큰방은 예배당으로 꾸몄습니다. 약 15평의 공간에서 우리는 열심히 예

배드리고 기도하고 나가서 전도하는 재미에 살았습니다.[57]

가정집 교회 시절에도 생활의 어려움은 계속되었다. 어느 날 집에 수도가 얼어 물이 나오지 않아 고생한 적도 있고, 먹을 것이 없어서 라면으로 하루를 때우기도 했다. 그러나 교인은 계속 늘어나 30명가량 모이게 되자 경제적인 문제가 어느 정도 해결되었다.

군포에 오기 전에 사모와 함께 삼각산 기도원에 가서 40일간 작정기도를 한 적이 있는데, 그곳에서 기도하고 있던 김은희라는 청년을 만났다. 그 청년은 자진해서 권 목사의 집에 기거하며 교회 일뿐만 아니라 가정 일도 도와주었다. 권 목사 부부에게 큰 힘이 되었다. 남자 청년 한 명도 권 목사 집에 기거하게 되었는데, 예배당으로 쓰는 큰 방에서는 권 목사와 남자 청년이 지내고, 작은 방에서는 사모와 김은희 여자 청년이 생활하게 되었다. 이들은 주일학교 교사를 전담하였으므로 주일학교가 부흥했다. 이들의 도움으로 주일예배가 끝나면 전 교인이 국수를 끓여 먹곤 했다. 당시 군포제일교회의 모습은 초기 단계의 교회 형태를 갖추고 있었다.

1) 예배

예배는 주일 오전 9시에 주일학교 예배를 드리고, 11시에는 대예배, 저녁 7시에는 저녁예배를 드렸다. 수요예배는 7시에 드렸고, 새벽기도회는 매일 새벽 5시 30분에 드렸다. 청년예배는 토요일 저녁 7시 30분에 드렸다. 당시 주일학교는 어린이와 중·고등학생을 합해 15명가량이 모였고 교사도 부족하지 않았다.

예배는 묵도-찬송-교독문-신앙고백-기도-찬송-성경봉독-설교-기도-찬송-헌금-광고-축도 순으로 드렸다.

---

57) 권태진 목사와의 두 번째 인터뷰, 2017. 2. 6. 군포제일교회 당회장실.

2) 제직 임명

1979년 3월 교회는 최초로 집사 3명과 권찰 2명을 임명했다. 교회 조직으로서 틀을 잡기 시작한 것이다. 집사로 임명된 사람은 신현구, 임정순, 진종민 세 사람이었는데, 이들은 다른 교회에서 집사로 활동하던 사람들이었다. 권찰로 임명된 사람은 최옥화와 윤영애 두 사람이었다. 이들은 예배 인도와 기도, 헌금위원, 주일학교 교사, 안내, 청소 등 교회의 모든 일을 구분 없이 도맡았다.

6. 2층 전세 교회

권태진 목사는 1980년 1월 8일 총신대학교를 졸업했다. 목회하기도 바빴지만 공부하고자 하는 열망을 포기하지 않은 까닭이다.

교회가 안정되고 목회를 할 만할 즈음에 사용 중인 건물이 다른 사람에게 팔리게 되었다. 물론 교회 처소도 다른 곳으로 옮겨야 했다. 교인이 40명으로 불어나 어차피 옮겨야 할 형편이었다. 문제는 돈이었다. 하나님은 난관에 봉착한 권태진 목사에게 또다시 기적을 보여 주셨다.

군포 시내에서 남성기업의 대표인 신유성 씨라는 분이 뇌암으로 수술을 받는 일이 있었어요. 피를 37병이나 수혈하는 대수술이었는데, 병원에서 예수를 믿고 영접했습니다. 이분이 퇴원한 후 감람산 기도원에 가서 기도를 하는데, 어떤 분이 군포에서 왔다고 하니까 권 목사를 찾아가 기도를 받으라고 권하더랍니다. 그래서 우리 교회를 찾아왔고, 저와 온 교우들이 합심하여 신유성 사장을 위해 기도했습니다. 저희 교회에서 은혜를 많이 받은 이분이 감사헌금으로 공장을 정리한 돈 가운데 십일조로 150만 원을 바쳤습니다. 생각지도 못한 돈이었습니다. 하나님의 은혜라고밖에는 해석할 수 없는 사건이었습니다.[58]

당시 예배 처소를 물색하던 중 2층 건물이 눈에 들어왔다. 건물 주인은 권 목사와 잘 아는 사람으로, 천막교회를 세울 때 땅을 빌려 준 노인이었다. 권 목사가 갈 곳이 없다고 하자 방을 만들려던 16평 2층 공간을 예배당으로 쓰라고 내주었다. 이 건물은 자금이 부족하여 공사가 중단된 상태였고 아직 건축 허가도 나지 않은 건물이었지만 다른 도리가 없었다.

그런데 16평의 공간을 빌리기 위해서는 250만 원이 필요했다. 교회 전세금과 신유성 씨의 십일조를 모두 합하면 예배처소는 얻을 수 있었다. 문제는 사택이었다. 결국 보증금 없이 월세 2만 원에 네모가 아닌 세모난 방을 얻어야 했다. 말이 사택이지 사람 사는 집이 아니었다. 천장은 슬레이트 지붕에 구멍이 나 있어서 별이 보이고 비가 오면 물이 새 방에 그릇을 여기저기 놓아야 했다. 지나가는 사람들이 부엌이 화장실인 줄 알고 문을 열어 사모가 놀란 적도 많았다. 권 목사 부부는 예수님이 집도 없이 사시면서 "인자는 머리 둘 곳도 없다" 하신 성경구절을 떠올리며 불평하지 않고 견뎠다.

1) 2부 예배 실시

그 시절 16평짜리 2층의 예배당이었지만 교회는 날로 부흥했다. 1979년 4월에 이사 올 당시 40명이던 교인이 7월에는 96명으로 늘어났다. 장년이 45명, 중·고등학생이 11명, 어린이가 40명이었다. 교회가 계속 부흥하여 11월에는 장년만 70명이 되자 2부 예배를 실시했다.

---

58) 권태진 목사와의 두 번째 인터뷰, 2017. 2. 6. 군포제일교회 당회장실.

8시에 학생 중심의 1부 예배를 드리고, 11시에 장년 중심의 예배를 드린 것이다.

2) 세례식

권태진 목사는 1979년 11월 18일 추수감사주일에 처음으로 세례식을 거행했다. 이날 6명이 세례를 받았고, 10명이 학습, 2명이 유아세례를 받았다. 이후 세례식은 계속되어 2층 예배당 시절인 2년 2개월 동안 31명이 세례를, 25명이 학습을 , 6명이 유아세례를 받았다.

3) 구역예배

권태진 목사는 성도들이 늘어남에 따라 구역을 6개로 편성했다. 구역예배는 금요일에 드렸고, 구역원들 가정을 돌면서 예배가 진행되었다.

4) 제직회 구성

권태진 목사는 서리집사를 세웠는데, 1979년에 5명, 1980년에 5명, 1981년에 11명을 임명했다. 그리고 1979년부터 제직회를 열어 당면한 교회 문제를 함께 의논하기 시작했다. 그리고 1980년 12월 18~19일 이틀에 걸쳐 제직수련회를 가졌는데, 강사는 양동교회의 이광학 목사였다.

5) 남여 전도회

1979년 6월 첫 여전도회(회장 손영자)가 구성되었다. 7월 8일 주일 저녁예배를 여전도회 헌신예배로 드렸다. 그리고 1980년 2월 10일부터는 매월 첫째 주 목요일에 여전도회 철야기도회를 가지기 시작했다. 남전도회도 같은 시기에 구성했지만 분란이 일어나 해체되고 활동도 중지했다.

6) 최초의 여름성경학교

권태진 목사는 주일학교 어린이들이 40명을 넘어서던 1979년 여름에 처음으로 여름성경학교를 실시했다. 여름성경학교는 7월 26~29일까지 3일간 가졌다. 중고등부 학생회는 20명 가까이 되었는데, 첫 번째 여름수련회를 1979년 7월 30일 한얼산기도원에서 김은희 교사가 중심이 되어 개최했다.

7) 성가대의 구성

권태진 목사는 청장년을 중심으로 약 15명의 성가대원을 임명했다. 성가대는 1979년 7월 15일 예배 시간에 첫 번째 찬양을 드림으로써 활동을 시작했다.

7. 상가 전세 교회

1981년 봄, 교회가 조직을 갖추고 한창 부흥하고 있을 때, 또 한 번의 시련이 왔다. 건물 주인이 세를 두 배로 올려 달라고 요구한 것이다. 전세금 인상도 부담이었지만 이미 예배처소도 포화 상태여서 장소를 옮길 필요가 있었다. 하지만 100명 가까운 교인이 있다 보니 예배처소를 옮기는 일이 예전처럼 고통스럽지는 않았다. 예전에는 권 목사 혼자 고민하고 동분서주해야 했으나, 이제는 교회의 조직이 갖추어진 상태라 교인들이 움직이기 시작했다. 교회는 주변의 3층 신축 건물의 2층 36평과 지하 14평을 임대하여 상가교회 시대를 열었다.

동네 정육점 하시는 분이 건물을 짓고 있었는데 우리에게 전세로 들어오라는 것이었습니다. 건물 1층은 상가로 세가 나갔기에 교회로 쓸 만한 공간은 건물의 2층과 지하였습니다. 그런데 전세금이 750만 원이나 되었습니다. 도저히 안 되겠다고 했더니 그럼 월세로 들어오라는 것이었습니다. 돈은 좀 비쌌지만 새 건물이고 조용해서 예배당으로는 좋은 장소였습니다. 계약을 하고 중도금을 지불하려는데, 주인이 계약을 파기하겠다는 것입니다. 이유는 교회가 월세를 못 낼 수도 있으니 차라리 전세로 들어오려는 교회와 계약을 하겠다는 겁니다. 할 수 없이 전세로 바꾸어 계약하기로 했습니다. 그런데 돈이 없잖아요. 교인들과 고민하고 있는데 어떤 집사님이 전화가 왔습니다. 자기 돈을 빌려 드릴 테니 전세금으로 쓰라는 것이었습니다. 당시에는 교인들이 있으니까 전처럼 고생은 하지 않고 새 예배처소를 구할 수 있었습니다. 모든 것이 하나님의 은혜이고 인도하심이라고 생각합니다.[59]

권태진 목사는 1981년 6월 28일 새 예배처소에서 이전 감사예배들을 드림으로 제4예배당 시대를 열었다. 목사 12명과 120명의 성도들이 함께 예배드렸는데, 이날 설교는 봉신중앙교회 이기준 목사가 로마서 15장 12-16절의 본문을 가지고 '소망이 넘치는 교회'라는 제하의 설교를 했다.

1) 개척교회 지원

권태진 목사는 1982년 1월부터 어려운 개척교회들을 돕기 시작했다. 아직 개척의 티를 벗지 못한 개척 4년 된 교회이지만 이제 '받는 교회'에서 '주는 교회'로 성장한 것이다.

---

59) 권태진 목사와의 두 번째 인터뷰, 2017. 2. 6. 군포제일교회 당회장실.

2) 어린이 선교원 '제일선교원' 개원

권태진 목사는 1982년 2월 23일에 어린이 교육을 위한 선교원을 개원했다. 그리고 4월 12일에 '대한기독교연합회 어린이선교원총회'에 등록했다. 선교원이 활성화되자 주일학교가 크게 부흥했다. 그리고 자녀를 맡긴 부모들도 교회에 등록하여 장년 수도 늘어나게 되었다.

3) 성경공부 강화

권태진 목사는 교인들이 성경을 알아야 바른 신앙을 가지고 성장할 수 있다고 믿었다. 그는 설교도 강해설교로 바꾸고 주일 설교, 수요 기도회, 새벽기도회에서 모두 성경을 강해했다. 또한 주보에 성경공부란을 만들어 매일 교인들이 자체적으로 성경을 읽고 공부하도록 했다. 그리고 여전도회를 중심으로 '한나 성경공부반'을 개설하고, 새신자를 위해 '할렐루야 성경공부반'을 만들어 기초적인 성경공부를 하도록 했다.

4) 기도 모임의 활성화

권태진 목사는 교회 성장과 교인들의 신앙을 위해 기도 모임을 강조했다. 새벽기도회는 물론 금요철야기도회를 활성화하고 각 부서와 전도회별로 흰돌산 기도원, 갈멜산 기도원 등에 자주 가서 함께 기도했다. 40일 작정기도, 매일 아침 10시 기도회 등의 기도 모임을 만들어 기도를 강조했다. 이 기도 모임의 열매로 개척 6년 만에 단독 건물을 건축하는 기적을 이뤄 냈다.

5) 구역의 활성화

권태진 목사는 구역의 활성화를 위해 구역장들과 매주 금요일 오전에 공부를 하고, 이들이 각 구역으로 흩어져 구역예배를 인도하게 했다. 구역장에 대한 훈련은 엄격했는데, 모든 구역장은 새벽기도회에 반드시 참석하는 것은 물론, 기도원 기도와 구역장 성경공부에 참석해야 했다. 구역장들이 체계가 잡히자 1983년부터는 담임목사가 하던 구역예배를 각 구역장에게 넘겨 예배를 인도하게 했다.

6) 전도의 활성화

권태진 목사는 각 구역이 한 달에 최소 두 가정 이상 전도하도록 하였고, 전도를 많이 한 구역은 시상을 함으로써 선한 동기가 되도록 했다. 구역마다 전도하는 요일을 정하고 전도요원을 선발하고 전도특별훈련도 실시했다. 특별히 1984년에는 노방전도에 힘썼다. 그리고 심방대원들을 훈련시켜 새신자를 돌보게 하고, 주변의 노인들과 장애인들에게 음식을 가져다주고 집을 청소해 주는 등 섬김과 나눔의 정신으로 전도하게 했다.

권 목사는 1983년부터는 심방만을 전담하는 '심방집사'를 선발했다. 그리고 교회 주변의 공단을 대상으로 신우회를 조직하고 직장 예배를 인도했다. 1983년 12월 29일 권 목사는 '밀알신우회' 창립 예배를 주관했는데, 9명으로 시작한 이 모임은 나중에 정기적인 예배를 드리는 인원이 40명까지 늘어났다.

7) 전교인 체육대회

권태진 목사는 교인들의 친목과 교제를 위해 1982년 10월 17일 '제1회 전교인 체육대회'를 개최했다. 순복음신학교(현 한세대학교) 운동장을 빌려 각종 운동 경기와 음식 나눔을 실시하였는데 약 130명의 성도들이 참여했다.

8. 당동 단독 건물 교회

군포제일교회는 이제 더 이상 상가 건물에 머물 수 없을 만큼 성장했다. 여기서 성장은 수적인 성장과 함께 교인들의 신앙적인 성장까지 포함한다. 이제 더 이상 예배당을 옮겨 다니는 일을 반복할 수 없었다. 장기적인 관점에서 볼 때 무리를 해서라도 단독 건물을 건축할 필요가 있었다. 권태진 목사와 교인들은 뜻을 모아 예배당을 건축하기로 결심했다. 그리고 이를 위해 기도하기 시작했다. 권태진 목사는 찬송가 '허락하신 새 땅에'의 가사를 바꾸어 성전 건축 주제가로 만들었고 예배 시간마다 함께 불렀다.

> 1. 허락하신 새 땅을 구입하면서 / 마음 준비 다하여 성전 세우세
> 2. 앞서 가신 예수님 따라가면서 / 성령 충만 받아서 복음 전하세
> 3. 구원하신 주님께 헌신하면서 / 감사 찬송 드리며 열매를 맺자
> (후렴) 솔로몬을 본받아 성전 세우세 / 우리 세울 교회는 제일교회일세

드디어 1983년 12월 12일에 당동 740-11번지의 땅 104평 매입을 계약했다. 권태진 목사는 1984년도 표어를 '말씀으로 성장하여 성전을 건축하자'로 정하고 성도들을 독려했다. 1984년 4월에는 건축위원회가 조직되었고, 4월 21일에 건축 허가가 났으며, 4월 26일에 기공예배를 드렸다. 그러나 이것은 험난한 가시밭길의 시작이었다. 건축 시공을 맡은 김 집사라는 사람이 기초공사를 하던 중 다른 교회로 가 버린 것이다. 급히 다른 건축업자를 찾았지만 그 과정에서 추가 비용이 발생했다. 결국 실내 인테리어도 하기 전에 공사비가 바닥났다.

교회 건축위원회는 다방면으로 알아본 뒤 부천 삼성전자 대리점의 김

사장이라는 사람에게 예배당 건물을 담보로 돈을 빌려 겨우 건물을 완공했다. 마침내 1984년 8월 6일 새 예배당에서 감격의 첫 예배를 드렸다. 그러나 큰 문제가 발생했다. 대리점 김 사장이라는 사람이 교회도 모르게 예배당 건물을 재담보하여 삼성 본사에서 1억 원어치 물품을 구입하고 잠적해 버린 것이다. 대금 회수가 안 되자 삼성은 예배당을 경매에 넘기고 말았다. 애써 건축한 예배당이 통째로 날아갈 판이었다.

그때를 생각하면 지금도 잠이 안 올 때가 있습니다. 개척 이후 최대의 위기 상황이었으니까요. 교회 집사들이 삼성 본사에 항의 방문도 하고 경매 연기 신청도 하였지만 경매는 예정대로 진행되었습니다. 그러나 일반인들이 볼 때 매력이 있는 건물이 아니고, 교회 용도로 지어졌기 때문에 몇 번 유찰이 되었습니다. 5년에 걸친 삼성과의 싸움 끝에 삼성으로부터 이번에도 경매가 유찰되면 교회가 분할 상환하도록 해주겠다는 약속을 받았습니다. 그런데 다른 교회의 부동산 업자인 이 장로라는 분이 마지막 경매에서 5500만 원에 낙찰을 받은 겁니다. 그러자 교회 집사들이 장로를 찾아가서 사정을 이야기하고 건물을 포기하도록 종용하였습니다. 그러나 예배당 건물에 욕심이 있던 ㄱ 장로가 담임목사인 나와 교인들 사이를 이간질하기 시작하였습니다. 결국 예배당은 다시 찾았지만 그 장로의 모함으로 나는 목회에 큰 손실을 입었습니다. 그 장로의 말을 믿던 몇몇 교인들이 나를 불신임하게 되었습니다. 저는 1989년 2월 교인들에게 저에 대한 신임투표를 제안했고, 193명이 투표한 결과 신임 188표, 불신임 3표, 기권 2표를 얻어 이 문제를 봉합하고 다시 목회를 정상으로 할 수 있었습니다. [60]

---

60) 권태진 목사와의 두 번째 인터뷰, 2017. 2. 6. 군포제일교회 당회장실.

비온 뒤 땅이 더 굳어지는 것처럼, 시련 후 교인들의 권 목사에 대한 신뢰는 한층 더 돈독해졌다. 결속력 또한 배가되었다. 그리고 교회는 더 부흥하기 시작했다.

1) 예배

건축한 예배당은 120명이 앉아 예배드릴 수 있는 작은 공간이었다. 그러나 1985년 11월이 되자 예배 인원이 120명을 넘어 앉을 자리가 없었다. 권 목사는 주일예배를 다시 2부로 나누었다. 1989년에 예배 인원이 급증하자 12월부터는 3부 예배를 실시했다. 1990년 3월에 예배가 다시 2부로 축소되었지만, 1991년 3월에는 3부 예배가 회복되었다. 1992년 2월부터는 수요예배를 1, 2부로 나누어 드리기 시작했다. 1부는 오후 2시에 드리고, 2부는 종전대로 저녁에 드렸다. 1994년 11월부터는 저녁 수요예배를 각 교구가 주관하게 하여 기도, 특송을 맡겼다. 1995년 1월에 오후 수요예배는 폐지되고 다시 저녁예배로 일원화되었지만 교구별 예배는 계속되었다.

2) 성경공부반

권태진 목사는 1989년 초부터 '에스더 성경공부'를 시작했다. 이는 기존의 '한나 성경공부'와 새신자를 위한 '할렐루야 성경공부'를 합친 것이다. 처음에는 남녀가 같이 공부했으나, 나중에 '에스더 성경공부'에는 여성들만 남고, 남자 교인들은 '디모데 성경공부'로 따로 모였다. 권 목사는 1989년 2월에 베델 성경공부를 시작했다. 그리고 1987년에는 청지기 성경공부, 부부 성경공부, 1989년에는 화요 성경공부, 1990년에는 남전도회 성경공부, 청지기훈련 성경공부, 1994년에는 모르드개 성경공부 등을 연속으로 개설했다. 이 성경공부반은 나중에 총회 주관의 남전도회 중심의 '성경통신학교'와 여전도회 중심의 '평신도신학원'으로 연결되기도 했다.

3) 3분 전화설교

권태진 목사는 1990년 11월 '3분 전화설교'를 개통하여 전화로 목사의 메시지를 들을 수 있게 했다.

4) 교회 서점

1994년 9월에는 교회 서점을 오픈하여 권 목사의 저서와 설교 테이프 등을 교인들이 구입하도록 했다.

5) 성경 필사

권 목사는 1995년 4월부터 전 성도 성경필사운동을 벌여 성경을 친필로 쓰게 했고, 연장선상에서 성경퀴즈대회와 성경암송대회를 개최했다.

6) 기도운동

권 목사는 기도를 개척 당시부터 강조했다. 1992년부터는 매월 한 주간을 특별새벽기도회 기간으로 정했다. 이외에도 40일 24시간 특별기도회, 120일 24시간 전 교인 특별기도회, 미스바기도회, 다니엘 특별새벽기도회 등 다양한 기도운동을 전개했다. 1990년 4월에는 70명의 기도 용사를 모집하여 기도하였고, 10월에는 30명의 기도 용사를 모집하여 산기도운동을 벌였다. 또한 '일만 제단 기도운동'과 '전 성도 매일 낮 기도운동'을 벌여 매일 12시에 어느 곳에 있든지 기도하도록 독려했다.

7) 목사위임식과 당회 구성

교회는 성장하고 있었지만 아직 조직 교회로서의 면모는 갖추지 못한 상태였다. 교회는 1990년 12월 첫 안수집사와 권사를 임직하였고, 1992년 5월에는 박용구 안수집사가 장로로 피택되었다. 1993년에는 10월 15일 권태진 목사의 위임식과 더불어 박용구 장로가 초대 장로로 취임했다. 이제 군포제일교회는 조직 교회로서 새 출발을 하게 된 것이다.

8) 교회 기관의 부흥

장년부와 더불어 교회학교가 부흥하여 1998년 4월 교회를 증축하기까지 장년부는 540명을 넘어섰고, 유년부는 200명을 웃돌았다. 중고등부도 약 70명이 모이고, 청년부는 60명 정도가 회집되었다. 따라서 남여 전도회도 회원수가 늘어나면서 1996년에는 4개의 남전도회와 10개의 여전도회로 세분화되었다. 성가대는 청장년으로 구성된 임마누엘성가대와 중·고등학생 중심의 호산나성가대, 어린이 중심의 사무엘성가대, 여성 중심의 백합성가대가 구성되었다. 그리고 1992년에 전자오르간을 구입했고 예배 악기로 사용되었다.

9) 전도인 임명

권태진 목사는 평신도 사역을 활성화하기 위하여 '전도인'이라는 직책을 만들고 임명하여 심방을 전담하게 했다. 최초의 전도인은 1987년 3월 유명숙 집사(현재 권사)가 임명되었는데, 이후 여러 명의 전도인이 세워져 담임목사와 성도들 사이에서 심방을 비롯한 목회사역을 돕고 있다.

10) 제일노인대학

권태진 목사는 1986년 5월 지역 노인들의 안식처를 제공하기 위해 '제일노인학교'를 설립했다. 이는 나중에 '제일노인대학'으로 개명되었다. 55세부터 입학이 가능했는데 매주 월요일 오전 11시에 모여 성경, 음악,

체육, 서예, 건강교육, 노인행정 등의 과목을 수업하면서 재미와 친교를
다져 갔다.

11) 사단법인 성민원 인가

성민회는 1997년에 설립되었다. 당시 귀순한 이한영 씨가 살해되는 사
건이 발생하자 경찰들이 밤낮으로 특별경계근무를 서게 되었는데, 이들
을 위하여 교회 여전도회가 따뜻한 차를 대접하며 위로한 것이 계기가
되었다. 이후에 성민회는 독거노인들을 돌보는 노인복지사업을 주로 하
게 되었다. 1997년에는 사회복지법인 순애원이 주관하는 '가정봉사교육'
을 통하여 약 70여 명의 자원봉사자가 교육을 받고 독거노인들을 돕는
일에 나섰다. 이런 활동들이 결실을 맺어 1998년 3월 5일 성민회는 '사
단법인 성민원'으로 인가를 받고 대(對)사회적 활동의 폭을 넓혀 갔다.

12) 선교 활동

권태진 목사는 1987년부터 교회 회보를 발행하여 선교에 활용했다.
1988년 5월부터는 미자립 교회 3군데를 돕기 시작하여 점차 대상을 확대
해 갔다. 그리고 1992년부터는 군포경찰서에서 남전도회가 주관하여 경
찰선교를 시작했디. 그밖에 1996년부터 군선교를 시작하였고, 1989년에
는 학원선교를 시작하여 인근의 중·고등학생들과 신학생들의 등록금을
지원했다. 해외선교는 1988년 5월 중국 선교를 시작으로 1990년 7월 러
시아 선교, 1993년 6월 필리핀 선교, 1994년 1월에는 대만 선교로 이어졌
다. 권 목사는 지역 교회와의 연합운동도 앞장서서 군포기독교연합회가
주최하는 '6·25성회'와 '평화통일을 위한 구국기도회' 등에 참여했다.

13) 당동 교회 시대의 권태진 목사 활동

권태진 목사는 1985년 8월 31일 중앙대학교 사회개발대학원에서 사회복지학을 수료했다. 그의 목회에는 이미 복지에 대한 뚜렷한 목표가 있었던 것이다. 그리고 1993년 2월 2일에는 합동신학교 목회대학원을 수료했다. 목회를 위한 재교육 차원에서 그가 자원한 공부였다.

이 무렵 권태진 목사는 바쁜 목회 일정 가운데서도 한국의 대표적인 중견 목회자로서 대내외로 여러 역할을 담당했다. 이 시기에 권태진 목사의 대내외 활동을 요약하면 다음과 같다.

(1) 각종 집회 강사

수많은 교회의 부흥회와 수련회 등의 강사로 활약했다.

(2) 선교지 탐방

대만, 이스라엘, 필리핀, 사이판 등의 선교지를 탐방했다.

(3) 부노회장 피선

서울노회 부노회장에 피선되었다(1988년 4월 17일).

(4) 지역사회

향군종 모임 회원(1988년 4월) 및 세미나 인도(1991년 4월), 법무부 청소년 지도위원 및 군포시 기독교연합회장(1993년 1월 31일), 군포경찰서 경목위원장(1996년 1월)으로 활동했다.

(5) 언론

극동방송 라디오 프로그램 〈김혜자와 차 한 잔을〉의 구성작가(1994년

4월 12일), 문예사조 등단 시인(1994년 7월 3일), 문화일보 논설위원(1996년 5월 13일) 등으로 활동했다.

(6) 저서

- 설교집 《말씀으로 성장하여 생활로 열매 맺자》(1985년 10월 15일), 《마태복음 상》(1991년 10월 10일), 《마태복음 중》(1996년 10월 5일)
- 수필집 《그 나라가 좋아요》(1992년 10월 20일), 《슬픔 속에도 찾아오는 봄》(1994년 11월 17일), 《환난 속에 자라는 교회》(1995년 7월 15일)
- 칼럼집 《예수를 믿으면 잘되는가》(1992년 4월 11일)
- 방송 칼럼집 《사랑의 위력》(1997년 11월 1일), 《사막에도 꽃은 피고》(1998년 12월 25일)
- 시집 《어둠의 화폭에 빛 되었으면》(1993년 10월 8일), 《아름다운 세계》(1996년 11월 28일) 등의 저서를 출판했다.

9. 금정동 교회

금정동 시대는 증축 전의 제6예배당, 증축 중의 제7예배당, 증축 후의 제8예배당으로 구분되지만 하나의 시대로 묶어 생각할 수 있다. 이 시기에 군포제일교회는 성민원이 활성화되어 복지하는 교회로 알려지게 되었고, 교회가 크게 성장하여 500명이 입당한 교회가 1500명 가까이 모이는 중형 교회가 되었다. 한편, 권태진 목사 개인적으로도 대외 활동이 많아지면서 한국 교회가 주목하는 목회자로 부각되었다.

1) 증축 전 제6예배당(2층 교회)

1992년부터 1995년까지 산본 신도시 입주가 시작된 이래로 군포제일교회는 폭발적인 성장을 했다. 예배당은 이미 포화 상태였고, 새 예배당 건축은 당면 과제였다. 권태진 목사는 1994년 5월부터 '천 명 성도 일만 구좌 건축연보운동'을 전개하여 건축헌금을 독려했다. 그해 가을 때마침 양문교회가 분양받은 종교부지가 경매에 들어가 공개입찰 한다는 소식이 들려왔다. 권 목사는 이 부지(271평)를 낙찰 받아 예배당을 건축하면서 금정동 교회 시대를 열었다.

당시 예배당을 설계대로 건축하면 경제적 부담이 너무 클 것 같았다. 권 목사는 교인들에게 예배당을 2차에 나누어 건축할 것을 주문하였고, 이 의견이 받아들여져서 우선 지하 1층과 지상 2층만 건축하기로 했다. 그런데 건축하는 중에 IMF 사태가 발생했고, 권 목사의 결정이 천만다행이 되었다.

새 예배당에서의 첫 예배는 1997년 11월 16일 추수감사예배였다. 아직 공사 중이었지만 지하실에서 성탄감사예배와 송구영신예배도 드릴 수 있었다. 그리고 1998년 4월 17일 금요일 2시에 드려진 입당예배는 권태진 목사의 사회, 김정태 목사의 기도, 김훈 목사의 설교, 김인중 목사의 헌금기도, 신복윤 목사의 축도로 드려졌다. 이때 성민원 현판식도 함께 거행되었다.

2) 증축 중 제7예배당(제2교육관 교회)

새 예배당에 입당한 지 2년이 지나자 늘어난 성도들을 다 수용할 수 없게 되었다. 이제는 원래 설계대로 나머지 부분을 완공하는 증축 공사를 하지 않으면 안 되었다. 권 목사와 교인들은 예배당 증축을 위해 재궁동 사무소 옆에 있는 상가 지하 200평을 임시 예배처소로 임대하여 사용했

다. 이 예배처소의 구입은 2000년 9월 24일에 이루어졌고, 건축이 시작
되면서 정식으로 입당예배를 드린 것은 2001년 3월 5일이었다. 본래 이
곳은 대형 슈퍼마켓이 있었는데, 산본에 '이마트'가 들어서면서 경영에 어
려움을 겪게 되어 폐업하고 1년 동안 방치된 공간이었다. 권 목사는 교인
들과 이 공간을 정돈하고 인테리어를 다시 하여 제2교육관이라는 이름으
로 예배를 드렸다.

3) 증축 후 제8예배당((베들레헴 예배당)

증축은 순조롭게 진행되었고, 2층이 6층 건물로 변신되었다. 드디어
2002년 3월 1일 새로 증축된 예배당에서 첫 예배를 드렸고, 이때 장로,
안수집사, 권사 임직식이 함께 거행되었다.

(1) 예배

금정동 시대의 군포제일교회는 획기적인 부흥을 이룬 시기다. 이 시
기에 예배는 4부 예배까지 늘어났다. 1998년 4월 새 예배당에 입당할
때 2부로 예배를 드리던 것이 1999년 1월부터는 3부 예배, 2003년 11
월부터는 4부 예배로 확대되었다. 그리고 2007년 1월부터는 청년 중
신의 5부 예배가 신설되었다. 2003년 6월부터는 자폐아와 성격장에
아동을 위한 '사랑부' 예배가 신설되었다. 2004년 1월부터는 외국인
예배가 신설되어 주변의 네팔, 필리핀, 인도네시아에서 온 외국인 노
동자들을 위한 영어예배를 드렸다.

(2) 성경공부와 신학 강좌

권태진 목사는 기존의 구역장 성경공부, 에스더 성경공부, 새가족 성경
공부를 더욱 체계적으로 정착시켰다. 이와 더불어 '고난주간 사경회'를

매년 개최하고 '창립 기념 신학 강좌'를 개설하여 말씀 탐구에 깊이를 더했다. 고난주간 사경회는 권 목사가 직접 주제별 말씀 탐구로 진행하고, 신학 강좌는 저명한 신학 교수들을 초청하여 진행했다.

(3) 군포복지뉴스 발행

권태진 목사는 2005년 1월에 〈군포복지뉴스〉를 창간했다. 사건 사고만 전하는 신문이 아니라 선한 영향력을 끼치는 희망의 소식을 전하고자 했다. 그리고 성민원의 활동을 보고하는 한편, 복음 전파의 도구로 활용했다. 이는 나중에 〈경기복지뉴스〉로 제호를 바꾸면서 경기도 지역으로 독자를 확대했고, 사회복지정책, 복지 현장과 활동의 구체적인 소식들을 전했다. 〈경기복지뉴스〉는 2017년 1월에 지령 100호를 발간했다.

(4) 시와 찬미의 밤

권 목사는 1995년 10월부터 '시와 찬미의 밤'이라는 이름으로 전 교인 문화축제의 장을 마련했다. 이는 추수감사절 행사의 일환으로 정착되어 성도들의 자작시와 수필 낭송, 교구별 찬양과 율동이 어우러지는 문화 축제다.

(5) 방과 후 비전의 교실

권 목사는 2003년 말부터 학생들의 방과 후 학습 지도를 위해 '방과 후 비전의 교실'을 개설했다. 성도들의 자녀를 중심으로 신앙과 학습, 예체능, 특기적성 교육을 진행했다. 교사들이 부모처럼 학생들을 돌보았고, 맞벌이 부부 등 낮 동안 자녀 양육이 어려운 가정의 학생들을 보호하고 신앙으로 양육했다.

(6) 성민원의 성장

금정동 교회 시기 부설 사단법인 성민원의 활동과 열매는 놀랍도록 다
양하다. 이로 인하여 군포제일교회는 복지하는 교회로 전국적인 명성
을 얻게 되었고, 교회뿐만 아니라 사회적 관심도 높아졌다. 그리고 권
태진 목사는 목회와 복지를 결합한 목회자의 모델로 부각되었다. 이에
대하여는 다음 장에서 자세히 다룬다.

(7) 금정동 교회 시대의 권태진 목사 활동

권태진 목사의 교계와 사회적인 활동은 교회 성장과 성민원의 성공적
운영이 세상에 알려지면서 확대되었다. 특히 권 목사는 1999년 5월 탈
북난민보호유엔청원운동 군포시협의회 회장으로 추대되면서 본격적
인 북한 선교와 평화통일을 위한 선교 활동에 참여하게 되었다. 2001
년 8월에는 '평화통일과 화해를 위한 십자가 대행진(P.P.P.)'에 참여했
다. 이는 부산에서 통일전망대까지 십자가를 지고 걸으며 기도하는 행
사였다. 2002년에는 통일전망대 십자가 점등식에도 참가하여 통일기
원예배를 드렸다. 또한 태국 카렌족 선교, 해외 선교사 지원 확대, 군
선교, 경찰선교, 외국인 선교 등으로 선교의 범위가 확대되었다.

2004년부터 권태진 목사의 설교가 CBS와 C3TV를 타고 방영되기 시작
했다. 2006년부터는 권 목사의 설교를 MP3 파일로 다운로드할 수 있
게 되었다. 그리고 2007년에는 미국 워싱턴의 기독교복음방송국 라디
오를 타고 권 목사의 설교가 방송되어 미국의 교포들에게 전파되었다.

권태진 목사는 전국에 있는 목회자들을 대상으로 교회와 성민원이 주
관하여 '교회사회복지워크숍'을 개최하였는데, 목회와 복지를 연결시키
는 프로그램들을 소개하고 방법론을 전수하는 뜻깊은 모임이었다. 이
모임은 2005년 5, 9, 10월에 걸쳐 3회 개최되었다. 이 무렵 권 목사는

설교집과 수필집, 시집 등을 출판해 문필가와 시인으로도 유명해졌다. 금정동 교회 시기의 권 목사 활동을 요약하면 다음과 같다.

① 각종 집회 강사

국내외의 각종 부흥회, 세미나, 수련회, 헌신예배 강사로 초청되었다. 특히 개척교회로부터 시작하여 성장한 목회와 복지사역에 대한 설교와 강의는 한국 교회에 건강한 영향력을 끼쳤고, 이를 배우려는 사람들로부터 질문과 초청이 쇄도했다.

② 선교지 탐방

필리핀 선교지(1999년 11월), 중국 연변 과학기술대 방문(2004년 8월), 태국 카렌족 선교지(2006년 1월), 합신 미국 디아스포라 선교대회 설교(2007년 7월), 아프리카 선교지(2008년 2월) 등을 탐방했다.

③ 교계 활동

총회전도부장(2001년 9월), 천국사다리 호스피스 이사장 취임(2005년 12월 3일), 세계성령운동중앙협의회(전 세계성신클럽) 제18대 회장 취임(2006년 1월 29일), 합동신학대학원대학교 법인이사(2007년 11월~) 등으로 활동했다.

④ 지역사회 활동

탈북난민보호유엔청원운동 경기도 군포시협의회 회장(1999년 5월 15일), 노인주간보호센터 지원을 위한 권태진 목사 시화전(2002년 2월 22일), 군포시신년조찬기도회 인도(2005년 2월), 교회사회복지지도자 세미나 및 현장실습 진행(2005년 5월 23일), 제1기 교회 사회복지 지도자 워크숍 진행(2005년 6월 23일), 강원도 인제군 수해 지역에 이동 급식 차량 지원

(2006년 7월 17일), 성민소년소녀합창단 창단(2007년 3월 2일), 세계한인목회자세미나 설교(2007년 4월), 군포시니어클럽 수탁 운영(2007년 7월 1일), 빈곤 대물림 방지를 위한 교육복지 '성민에듀투게더' 개원 및 협약식(2011년 10월 28일), 안양시관악장애인종합복지관 수탁 운영(2012년 7월 18일) 등의 활동을 했다.

⑤ 언론

CBS 〈새롭게 하소서〉 출연(2003년 7월 17일), 극동방송 〈우리교회 좋은 교회〉 출연(2004년 4월 2일), C3TV 〈목자를 찾아서〉 방송(2004년 7월 19일), CTS 〈내가 매일 기쁘게〉 출연(2008년 9월 18일) 등 언론에 출연했다.

⑥ 저서

- 설교집 《열매를 보면 지혜를 안다》(1999년 9월 3일), 《하나님의 능력을 입은 백성이 되라》(2004년 10월 15일), 《행복한 오솔길》(2005년 6월 23일), 《믿음의 사람이 가는 길》(2007년 5월 20일), 요한일서 강해 《요한이 가르쳐 주는 사랑의 능력》(2002년 4월 12일), 《주선된 만남》(2009년 10월 15일)
- 소그룹 및 개인용 성경공부 교재 《요한일서, 사랑의 능력》(2003년 8월 8일)
- 수필집 《그 나라가 좋아요》 개정판(1998년), 《사막에도 꽃은 피고》(1998년 11월 25일), 《목회 속에 피어나는 복지》(2003년 6월 5일), 《행복오네》(2006년 10월 15일)
- 시집 《난 태양을 보리라》(2000년 4월 23일), 《당신을 사랑하기 때문에 당신을 외면할 수 없습니다》(2001년 12월 31일), 《당신은 나의 날개》(2004년 5월 10일), 《사랑의 불씨를 살리라》(2005년 10월 15일), 《선물 52》(2007년 11월 18일), 《행복의 옥토》(2008년 5월 25일), 목회시선 9 《살아도 죽어도》(2009년 5월 15일), 《겨자씨 사랑》(2010년 5월 15일), 목회시선 10

《꿀벌의 날갯짓》(2011년 5월 20일)

- 전문서적 《빚진 자의 마음으로 사회로 달려가라》(2004년 8월 16일), 《군포제일교회30년사, 1978-2008》(2008년 10월 15일) 등을 출간했다.

⑦ 목회학박사학위, 명예철학박사학위 수여

2004년 2월 17일 성민원을 통한 복지사역을 연구한 논문 〈교회성장과 지역사회복지사역의 연관성 연구-대한예수교장로회 군포제일교회를 중심으로〉라는 논문으로 합동신학대학원대학교와 버밍햄신학대학원이 공동 수여하는 목회학박사 학위를 받았다. 그리고 2011년 9월 25일 루이지애나 침례대학교 명예철학박사 학위를 받았다.

⑧ 수상

보건복지부장관상(2000년 10월 2일), 군포시장상 노인복지기여자 부문(2000년 10월 2일), 제2회 '사회복지의날' 기념 대통령상(2001년 9월 7일), '평화통일과 화해를 위한 십자가 대행진(P.P.P.)' 공로상(2001년 9월 18일), 군포시민대상 명예선양부문(2001년 10월 6일), 한국기독교성령100년사 '일백헌정교회' 선정(2004년 11월 4일), 제1회 CBS 크리스천 자원봉사자 우수상(2004년 11월 9일), 태안방제유공자 국토해양부장관 표창장(2007년 12월 7일), 제5회 세계성령운동중앙협의회 홀리스피리츠맨 메달리온 문화예술부문(2008년 4월 10일), 군포제일교회와 성민원이 충남도지사 감사패 수여(2008년 6월 29일), 짚신문학상(2011년 12월 19일) 등을 수상했다.

(8) 목회 철학 '아비목회'

특별히 이 무렵 권태진 목사는 '아비목회'라는 목회 철학을 표방하기 시작했다. 이는 30년간의 그의 목회를 요약하고 정리하는 단어이며, 누군가가 붙여 준 신조어다. 권 목사는 고린도전서 4장 15절의 말씀 "그리스도 안에서 일만 스승이 있으되 아버지는 많지 아니하니 그리스도 예수 안에서 내가 복음으로써 너희를 낳았음이라"는 말씀에 기초하여 '아비목회'를 표방했다. 권태진 목사가 말하는 '아비목회'의 내용을 정리하면 다음과 같다.

① 아비목회는 그리스도의 몸 된 교회를 세우는 목회다

교회의 머리는 그리스도이시다. 교회는 그리스도의 몸이다. 이 정체성을 바로 세우는 것이 아비목회의 기초다. 교회는 이익집단이 아니며 예수 그리스도를 머리로 하는 영적 가족 공동체다. 교회의 성도들은 한 가족이며 혈연 공동체다. 교회는 일하러 오는 곳이 아니라 함께 누리려고 오는 공간이다. 아비목회는 그리스도 안에서 하나님의 자녀들이 함께 기쁨을 나누고 행복을 누리는 목회를 지향한다.

② 아비목회는 약자 보호의 목회다

세상에서는 약한 자와 병든 자와 없는 자가 무시당하고 차별대우를 받는다. 그러나 교회는 영적 가족 공동체이므로 그리스도의 사랑으로 이들을 더 보호하고 사랑을 공급해야 한다. 연약한 자들이 교회에 와서 새 힘을 얻고, 병든 자와 소외당한 자들이 더 큰 관심과 보살핌의 대상이 되어야 한다. 아비목회는 그리스도의 정신으로 약한 자들을 더 귀하게 보살피는 목회다.

③ 아비목회는 기다림의 목회다

가족 공동체에서는 아이들이 성장하는 과정을 소중히 여기며 부모가 아이들의 성장 과정을 기다리고 인내한다. 신앙생활 중에도 많은 시행착오와 실수가 있다. 성도가 스스로 깨닫고 성숙해질 때까지 기도하며 인내하고 지켜보며 격려하는 기다림의 목회가 아비목회다.

④ 아비목회는 솔선수범의 목회다

가정에서 아이들은 부모의 삶을 보며 배운다. 지식이 아니라 생활의 모범을 보이는 것이 아비목회다. 예수님이 제자들을 삶으로 교육하고 가르치셨듯이, 목회자는 바르고 정의로운 삶으로 성도들을 교육하고 지도해야 한다.

⑤ 아비목회는 희생의 목회다

아버지는 희생하는 존재다. 가족을 위해 위험한 일에 앞장서고 궂은일도 마다하지 않고 감당하는 존재다. 아버지의 희생을 통하여 가족들에게 감동이 전달되며 사랑이 유지된다. 아비목회는 '양으로 생명을 얻게 하고 더 풍성히 얻게' 하기 위하여 사자나 이리 떼와 목숨 걸고 싸워 지켜 내는 참 목자 되신 주님의 모습을 닮는 목회다.

10. 당정동 교회

군포제일교회는 금정동 교회 증축 건물도 비좁을 만큼 크게 성장했다. 더구나 성민원의 확장으로 조직이 방대해지다 보니 한 건물에 교회와 성민원이 함께 있을 수 없게 되었다. 권태진 목사는 보다 나은 미래를 위하여 또 한 번의 예배당 건축을 위해 기도하게 되었다. 지금의 금정동 예배당은 성민원 본부로서 각종 복지를 위한 행정 센터로 활용하고, 교회의 예배당은 새로 신축하려는 계획을 세운 것이다. 아직 금정동 예배당의 부채가 남아 있어서 헌당도 못한 상태인데, 새 예배당을 건축하려는 시도는 무모한 도전이었지만, 권 목사는 믿음으로 이 일을 시작했다.

권태진 목사는 2007년 새로운 예배당 대지 구입과 1만 명 성도 등록을 표어로 기도회를 시작했다. 1만 성도의 십분의 일인 1천 성도 특별새벽기도회를 3차에 걸쳐서 가졌다. 이 목표를 달성하기 위하여 '일어나라 빛을 발하라'는 주제가도 만들었는데, 이는 권태진 목사가 작사하고 강진명 집사가 작곡을 한 것이다. 그 가사는 다음과 같다.

1. 일어나라 일어나라 빛을 발하라 / 일어나라 일어나라 빛을 발하라 / 주님의 빛 임하였으니 / 성령의 능력의 삶 옳은 행실 하나님께 영광 / 온 누리에 풍성한 행복의 열매 임하리라 임하리라

2. 사랑하자 사랑하자 영혼 구원 위해 / 사랑하자 사랑하자 행복 이루도록 / 주님의 사랑 임하였으니 / 성령의 열매의 삶 사랑의 빛 심어 보자 사랑 / 온 세계에 행복한 당신을 통한 기적 일어난다 일어난다

(후렴) 모이자 기도하자 전도하자 일만 명의 성도 함께 함께 / 십자가의 역군되어 예배당 건축으로 모두 복된 생 누려 보자 일어나라

군포 시내에 예배당 부지를 구하는 일은 쉽지 않았다. 군포는 이미 인구 유입이 많이 되었고, 주변의 산본 신도시의 영향으로 땅 값이 많이 올라 있었기 때문이다. 그러나 하나님이 예비하신 부지가 소개되었다. 한세대학교 맞은편에 위치한 공장 부지가 새로 건축할 예배당 부지로 선정된 것이다. 교회는 2007년 11월 13일 당정동 626번지의 1356평을 계약했다. 드디어 금정동 예배당과 함께 당정동 교회 시대를 열게 된 것이다.

당정동 예배당 부지를 구입하고 닷새가 지난 후에 금정동 예배당 헌당식이 거행되었다. 금정동 예배당 증축 후 5년 만의 일이었다. 금정동 예배당의 부채를 모두 청산하고 헌당한 후에 당정동 예배당을 건축하려는 권태진 목사와 성도들의 마음에는 그동안의 하나님의 은혜에 대한 감사와 감격밖에는 없었다.

1) 당정동 교회 예배당 기공예배

드디어 2010년 10월 17일 오후 3시 당정동 예배당 건축을 위한 기공예배가 거행되었다. 주일예배 후 권태진 목사의 사회로 드려진 예배에는 군포시기독교연합회장 김인기 목사의 기도, 합신 경기중노회장 곽경진 목사의 성경 봉독, 총회장 장상래 목사의 설교, 증경총회장 김훈 목사의 축도 순으로 진행됐다. 이어서 기공식이 진행되었는데, 건축위원장 박용구 장로의 건축 준비 경과 보고에 이어 증경총회장 임석영 목사의 축사가 있었고, 내빈들의 테이프 커팅과 시삽 순서를 가졌다.

군포제일교회 당정동 예배당은 대지 1360평에 지하 2층 지상 6층, 연건평 1493평(허가 변경 시 1962평) 규모로 지어질 예정이었으며, 1차 공사에 이어 2차 공사에서는 지하 4층, 지상 10층 규모로 추진할 계획이었다. 신축 예배당은 예배와 더불어 음악회를 위한 공간으로 활용할 계획을 세웠다. 따라서 파이프오르간 설치에 맞추어 공간의 구조도 음향을 고려하여 둥근 형태를 갖추었다.

이밖에 크고 작은 공연장이나 예식장, 세미나 공간을 위한 홀들이 마련되고, 다목적실, 식당, 카페, 스튜디오 등의 시설이 들어서며, 주차장 등이 완비되어 군포제일교회와 권태진 목사의 사역과 더불어 지역사회와의 공유 및 교류에도 손색이 없는 건물로서 위용을 갖추게 되었다.

2) 2012년 당정동 교회 시대 개막

권태진 목사와 군포제일교회 성도들은 2년 10개월이 넘는 공사기간을 거쳐서 2012년 8월 26일 새 예배당에서 감격의 입당 감사예배를 드렸다. 2007년 예배당 대지 구입부터 치면 장장 5년의 세월이 흐른 후에야 건축을 완료하고 입당할 수 있었다. 새 예배당 건축을 위한 1천 일 24시간 기도가 2009년 2월 2일부터 시작되어 2012년 7월 2일에 마쳤다. 그리고 새 예배당 입당을 위한 전 성도 릴레이 성경 쓰기가 2012년 5월 14일부터 약 한 달간 계속되었다. 또한 파이프오르간 작정 연보에 1760명의 교인이 참여하였는데, 이는 파이프 개수대로 참여한 숫자다.

(1) 새 예배당의 위용

군포제일예배당은 대지 1360평에 지하 2층, 지상 6층, 연면적 1787평 규모로 지어졌다. 새 예배당의 외형은 불기둥과 구름기둥을 상징하는 거대한 탑 모양의 기둥과 천사의 양각나팔 모양으로, 보는 이의 마음에 진한 감동을 주었다. 내부는 1300석을 수용하는 본당과 카페테리아, 식당, 매점, 제빵실 등 근린 생활 시설이 갖추어졌다. 이 웅장한 새 예배당의 위용은 이제 한국의 대표적인 교회로서의 군포제일교회와 이 시대를 이끌고 가는 선도적 대열에 선 교회의 사역을 상징하게 되었다.

(2) 예루살렘 예배당과 베들레헴 예배당

권태진 목사는 당정동 예배당을 예루살렘 예배당으로 명명했다. 그리고 기존의 금정동 예배당은 베들레헴 예배당이라고 했다. 이제 한 교회 두 예배당 시대가 개막된 것이다. 금정동 베들레헴 예배당은 주일예배와 함께 주로 사단법인 성민원의 복지시설 센터로 활용되었고, 당정동의 예루살렘 예배당은 예배와 각종 행사, 지역사회를 위한 공간으로 사용하여 비로소 교회와 복지의 두 날개가 안정된 기반을 갖추고 비상하는 시대를 맞이했다.

(3) 예루살렘 예배당의 파이프오르간

권태진 목사는 2012년 예루살렘 예배당 입당과 동시에 파이프오르간을 설치하였는데, 제작 기간 약 1년과 설치 기간 1개월이 소요되었다. 1760개의 파이프에 3단 건반과 페달 건반, 32개의 스톱(Stop)을 갖춘 이 중형 파이프오르간은 독일의 잔트너(Sandtner) 회사가 제작하였으며, 시연은 회사 사장이 내한하여 연주했다. 이어서 같은 해 파이프오르간 봉헌 시리즈로 서울신학대학교 백금옥 교수 초청 연주회가 있었다.

2013년 3월 15일에는 사단법인 성민원과 안양샘병원 주최로 미국 피바디 음대 교수인 도널드 서덜랜드를 초청하여 장애인과 아프리카 에이즈 고아 후원을 위한 파이프오르간 연주회를 개최했다.

이후 매해 수난절 음악예배, 봉헌 연주 시리즈 등을 개최했으며 2016년 10월 5일에는 다시 백금옥 교수를 초청하여 창립 38주년 기념 파이프오르간 연주회를 가졌다. 그리고 같은 해 11월 27일에는 파이프오르간 봉헌 4주년 기념음악회를 열었는데, 오르가니스트 채진수 교수, 권은혜 교수가 연주했다.

3) 당정동 교회 시대의 주요 행사

(1) 합신 제97회 총회 개최

새 예배당에서는 첫 번째 행사로 2012년 9월 18~20일까지 대한예수교장로회(합신) 제97회 총회가 열렸다. 전국 21개 노회에서 파송을 받은 목사 총대 130명, 장로 총대 128명 등 총 258명의 총대(유럽노회 및 태평양노

회 옵서버 4명 포함)와 증경총회장 등이 참석한 가운데 18일 오후 2시 개회
예배를 드림으로써 총회가 시작되었다.

(2) 제5회 한국장로교의 날 개최

권태진 목사는 서울 올림픽홀에서 2013년 7월 10일 제5회 한국장로교
의 날을 개최(대회장: 대표회장 권태진 목사)했다.

(3) 제1회 대한민국 월남참전용사 평화통일기도회

2015년 10월 11일 제1회 대한민국 월남참전용사 평화통일기도회가 군
포제일교회 주관으로 예루살렘 예배당에서 열렸다.

4) 당정동 교회 시대의 권태진 목사 활동

(1) 각종 집회 강사

권태진 목사는 한국 교회의 지도자적 위치에서 각종 부흥회, 연합집회,
세미나 등 셀 수 없이 많은 곳에서 초청을 받아 설교를 했다. 당정동 예
배당 시기에 그의 주요 외부 설교를 소개하면 다음과 같다.

인천송월교회에서 합신전국여전도회수련회 설교(2012년 8월 21일),
2013 합신전국목회자사모세미나 설교(2013년 1월 8일), 합신 전국장로
회연합회 신년하례회 설교(2013년 1월 10일), 한국장로교총연합회 부흥
사 협의회 취임예배 설교(2013년 1월 13일), 명성교회 치악산 수양관 세
미나 설교(2013년 1월 29일), 기독교문화대상 시상식 설교(2013년 2월 21
일), 한국장로교총연합회 목회자 교육원 개강예배 설교(2013년 3월 5일), 이
스라엘 라마다 한인목회자세미나 설교(2013년 4월 9일), 한국장로교총연합

회 신학 찬양제 설교(2013년 5월 2일), 경기경찰청 청장 취임예배 설교(2013년 5월 23일), 경기선교연합회 찬양축제 설교(2013년 6월 22일), 남북국가조찬기도회 설교(2013년 6월 27일), 안중 새소망교회(임석용목사) 임직 예배 설교(2013년 6월 30일), 경기지방경찰청장과 함께하는 경목회 조찬기도회 설교(2013년 7월 4일), 잠실 올림픽홀에서 열린 한국장로교총연합회 '장로교의 날' 설교(2013년 7월 10일), 장로교의 날 평가 및 정책간담회 설교(2013년 8월 19일), 한국장로교총연합회 선교위원회 선교의 밤 개회예배 설교(2013년 10월 31일), 한국장로교총연합회 선교위원회 전문인 선교훈련원 종강예배 및 수료식 설교(2013년 11월 19일), 한국 교회 시국선언 모임 설교(2013년 11월 22일), 사랑의 복음 쌀 나누기 운동본부 대표총재 취임식 설교(2013년 12월 1일), FTC(피드더칠드런) 후원 감사예배 설교(2013년 12월 11일), 한국기독교지도자협의회 신년하례예배 설교(2014년 1월 6일), 제31회 전국 오르가니스트대회 및 파이프오르간 독주회 개회 설교(2014년 6월 23일), 한국 교회 회복을 위한 통곡기도회 설교(2014년 6월 29일), 제10회 전국 경찰 복음화 금식기도 대성회 설교(2014년 7월 17일), 종교개혁 497주년 한국교회실천예배 설교(2014년 11월 23일), 한국교회개혁갱신실천대회 설교(2015년 10월 29일), 인천송월교회 헌당예배 설교(2015년 11월 22일), 라셈월드 영성수련회 개회예배 설교(2016년 3월 10일), 미국 유마한인교회에서 설교(2016년 3월 28일)

(2) 교계 활동

제96회 합신 총회장 취임(2011년 09월 20일), 한국장로교총연합회(한장총) 제30회 대표회장 취임(2012년 12월 11일), 한국장로교총연합회 복지학술심포지엄 개최(2013년 7월 5일), 한국 교회 정교 분리와 윤리 회복을 위한 시국대책위원회 상임대표회장 취임(2013년 11월 30일), '한국 교회 오늘과 내일 포럼' 개최 및 성민원 사례 발표(2015년 10월 22일), 종교개혁 500주년 성령대회 주관 비텐베르크 국제포럼에서 발제(2016년 9월 5일) 등으로 활동했다.

(3) 지역사회 활동

한국장로교총연합회 주관 서울역 '따스한 채움터'에서 노숙인을 위한 식사봉사(2013년 1월 17일), 성민힐링클리닉 개소(2013년 9월 1일), KBS교향악단과 함께하는 성민원 후원 음악회 개최(2015년 3월 26일), 추수감사절 1만 명 초청 사랑의 떡 잔치(2015년 11월 10일), 경기남부경찰청 경목위원장(2016년 1월), 성민원과 함께하는 KBS교향악단 제709회 정기연주회 개최(2016년 8월 25일), 제3회 기독교사회복지 엑스포 2016 집행위원장(2016년 10월 15일), 북한 이탈 주민을 위한 명절 사랑 나눔(총 6회): ① 2015년 2월 17일(설) ② 2015년 9월 25일(추석) ③ 2015년 12월 28일(성탄) ④ 2016년 1월 29일(설) ⑤ 2016년 9월 2일(추석) ⑥ 2017년 1월 20일(설) 등의 활동을 했다.

(4) 명예박사학위 수여

웨스트민스터신학대학원대학교에서 명예신학박사 학위를 받았다(2016년 2월 16일).

(5) 언론

CTS 〈내가 매일 기쁘게〉에 출연하여 '권태진 목사―아비목회' 방송(2014년 10월 6일), CTS 4인 4색 '권태진 목사―아비목회' 방송(2014년 11월 17일), CBS 미션스케치―군포제일교회 편 '이웃사랑을 내 몸같이' 방송(2015년 3월 2일), CTS '한국 교회를 논하다' 생방송(2016년 12월 30일)에 출연했다.

(6) 저서 출간

목회시선 11 《복 있는 너야》(2012년 8월 25일), 칼럼집 《목회 속에 피어나는 복지》 개정판(2013년 2월 8일), 목회시선 12 《우리, 희망을 이야기하자》(2013년 12월 13일), 데살로니가전후서 강해설교집 《사랑이 흐르는 강》(2012년 4월 14일), 33번째 저서 《아비목회》(2014년 7월 1일), 34번째 저서 《너의 새날을 위하여》(2015년 12월 1일), 35번째 저서 《시.작.하다》(2016년 7월 3일) 등 저서를 출간했다.

(7) 수상

제23회 문예사조 우수상(2012년 12월 6일), 제8회 한국교회연합과일치상(2013년 10월), 제28회 기독교문화대상 문학부문 수상(2015년 3월 5일), 제7회 군포문학상(2015년 12월 12일) 등을 수상했다.

(8) 기타

이밖에 특별한 행사는 2016년 7월 3일 주일 저녁예배 시간에 송암 권태진 목사 찬송봉헌 · 시집출판 · 명예신학박사 감사예배를 드렸고, 동시에 한국찬송가개발원(원장 문성모 목사)을 설립하여 이사장에 취임했다.

11. 교회와 복지의 하모니, 군포제일교회

군포제일교회는 권태진 목사의 목회 39년 동안 쓰레기 더미의 개척교회에서 시작해 한국 최고의 교회로 성장했다. 군포제일교회는 사단법인 성민원과 함께 조화와 균형과 협력 관계를 유지하면서 동반 성장을 하였고, 이는 한국 기독교사에 유래를 찾아볼 수 없는 완벽한 교회와 복지 목회의 새로운 이정표를 만들었다.

오늘날 군포제일교회는 2016년 12월 말 기준 재적 교인(총 등록 성도) 1만

1790명에 출석 교인 5415명을 헤아리는 대형 교회로 성장했다. 그리고 성민원에서 일하는 직원 수만 해도 약 300명을 헤아리며, 지금까지 성민원을 통하여 복지 혜택을 누린 사람도 28만 명에 가까운 놀라운 실적을 거두었다. 2017년 2월 현재 군포제일교회의 모습을 정리하면 다음과 같다.

1) 예배

현재 군포제일교회는 당정동의 예루살렘 예배당과 금정동의 베들레헴 예배당 두 곳을 예배처소로 사용하고 있으며, 금정동의 예배당 건물은 성민원 법인 사무국과 사회복지센터로 사용하고 있다. 주일 대예배는 1부(7시), 2부(9시), 3부(11시)가 있고, 주일 저녁예배(오후 7시 30분)가 있다. 수요예배는 1부(오후 2시), 2부(오후 7시 30분)가 있다. 이밖에 구역장 성경공부와 교구별 기도회가 있다.

2) 출석 교인 분포

군포제일교회의 교인 분포는 30~40대의 젊은 층이 주류를 이루는 이상적인 분포를 나타내고 있다. 더구나 남자 교인과 여자 교인의 차이도 별로 없다. 다시 말해 다른 교회보다 남자 교인 수가 월등하게 많다. 종합히면 일할 수 있는 일꾼이 넘쳐 난다는 것이다. 실제로 모든 교인이 한 가지 이상씩 교회와 성민원의 일을 감당하고 있다. 다음의 연령 분포는 출석 성도 중 생년월일 파악이 가능한 사람만을 집계한 것이며, 실제 출석 교인 수는 이보다 많다는 것을 밝혀 둔다.

	0~19세	20~30대	40~50대	60대이상	합계
남자	414 20.1%	750 36.4%	661 32.1%	235 11.4%	2060
여자	409 16.0%	839 32.9%	908 35.6%	397 15.6%	2553
전체	823 17.8%	1589 34.4%	1569 34.0%	632 13.7%	4613

	0~9세	10대	20대	30대	40대	50대	60대	70대	80대	90대	합계
남자	168 8.2%	246 11.9%	357 17.3%	393 19.1%	387 18.8%	274 13.3%	133 6.5%	60 2.9%	40 1.9%	2 0.1%	2060
여자	161 6.3%	248 9.7%	301 11.8%	538 21.1%	515 20.2%	393 15.4%	165 6.5%	131 5.1%	85 3.3%	16 0.6%	2553
전체	329 7.1%	494 10.7%	658 14.3%	931 20.2%	902 19.6%	667 14.5%	298 6.5%	191 4.1%	125 2.7%	18 0.4%	4613

표2. 군포제일교회 교인 분포 백분율(2016년 12월 29일 기준)

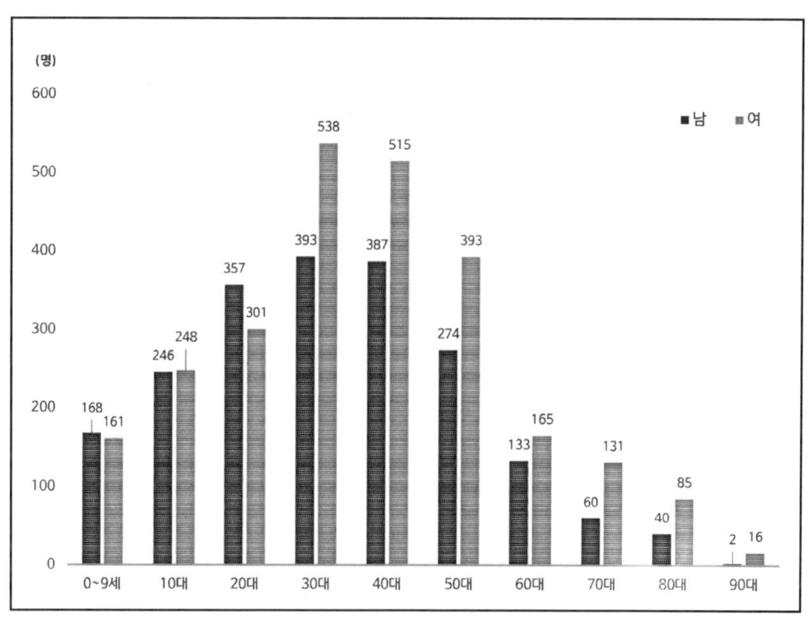

표3. 군포제일교회 교인 분포 도표

3) 조직

군포제일교회는 대한예수교장로회 합신측 교회다. 다른 장로교처럼 공동의회와 당회와 제직회를 두고 있다. 군포제일교회의 교구는 '대교구-교구-구역' 체제로 6개의 대교구와 청년(요셉) 대교구, 학생(다윗) 대교구로 편성되어 있다. 모든 성도는 대교구의 각 교구와 구역에 소속된다. 대교구의 조직과 별도로 남전도회와 여전도회가 구성되어 있다. 현재 군포제일교회의 교구 조직은 6개의 대교구 산하에 39교구 188구역으로 이루어져 있다.

(1) 6개 대교구 조직(2017년 편성 기준)

여호수아 대교구: 6교구 – 37구역

엘리야 대교구: 7교구 – 38구역

모세 대교구: 7교구 – 27구역

엘리사 대교구: 6교구 – 29구역

사랑 대교구: 6교구 – 26구역

믿음 대교구: 7교구 – 31구역

(2) 남전도회 조직

여호수아 남전도회: 8구역

엘리야 남전도회: 9구역

모세 남전도회: 7구역

엘리사 남전도회: 6구역

사랑 남전도회: 6구역

믿음 남전도회: 5구역

(3) 여전도회 조직

1여전도회: 1946~1949년생

2여전도회: 1950~1953년생

3여전도회: 1954~1957년생

4여전도회: 1958~1959년생

5여전도회: 1960년생

6여전도회: 1961년생

7여전도회: 1962년생

8여전도회: 1963~1964년생

9여전도회: 1965~1966년생

10여전도회: 1967년생

11여전도회: 1968~1969년생

12여전도회: 1970년생

13여전도회: 1971년생

(4) 청장년회 조직(만 45세 이하 여자 성도)[61]

1청장년회: 1972~1973년생

2청장년회: 1974~1975년생

3청장년회: 1976~1977년생

4청장년회: 1978년생 이후

4) 기관

군포제일교회의 기관은 전도위원회, 행정위원회, 교육위원회, 예배위

---

61) 청장년회의 여자 교인들은 본래 여전도회의 조직이었으나, 젊은 여자 교인들의 활동을 효과적으로 하기 위하여 별도의 조직으로 개편되었다.

원회, 봉사위원회, 복지위원회의 6개 위원회와 출판문서선교부가 있다.

(1) 전도위원회

크게 총남전도회와 총여전도회로 나뉜다. 교회의 여러 기관들과 협력하여 주님의 지상명령인 영혼 구원과 여러 봉사 활동을 담당한다. 총남전도회는 대교구별로 조직되어 있으며, 교회의 곳곳에서 다양한 봉사를 담당한다. 총여전도회는 같은 연령대별로 17개 여전도회로 구성되어 있으며, 전도와 교회 봉사에 힘쓰고 있다.

(2) 행정위원회

교회의 모든 사역을 기획 및 실행하며, 담임목사의 목회 활동을 보좌한다. 목회행정부, 영상선교부, 방송실, 부속실, 재정부, 선교부, 건축부로 구성되어 있다.

(3) 교육위원회

교회 교육에 관한 모든 업무를 총괄하며, 성도들의 신앙 성숙이 원활하게 이루어질 수 있도록 한다. 아동부, 사랑부(장애아동), 학생부, 청년부, 새가족 성경공부, 에스더 성경공부, 구역장 성경공부, 교구장 기도회, 디모데 성경공부, 예비부부학교 등이 있다.

(4) 예배위원회

하나님 앞에 경건한 예배가 드려질 수 있도록 계획과 준비를 한다. 찬양대(기드온, 할렐루야, 임마누엘, 호산나, 요셉, 백합, 소망, 사무엘 1·2부)와 성례부를 두고 있다.

(5) 봉사위원회

자원봉사활동, 경조사, 구제, 병문안, 시설 관리, 환경미화 등을 통하여 모든 성도들이 쾌적한 환경에서 예배를 드리며 서로 연대감을 갖고 교회 생활에 기쁨을 느낄 수 있도록 세세한 부분까지 준비한다. 친교부, 차량부, 봉사부, 미화부, 시설관리부, 안내부, 접대부, 성미부, 경조부 등이 있다.

(6) 복지위원회

네 이웃을 네 몸과 같이 사랑하라는 하나님의 말씀을 따라 지역의 소외된 사람들, 사회적으로 어려운 이웃을 돌보는 사회복지 전문기관이다. (사)성민원을 중심으로 체계적이고 지속적인 복지 활동을 통해 지역사회 복지 증진에 이바지하고 있다. 복지부와 (사)성민원이 소속되어 있다.

(7) 출판문서선교부

담임목사의 저서(설교집, 시집, 칼럼집 등)를 출판하며, 신앙과 복지에 관한 자료들을 보관 및 보급하며, 교회에서 발행되는 모든 인쇄물을 총괄하고, 교회 신문을 발행하며, 문서를 통하여 선교와 전도 활동을 담당한다. 또한 문학회 운영을 통하여 성도들의 감성을 개발하며 성도로 사는 아름다움을 표현한다. 성빛출판사, 문서선교부, 돌샘문학회, 출판디자인부가 있다.

5) 교회학교

영아유치부, 초등부, 학생부, 청년부로 구성되어 있다.

(1) 영아유치부·초등부

영아유치부는 3~7세, 초등부는 8~13세의 아동들로 구성된다. 1부와

2부로 나누어 예배를 드린다. 1부는 9시에, 2부는 11시에 있다. 오후예배는 3시에 있으며 2부 활동 시간이 있다.

(2) 학생부

중등부와 고등부는 토요일 오후 5시에 각각 학생예배가 있다. 주일에는 오전 9시에 예배가 있다. 은사 활동으로 찬양단, 성경공부반, 문학반, 오르간반, 컴퓨터반, 축구반, 탁구반, 미디어반 등을 운영하여 학생들의 재능을 계발한다.

(3) 청년부

20세 이상의 성인으로서, 대학생, 미혼인 청년 등으로 구성된다. 예배는 주일 오전 11시 대예배를 드리며, 봉사, 전도, 방송 제작 등 교회 안팎의 각종 활동에 참여한다.

6) 장년부 성경공부

구역장 성경공부, 에스더 성경공부, 새가족 성경공부, 디모데성경공부가 있다.

12. "나의 나 된 것은 하나님의 은혜"

군포제일교회는 권태진 목사가 1978년에 개척하여 2017년 현재까지 39년을 목회했다. 그는 개척 초기부터 오직 하나님만 바라보고 달려왔고 이제 주님이 주시는 상급을 바라보며 감사하고 있다. 그는 불가능했던 모든 고비를 오직 기도와 말씀으로 헤쳐 나가 승리하였고, 가능성이 없어도 믿음으로 무슨 일이든 시작하고 열매를 맺었다.

권태진 목사의 인생은 한 달란트밖에 못 받은 상태였으나 평생 노력하여 주인에게 다섯 달란트나 남긴 착하고 충성된 종의 모습이다. 그는 아브라함과 같은 믿음의 사람으로 살았다. 하나님이 떠나라고 하시면 곧장 순종하였고, 바치라고 하시면 아낌없이 바치면서 살았다. 그는 또한 이삭과 같은 사랑의 사람으로 살았다. 이웃이 원하면 내 것을 내 것이라고 주장하지 않고 그냥 주어 버리고 양보하면서 살았다. 그런가 하면 그는 야곱과 같은 소망의 사람이다. 감당하기 어려운 시련과 고통의 순간이 겹겹이 다가올 때도 인내하며 하나님께만 소망을 두었다.

이제 아브라함에게 복을 주신 하나님께서 그의 삶에 넘치는 복을 채워 주셨다. 이삭의 빈손에 더 많은 것으로 채워 주셨던 하나님께서 그의 손에 풍성한 열매를 거두게 하셨다. 야곱의 인생을 역전시켜 고진감래(苦盡甘來)의 기적을 만들어 주신 하나님께서 그의 인생 말년에도 그 기적을 재현시켜 주셨고, 이제 새로운 미래를 준비하게 하신다.

그의 가슴에 있는 하나님을 향한 고백은 "나의 나 된 것은 하나님의 은혜"라는 사도 바울의 고백이리라!

제4장

이웃을 네 몸같이 사랑하라

네 마음을 다하고 목숨을 다하고 뜻을 다하고 힘을 다하여 주 너의 하나님을 사랑하라
하신 것이요 둘째는 이것이니 네 이웃을 네 자신과 같이 사랑하라 하신 것이라 이보다
더 큰 계명이 없느니라(막 12:30-31)

1. 교회의 사명, 이웃 사랑

권태진 목사의 아비목회 철학은 하나님 사랑과 이웃 사랑의 실천이다. 그리고 앞서 살펴본 대로 하나님 사랑의 실천으로 그는 교회를 세웠고 확장시켰으며 교회를 통하여 수많은 영혼을 예수 그리스도에게 인도했다. 하나님이 가장 기뻐하시는 일이 교회를 세우는 일이요, 또한 하나님을 가장 사랑하는 길이 교회를 통한 영혼 구원에 있다고 보았기 때문이다. 그가 몸 바쳐 섬기고 키운 군포제일교회는 하나님 사랑의 열매다.

그는 진정한 이웃 사랑은 복지 목회라고 생각했다. 그리고 사단법인 성민원을 설립하여 그 꿈을 이루었다. 그는 교회야말로 최고의 복지기관이라고 말한다.

기독교는 교회가 시작할 때부터 사회에 대한 관심을 보여 왔다. 교회가 보여 온 사회적 관심은 정치, 경제적인 것만이 아니라 사회의 작은 구석에 이르기까지 다양하며, 교회가 시행해야 할 사회복지는 일반 사회에서 말하는 복지 개념 그 이상의 의미를 지니고 있다. […] 교회는 인간을 위한 최고의 복지기관이며 천국을 유업으로 받게 하는 신적 기관이다. 그러니 영적인 부분만 아니라 육체적인 것까지 돌보아야 한다. 바꾸어 말하면, 교회가 일종의 사회적인 복지기관은 아니지만 가난한 사람과 소외된 사람을 향한 복지의 개념을 갖고 그들을 돌보는 것은 교회의 중요한 사명이다. […] 예수 그리스도께서 '네 이웃을 네 몸같이 사랑하라'고 하셨다. 이웃을 내 몸처럼 사랑하는 것이 바로 사회복지의 출발점이다. 다른 말로 바꾸어 말하면, 이웃 사랑이 사회복지의 근본이라고 한다면 성경에서 교훈하는 바가 바로 사회복

지인 것이다.[62]

권태진 목사는 목회와 복지라는 두 기둥으로 아비목회 철학을 성공적으로 실현했다. 그는 군포제일교회의 저력으로 성민원을 독립 법인으로 성장시켰고, 성민원의 발전은 다시 군포제일교회의 성장이라는 결과를 낳았다. 성민원과 군포제일교회의 상호 협력 관계는 권태진 목사가 시작하고 성공한 대한민국의 가장 건강한 복지목회의 모델이라고 말할 수 있다.

> 금정동 시대 10년은 (사)성민원과 함께한 시간이었다. (사)성민원의 사역이 교회 사역의 전부는 아니었을지라도 이 시기를 이끄는 중요한 요인이었다. 이 시기 복지와 결합된 목회는 교회 부흥과 교회의 영적 건강에 큰 힘이 되었다. 개척 초기부터 지역의 소외된 이웃을 돌보아 왔던 교회는 (사)성민원을 설립하여 사회를 향한 복지사역에 힘썼다. (사)성민원의 활동들을 통하여 군포제일교회는 내적으로 더욱 성숙해져 갔다. 성도들이 자원 봉사와 물질적 후원(복지연보)을 아끼지 않는 가운데 하나님의 사랑을 이웃에게 전할 기회를 가졌으며, 한국 교회적으로 볼 때에도 교회가 어떻게 지역사회에 예수 그리스도의 사랑을 실천해야 하는가에 대한 모델을 제시한 사례가 되었다.[63]

2. 사회복지가 교회 성장의 마중물이 되다

권태진 목사는 사회복지로 교회 성장을 이룬 가장 이상적인 목회 방법

---

62) 권태진, 《빚진 자의 마음으로 사회로 달려가라》, 25–28쪽.
63) 권태진, 《군포제일교회30년사》, 224쪽.

을 한국 교회에 제시했다. 그의 목회 철학은 아비목회다. 이는 하나님 사랑과 이웃 사랑의 정신을 실천하는 목회다. 권 목사는 복지사업 없이도 충분히 교회를 성장시킬 만한 능력이 있는 목회자다. 그러나 그에게 이웃 사랑이 빠진 하나님 사랑은 행함이 없는 믿음처럼 공허한 목회일 뿐이었다. 한편 권 목사는 교회 없이 복지사업만 했어도 충분히 성공할 수 있는 조직력을 갖춘 사람이다. 그러나 하나님 사랑이 없는 이웃 사랑이란 세상의 자선사업가나 하는 일이 아닌가? 권태진 목사는 아직 아무도 세우지 못했고, 세우다가 중단했던 교회와 복지의 두 기둥을 견고하게 세워 주님이 원하시는 교회다운 교회의 모델을 한국 교회와 세계 교회에 제시한 목회자다.

1) 교회와 복지는 하나다

권태진 목사는 다른 사람들이 교회와 복지의 두 기둥으로 목회한다는 것을 생각지도 못할 때, 교회는 복지와 함께 성장해야 한다고 믿은 사람이다. 그리고 그는 이 방법으로 성공하여 주님이 원하시던 "내 교회"를 세우는 데 쓰임 받은 착하고 충성된 주님의 종이 되었다.

> 많은 사람들이 가지는 궁금증은 과연 군포제일교회이 '사회복지사역'이 대중성을 가질 수 있느냐는 점이다. 다시 말해 다른 교회도 사회복지사역을 교회 성장의 요인으로 받아들이고 목회 현장에서 실천하면 교회가 성장할 수 있느냐는 점이다. 나는 "Yes"라고 대답하고 싶다. 왜냐하면 사회복지사역과 교회 성장의 관계는 떼려야 뗄 수 없는 밀접한 관계를 가지고 있기 때문이다.[64]

---

64) 권태진, 《빚진 자의 마음으로 사회로 달려가라》, 233쪽.

2) 목회자는 지상 최고의 '복지사'다

권태진 목사는 세상에서 복지를 할 수 있는 최고의 사람은 바로 목회자라고 단언한다. 이 말은 목회자라면 당연히 복지사역을 해야 마땅하다는 주장이다. 왜냐하면 예수님이 보여 주신 목회자의 표본이 바로 복지사로서의 목회자이기 때문이다. 권 목사는 교회가 복지에 헌신할 각오가 되어 있는 인력이 있고 복지를 위한 재력이 있으므로 마음만 먹으면 복지사역이 가능하다고 주장한다.

> 교회는 복지할 수 있는 여러 가지 자원을 가지고 있다. 그러므로 어느 단체보다 복지를 권장할 수 있다. 유형의 교회(예배당)가 최고의 복지기관이요, 봉사할 수 있는 무형의 교회(성도)가 있다. 예수님이 천상과 지상에서 최고의 복지사인 것처럼 목회자는 지상 최고의 복지사다. 영원한 하나님의 나라, 즉 복된 나라로 인도하기 때문이다. 그러므로 교회가 사회복지를 접목하여 영혼 구원에 힘을 쓴다면 더욱 빛을 발할 것이다. 작은 교회나 큰 교회나 각 교회 특성에 맞는 복지부터 실행하면 된다고 본다.[65]

3) 복지하는 교회가 건강하게 성장한다

권태진 목사는 사회복지를 통하여 건강한 교회를 만들 수 있다고 말한다. 그는 전인적 구원을 추구하는 것이 교회의 본질이라고 주장한다. 영혼 구원은 교회의 사명이지만, 이웃에 대한 사랑과 봉사와 헌신은 한 영혼을 구원하는 가장 효과적이고 확실한 길이라는 것이다. 교인들은 이웃 사랑을 실천하면서 교회에 대한 소속감과 자부심을 느낀다. 그리고 사회적으로는 교회에 대한 긍정적인 평가가 커지면서 교회를 우호적으로 대

---

65) 권태진, 《빚진 자의 마음으로 사회로 달려가라》, 264쪽.

하는 분위기를 형성할 수 있다. 이런 교회 안팎의 상황이 교회 부흥에 적지 않은 영향을 미치는 것이다.

요즘 한국 교회가 침체되고 쇠퇴하는 이유는 육과 영이 분리된 생각을 가짐으로 산 위의 동리에서 안주하고 예수님이 기뻐하지 않으시는 산 위에 초막을 짓고자 하는 욕망 때문이라고 생각한다. 이런 점을 염려하여 나는 성경에서 명령하시는 가난한 자와 소외된 자를 업신여기지 말고 돌아보라는 말씀을 실천하도록 성도들과 힘써 왔다. 그 결과 교회가 성장하면서 성도들의 복지에 대한 관심도 더욱 깊어지게 되었다. 따라서 사회복지를 시행하는 것은 교회가 얻는 여러 가지 유익이 있음을 알게 되었다.[66]

4) 사회복지사업으로 가정 같은 교회를 만들라

권태진 목사는 건강한 교회란 가정 같은 교회라고 말한다. 가정에서는 강자가 섬기고 약자가 보호 받는다. 가정은 명예나 권력, 부, 고난, 시련 등을 함께 나누는 공동체다. 교회가 이러한 정신으로 교인들을 훈련하고 지역사회의 소외되고 약한 자들을 섬기면 영적으로도 건강해지고 부흥할 수 있다. 권 목사는 이러한 생각을 가지고 사회복지 활동을 목회 초기부터 실천했다.

처음 개척 당시에는 혼자 나무 밑 평상에 앉아 계신 노인들과 말벗도 하고 가난한 집 자녀를 돌아보는 것부터 시작했다. 교회 성도가 50~100명 될 때는 장기와 바둑판을 노인정에 사 드리고 일 년에 한 번씩 온천에 모시고 가면서 그들의 아픔을 들어 주었고 행정관청에

---

66) 권태진, 《빚진 자의 마음으로 사회로 달려가라》, 262쪽.

145

노인들의 소외된 면을 전하고 정치인들에게는 낙후된 노인 문화의 형편을 호소했다. 150명 될 때는 노인학교를 시작했다. 원로목사님과 동리 어른들 간에 대화의 장을 마련해 주었고, 유치원처럼 사각 모자를 씌워서 졸업식을 하기도 했다. 이 모든 것이 기초가 되어 현재 사단법인 성민원이 설립되어 복지와 교회가 함께 어우러져 성장해 가고 있다.[67]

5) 사회복지사업으로 일손이 바쁜 교회를 만들라

권태진 목사는 교회의 문제는 할 일이 없을 때 발생한다고 말한다. 일손이 바쁘고 무엇인가 목적을 가지고 성도들이 부지런히 움직이면 한가하게 입을 놀릴 시간이 없다. 자연히 교회에 대한 불평과 교인들 간의 시비가 줄어들고 교회는 성장하게 된다. 따라서 권 목사는 교인들이 복지의 각 분야에서 행동으로 말씀을 실천할 것을 권면한다. 군포제일교회 성도들은 나이를 불문하고 모두 한 가지 이상 복지와 관련된 자원봉사를 한다. 이와 같은 노력에 힘입어 교회는 내적으로 건강해졌고 외적으로는 사회로부터 인정받는 교회가 되었다.

사람은 손이 한가하면 입이 복잡해지지 않는가! 교회도 손이 한가한 사람들이 모이면 시끄러워질 뿐이다. 그래서 귀만 크고 입이 바쁜 사람들이 군포제일교회에 오면 심심하고 재미없어서 못 견뎌 한다. 남흥도 좀 보고 해야 재미있는데 다른 사람과 이야기할 틈 없이 봉사만 시킨다. 그런데도 성도들은 옆도, 뒤도 안 돌아보고 목사만 열심히 따라가니 처음 교회에 오면 적응하기 힘들어하는 사람들도 있다. 그러나 결단해야 한다. 나가든가, 아니면 같이 열심히 봉사하고 나누고

---

67) 권태진, 《빚진 자의 마음으로 사회로 달려가라》, 264-265쪽.

사랑하며 살든가, 둘 중의 하나를 반드시 선택해야만 한다.[68]

3. 왜 성민원인가

1) 가난과 질병을 알기에 공감

사단법인 성민원의 태동은 권태진 목사의 지난 삶의 경험이 가장 직접적이고 근원적인 원인이라고 할 수 있다. 그는 어린 시절부터 가난과 질병과 싸우며 성장했다. 그는 인생 밑바닥의 비참함을 아는 목회자다. 그러므로 어려운 이웃의 아픔을 누구보다 더 잘 아는 사람이요, 질병의 고통이 무엇인지 체험적으로 이해하는 사람이다.

그는 소외되고 버림받은 삶이 무엇인지를 머리로 아는 것이 아니라 마음으로 느끼는 사람이다. 인생의 고난으로 눈물 흘린다는 의미가 무엇인지 뼈저리게 아는 사람이다. 그는 전쟁의 한가운데서 죽을 고비도 넘겼고, 추운 겨울 한파 속에서 얼어 죽을 뻔한 적도 있다. 부모를 잃은 슬픔과 고독이 무엇인지도 알고, 돈 한 푼 벌기 위해 모진 고생을 마다않는 삶이 무엇인지도 안다.

하나님은 그를 왜 이렇게 훈련시켜 목사로 만들었을까? 바로 오늘의 성민원을 통한 이웃 사랑을 실천하기 위하여 그렇게 하신 것이라고 믿는다. 그에게 있어서 목회란 영혼 구원과 더불어 긍휼사역이 전부였다. 주님이 복음을 전하시는 한편 배고픈 자에게 떡을 주시고, 병든 자를 고쳐 주셨듯이, 권태진 목사는 교회를 통하여 영혼을 구원하고, 성민원을 통하여 어려운 이웃에게 떡을 주고 치유하고 싶었다.

---

68) 권태진, 《아비목회》, 55쪽.

2) 일찌감치 노인복지에 관심을 기울이다

권태진 목사가 가장 먼저 복지를 실천하게 된 것은 노인 인구의 증가가
그 원인이었다. 그가 복지를 위해 맨 처음 시작한 것도 1986년 교회에 개
설한 제일노인학교였다. 또한 1998년 사단법인 성민원을 인가 받은 후 제
일 먼저 시작한 사업도 군포시로부터 노인복지회관을 위탁 받아 운영하
는 것이었다.

사회는 고령화되고 있는데, 오히려 노인들은 가정과 사회에서 소외
되어 어디에서도 환영 받지 못하는 현실이 되었다. 특히 지금의 노인
들은 일제의 압제, 동족상잔의 비극, 이산의 아픔, 조국 근대화와 독
재 등을 겪으며 나라의 기초를 놓은 분들이다. 그런 분들이 소외되는
것을 보면서 교회에서 그들을 위한 복지운동을 전개하겠다는 사명감
을 갖고, 노인복지운동을 전개한 것이다.[69]

성민원 설립 전부터 권태진 목사는 한국 사회가 고령화 사회로 접어들
것을 미리 걱정한 선각자다. 그는 이에 대한 대처가 교회의 사명이라고
생각했다. 실제로 한국은 1970년에 젊은 노동인구 20명이 한 사람의 노
인을 부양했지만, 2020년에는 노동인구 5명이 노인 한 사람을 부양해야
한다. 한국 사회의 노인 문제는 발등의 불같이 심각한 사회문제인 것이
다. 권 목사는 이를 미리부터 깨닫고 성민원을 노인복지를 위한 대안으로
만들고자 했다.

이러한 사실에 비추어 볼 때, 군포제일교회는 지난 1986년부터 제일
노인학교를 운영함으로 노인복지에 대처해 왔다. 또한 여전도회의

---

69) 권태진, 〈교회성장과 지역사회복지사역의 연관성 연구―대한예수교장로회 군포제일교회를 중심으로〉, 101쪽.

사랑 실천과 노인들에게 장기판과 바둑판을 사 준 것이 기초가 되어 사단법인 성민원을 설립하게 되었다.[70)]

1986년 5월에 개원한 '제일노인대학'은 1992년 5월까지 만 6년 동안 운영되었다. 군포 지역 노인들은 제일노인대학을 통하여 배움의 기회도 갖고, 각종 여가 활동도 즐길 수 있었다. 또한 믿음을 가지게 된 노인도 많았다.

이 노인대학을 통한 복지는 여러 다른 분야로 확대되었다. 여전도회원들을 중심으로 겨울철이면 경찰과 환경미화원들을 위해 따뜻한 차를 대접한 것을 시작으로 '가정봉사원 파견센터'가 세워져 군포 지역 내 독거노인을 위한 가정봉사원 활동을 하게 되었다. 또 성도들이 모은 성금으로 지역 내 소년소녀 가장들에게 장학금을 전달하기도 했다.

성민원이 탄생하기 전인, 1986년부터 1997년까지의 10년 동안은 제일노인대학을 중심으로 소년소녀 가장 돕기, 미화원 돕기, 사회복지 시설 방문 등 자원봉사 교육 및 활동을 하며 지역사회 복지 증진을 위해 힘썼다. 제일노인대학은 현재의 노인복지회관 운영에 기틀이 되었고, 소년소녀 가장 돕기는 불우 청소년 장학금 제도와 복지학교 등으로 바뀌어 현재까지 꾸준히 이어져 오고 있다. 뿐만 아니라 자원봉사자를 위한 교육을 꾸준히 시행해 많은 자원봉사자를 양성했다.[71)]

3) 거룩한 백성의 모임 '성민회'

앞서 밝혔듯이 성민원 설립의 직접적인 계기는 1997년 초반에 일어난

---

70) 권태진, 《빚진 자의 마음으로 사회로 달려가라》, 186쪽.

71) 권태진, 〈교회성장과 지역사회복지사역의 연관성 연구—대한예수교장로회 군포제일교회를 중심으로〉, 101쪽.

김정일의 처조카 이한영 씨의 살해 사건이었다. 사건이 일어나자 경찰들이 특별 근무를 서게 되었다. 권태진 목사는 그들을 위로하기 위해 여전도회 회장과 교구장들을 동원해 따뜻한 차를 매일 나누어 주었다. 그런데 이 순수한 봉사 활동이 교회의 포교 활동의 일환으로 세간에 오해를 받게 되었다. 따라서 교회는 봉사와 구제 활동을 지속하기 위하여 군포제일교회라는 명패 대신 다른 이름으로 사회봉사를 할 필요를 느꼈다. 그래서 생겨난 이름이 '거룩한 백성들의 모임'을 뜻하는 '성민회'였다. 이 성민회가 나중에 성민원(聖民院)으로 확대 개편되었다.

권태진 목사는 복지 전문 기관인 사단법인 성민원을 통하여 오랜 숙원이던 복지사역을 체계적이고 전문적으로 펼칠 수 있었다. 그는 법인 설립을 목표로 먼저 교인들을 훈련시키기 시작했다. 1997년 3월에 교회 성도들 가운데 복지에 관심 있는 사람들을 선별하여 순애원가정봉사원 교육훈련센터에 보내 훈련을 받게 하였는데, 이때 무급 가정봉사원 39명이 교육을 받고 수료했다. 같은 해 11월에는 68명, 1998년 2월에는 64명이 같은 과정을 수료하였는데, 이들은 후에 각 기관에서 봉사자로 활동하였고 성민원 설립과 운영에 크게 기여했다.

4. 사단법인으로 확장

1) 노인복지사업

성민원은 1998년 3월 5일 경기도로부터 사단법인 인가(경기도 제98-1)를 받았다. 성민원은 주로 노인복지사업에 초점을 맞추고 성장 발전했다. 권태진 목사가 성민원 설립 후 맨 먼저 손을 댄 복지사업은 군포노인복지회관의 수탁 운영이었다. 이는 성민원 설립 후 권 목사의 적극적인 주도하에 군포제일교회의 복지사역이 지역사회에 공신력을 얻은 결과였다. 성민원은 1998년 5월 8일에 군포시로부터 '군포노인복지회관'(현 군포시노인종합복지관) 운영을 수탁했다. 복지관 제1대 관장으로 권태진 목사가 취임하였고, 기초와 틀이 잡힌 후에는 박용구 장로가 관장으로 취임하여 회관의 운영과 사업을 확대 발전시켜 나갔다. 군포노인복지회관은 성민원이 9년 동안 운영해 오다가 2007년 운영권을 군포시에 이양했다.

성민원은 법인 목적 사업으로 1999년 1월 1일 '가정봉사원 파견센터'를 개소했다. 이 센터가 하는 일은 무의탁 노인들 가운데 신체적, 정신적 장애로 일상생활이 불편한 재가노인의 집에 가정봉사원을 파견하여 여러 가지 재가복지 서비스를 제공하는 것이다.

성민원은 지역 내 청소년들에게 노인에 대한 경로 효친 사상을 고취하고 미래에 대한 비전을 심어 주고자 2000년 1월 19일 '성민청소년복지학교'를 개교했다. 이후 매년 겨울과 여름이면 방학 기간 동안 청소년에게 복지 교육을 하고 있다.

성민원은 2000년 10월 1일 노인 관련 제반 문제를 상담하고 해결책을 모색하는 '성민노인상담소'를 개원하여 현재까지 운영하고 있다. 그 해 10월 10일에는 군포시로부터 '군포기초푸드뱅크'를 수탁하여 현재까지 운영하고 있다.

2003년 3월 1일에는 '고령자인재은행'이 개원되어 취업을 원하는 노인들에게 사회활동의 기회를 제공했다. 또한 3월 5일에는 '군포제일주간보호센터'를 개원했는데, 이는 2006년 7월 21일 '성민노인복지센터'로 명칭이 변경되었다. 그리고 같은 해 3월 23일에는 '성민무료직업소개소'를 군포시로부터 허가 받아 운영했다.

성민원은 2005년 12월 3일 천국사다리호스피스 운영을 시작했는데, 이는 암 말기 환자들을 돌보고 그들이 편안한 죽음을 맞도록 돕는 사업이다. 2006년 1월 12일에는 유료 요양시설인 '성민요양원'이 개원되었다. 그리고 2월 4일부터는 사회복지공동모금회를 통하여 포스코에서 이동 급식 차량을 후원 받아 '사랑의 이동급식사업'을 펼쳤다. 2007년 7월 1일부터는 군포시로부터 노인 일자리 전문 기관인 '군포시니어클럽'을 수탁 운영하고 있다.

정부는 2008년 7월부터 장기요양보험제도를 실시했다. 이에 대비하여 권태진 목사는 같은 해 4월 1일부터 전문 인력을 양성하고자 '성민요양보호사 교육원'을 개원하여 노인 복지를 위한 인력 양성에 주력했다. 2010년 4월 12일부터는 '청소년 및 어르신 무료급식소'(성민무료급식센터)를 개소하여 끼니를 걱정하는 청소년과 노인들의 식사 문제를 해결하고 있다.

성민원은 2012년 7월 18일에는 안양시로부터 '안양시관악장애인종합복지관'을 수탁 운영하였고, 모범적인 운영을 인정받아 2014년 7월 18일 재수탁을 했다. 2015년 12월 1일에는 노인 일자리 창출을 위하여 ㈜지윙스(G.Wings) 회사를 설립하여 셔틀콕 굿싱(Googshing)을 생산하고 있다.

2) 기타 복지사업

사단법인 성민원은 초기에 노인복지에 총력을 기울이며 달려왔다. 현재는 아동 · 청소년과 장애인 복지까지 그 영역을 넓혔는데, 성민원의 복지사업 중 노인복지사업 외에 어린이와 청소년을 위한 사업은 다음과 같다.

- 1999년 3월 4일 관인 '제일어린이집' 개원
- 2000년 1월 19일 '성민청소년복지학교' 1기 개교
- 2010년 4월 12일 '청소년 및 어르신 무료급식소'(성민무료급식센터) 시작
- 2011년 11월 1일 '성민에듀투게더'(저소득층 청소년 교육복지사업) 개소

3) 문화 및 언론 사업

2003년 5월 25일에는 '성민실버합창단'이 창단되어 2004년 5월에 군포 제일교회에서 첫 발표회를 가졌다. 2007년 3월 2일에는 초등학교에서 중학생을 중심으로 '성민소년소녀합창단'이 창단되었다.

2005년 1월 9일에는 월간 〈군포복지뉴스〉(현 경기복지뉴스)를 창간(경기 라 00356)하여 다양한 복지와 문화 소식뿐 아니라 생활에 필요한 정보들을 제공하고 있다.

2007년부터는 '성민청소년축구대회'를 개최하여 축구를 사랑하는 지역 내 청소년들이 친목과 건강 증진을 하도록 기회를 제공하고 있다.

4) 성민원의 공로에 대한 사회적 평가와 격려

성민원은 설립 이후 계속 활동 영역을 넓혀 갔다. 그리고 그 공로를 인정받아 지역사회와 국가로부터 긍정적인 평가를 얻게 되었고, 각종 수상의 영예를 안았다.

2000년 10월 2일 '제4회 노인의 날 기념식'에서 성민원은 보건복지부장관 표창을 받았다. 권태진 성민원 이사장이 복지 관련 부문의 공로를 인정받아 수여한 이 상은 성민원 창립 불과 2년 7개월 만에 이루어졌으니, 그동안 권태진 목사의 성민원에 대한 헌신적 노력이 얼마나 대단했는지를 짐작할 수 있다.

성민원 활동이 군포 지역에서 점점 알려졌다. 1999년 10월 20~21일 제1회 군포시 노인문화축제를 개최함으로 노인들의 재능과 기능을 발휘하는 장을 마련하게 되었다. 1999년 10월 22일 경기 노인 여가경연대회에서 군포시 노인복지회관 민요반이 장려상을 수상하였고, 1999년 12월 17일 종합예술경연대회에서 동상을 수상했다. 1999

년 7월 22일 제일케어가 국고 보조사업 승인을 받아 정부 지원을 받게 되었으며, 2000년 2월 1일에는 군포 시내 주차 관리 사업과 그 가족을 위한 상담 창구를 마련했다. 이러한 꾸준한 노력의 결실로 2000년 10월 2일 성민원은 보건복지부장관으로부터 표창을 받았다. 이것은 소외된 자들을 돌본 하나님의 위로였다.[72]

2001년 9월 7일에는 권태진 목사가 성민원의 이사장 자격으로 '제2회 사회복지의 날' 행사에서 대통령 표창을 받았고, 같은 해 10월 6일에는 '군포시민의 날'에 군포시로부터 '군포시민대상'을 수상했다. 이러한 국가적인 수상 이후에 복권의 대명사인 회사 로또(Lotto)에서 제공한 복지사업용 차량을 반납하는 다음과 같은 에피소드도 생겨났다.

2003년 10월에 복권의 대명사인 회사 '로또'(Lotto)에서 공동모금을 통하여 전국 복지사업단체에 108대의 차량과 기금을 후원하는 일이 있었어요. 그래서 성민원의 사업인 '가정봉사원 파견센터'에서 사용할 목욕 차량을 신청하였습니다. 그 제안서가 채택되어 그 해 11월에 차량과 함께 기금 2천만 원이 지원되었습니다. 그런데 차량의 좌우앞뒤 사면에 로또(Lotto)라는 글씨가 크게 디자인되어 있었습니다. 그것을 보는 순간 '아! 이건 아니다'라는 생각이 들었습니다. 교회는 자라나는 아이들에게 로또를 좋은 회사로 선전하는 꼴이 되고, 마치 로또가 복지를 하는 것처럼 비쳐질 수 있기 때문입니다. 저는 교육에 바람직하지 않다는 생각에서 비록 물질적인 손해가 있었지만 차량과 기금을 반납하기로 결정하였습니다.[73]

---

72) 권태진, 〈교회성장과 지역사회복지사역의 연관성 연구—대한예수교장로회 군포제일교회를 중심으로〉, 102쪽.
73) 권태진 목사와의 두 번째 인터뷰, 2017. 2. 6. 군포제일교회 당회장실.

  권태진 목사는 아무리 차량이 필요해도 이런 식으로 지원을 받아 사용할 수는 없었다. 그는 로또에서 지원한 차량을 반납하면서 다음과 같은 '반납사유서'를 써서 보냈다.

[반납사유서]

  귀 법인에서 사회사업을 위해 대단히 좋은 일을 한다고 생각하지만 받아들이는 쪽에서는 매우 난감한 상황에 처할 수도 있다고 생각됩니다. 귀사는 진정 가난한 자를 위함이 아니라 로또의 이미지 개선과 홍보의 목적이 있는 것을 너무 노골적으로 드러내고 있습니다. 그뿐 아니라 지역 주민들이 고마워하고 마음으로 사랑받는 복지기관이 로또의 홍보 차량을 사용한다면 국민을 혼돈시킬 수 있습니다. 본 원은 나라의 어린이 교육 등을 위해 사행심을 자극하는 차량을 사용하는 것이 옳지 않다고 판단되어 반납합니다. 처음에는 순수한 복지 차원에서 기증하는 줄 알았는데 받고 보니 홍보 차원이었으므로 반납하게 되었습니다. 본 원도 차량 등록비 등 200만 원 정도 손해를 보았습니다. 부탁은 이 나라의 내일을 염려하여 일하는 분위기로 만들고 사행심을 일으키는 로또복권 정책은 먼 훗날을 위해 중단되는 것이 바람직하다고 봅니다. 또 각 복지관에 기증된 차량들도 옆면에 있는 것을 지우고 작은 마크로 대신하는 것이 바람직하다고 생각합니다. 잘못하면 선행이라고 생각하는 부작용이 날 수 있기 때문입니다. 홍보를 복지기관을 통해 하는 것은 복지 정신에 대립됨을 알았으면 합니다. 그리하여 차량과 기금을 반납합니다.

2003년 11월

사단법인 성민원 이사장 권태진[74]

---

74) 권태진, 《행복오네》, 성빛출판사, 경기 2006, 63쪽.

이 일 후에 권태진 목사는 2006년 2월에 사회복지공동모금회를 통하여 포스코에서 이동 급식 차량을 후원 받았고, 이로써 다양한 활동을 펼칠 수 있었다. 이동 급식 차량 '사랑의 밥차'는 2006년 7월 강원도 인제 수해 복구 현장에 달려가 10일 동안 8천 끼의 식사를 제공하였고, 2007년 12월 태안 기름 유출 사고 복구 현장에선 45일 동안 2만 끼의 식사를 제공했다. 그 결과 권 목사는 2008년 12월 10일 태안유류오염사고 방제유공포상 전수식에서 국토해양부장관상을 수상했다. 그리고 2012년 11월 17일에는 저소득 청소년 야간 보호 및 교육사업인 '성민에듀투게더'의 활동이 인정되어 경기도지사상을 수상했다.

성민원의 각 기관들이 복지시설 운영의 모범이 되므로 여러 평가에서 우수한 등급과 상을 받게 되었다. 2014년 4월 28일에는 '성민요양원'이 '2013년 장기요양급여평가'에서 최우수기관(A등급)으로 선정되었고, 같은 해 8월 5일에는 '성민재가노인복지센터'가 재가서비스 사업평가 A등급을 받았다. 2015년 9월 4일에는 '군포시니어클럽'이 노인 일자리 종합평가대회에서 보건복지부장관상을 5년 연속 수상하는 영예를 얻었다.

또한 2015년 4월 1일 '안양시관악장애인종합복지관'이 '2014년 보건복지부 평가'에서 A등급을 받았고, 성민재가노인복지센터는 2016년 7월 1일 '재가노인지원서비스평가'에서 A등급, 2016년 12월 30일에는 경기도로부터 노인보호 유공기관 표창을 받는 등 그 전문성을 인정받았다.

5) 성민원 복지사업을 위한 후원 모임과 세미나

권태진 목사는 1998년 12월 성민원이 사단법인으로 인가 받은 첫 해에 '제1회 후원자 봉사자를 위한 빛사랑 모임'을 개최하여 후원자들과 봉사자들을 위로하고 격려했다. 이 행사는 이후 매년 열리고 있는데, 2014년 '제15회 자원봉사자 후원자와 함께하는 빛사랑 모임'에서는 명예이사장에 김삼환 목사, 법률고문에 손평업 변호사가 추대되었다.

2005년 10월 25일에는 서울대 음대 동문들이 주축이 되어 성민원 후원을 위한 자선음악회를 개최했다. 2010년 6월 29일에는 성민원 주최로 제1회 사랑나눔 자선골프대회를 열었다. 그리고 2015년 3월 26일에는 성민원 설립 17주년을 기념하여 'KBS교향악단과 함께하는 후원음악회'를 군포시문화예술회관에서 개최하기도 했다.

성민원의 활동과 발전은 한국 교회 목회자들의 비상한 관심을 모았다. 권태진 목사는 성민원의 복지사역 노하우를 한국 교회와 나누고 싶었다. 이것이 동기가 되어 권 목사는 2005년 6월 '제1기 교회사회복지지도자 워크숍'을 개최하고, 그동안 성민원이 해 온 사회봉사와 복지 모델을 여러 교회들에 소개했다. 전국 12개 교회 목회자들이 군포제일교회와 성민원에서 행하는 복지사역을 배우고 각 교회에 접목할 수 있도록 연구하고 실습하는 시간을 가졌다. 뿐만 아니라 복지할 수 있는 기초 단계인 영성 훈련도 가졌다. 그리고 2005년 8월 권태진 목사는 영락교회에서 열린 '기독교사회복지엑스포 2005'에 참가하여 성민원의 활동을 널리 소개했다. 이어서 2010년, 2016년까지 총 3회에 걸쳐 이 엑스포에 참여하여 교회의 모범적 복지 모델을 소개했다. 특히 2016년에는 권태진 목사가 집행위원장을 맡아 주관 교회로서 기독교 복지의 전문성을 사회에 소개하는 계기를 마련했다.

6) 성민원 연혁

지금까지 소개한 성민원의 발전 과정을 연도별로 소개하면 다음과 같다.

- **1998년**

  3월 5일 성민원 경기도로부터 사단법인 인가(경기도 제98-1)

5월 8일 '군포노인복지회관' 수탁 운영(군포시)

- **1999년**

  1월 1일 '가정봉사원파견센터' 개소

  3월 4일 관인 '제일어린이집' 개원

  7월 22일 '가정봉사원파견센터' 국고 지원

- **2000년**

  1월 19일 '청소년복지학교' 1기 개교(현 성민청소년복지학교)

  10월 1일 '군포노인상담소' 개소(현 성민노인상담소)

  10월 2일 사단법인 성민원 보건복지부장관 표창

- **2001년**

  9월 7일 권태진 이사장 대통령 표창(제2회 사회복지의 날)

  10월 6일 권태진 이사장 군포시민대상 수상(군포시민의 날)

- **2003년**

  3월 1일 '성민원고령자인재은행' 지정(노동부)

  3월 5일 '군포제일주간보호센터' 개소

  3월 23일 '성민무료직업소개소' 개소(군포시 허가)

  5월 25일 '성민실버합창단' 창단

- **2004년**

  12월 9일 제1회 CBS크리스천 자원봉사대상 우수상 수상

- **2005년**

  1월 9일 〈군포복지뉴스〉 창간(경기 라00356)

  12월 3일 '천국사다리 호스피스' 이사장 취임

- **2006년**

  1월 12일 '성민요양원'(유료 요양시설) 개원

  2월 4일 사랑의 이동급식 사업 개시(포스코에서 이동 급식차 지원)

  3월 6일 〈군포복지뉴스〉를 〈경기복지뉴스〉로 명칭 변경

  7월 21일 '가정봉사원파견센터'를 '성민재가노인복지센터'로 명칭 변경

  7월 21일 '군포제일주간보호센터'를 '성민노인복지센터'로 명칭 변경

- **2007년**

  3월 2일 '성민소년소녀합창단' 창단

  7월 1일 '군포시니어클럽' 수탁 운영(군포시 노인 일자리 전문 기관)

- **2008년**

  4월 1일 성민요양보호사교육원 개원

  12월 10일 대안유류오염시고 방제유공포상 전수식에서 국토해양부
  장관상 수상

- **2010년**

  4월 12일 '청소년 및 어르신 무료급식소'(성민무료급식센터) 개소

  6월 29일 제1회 사랑 나눔 자선골프대회 개최

- **2011년**

  11월 1일 '성민에듀투게더' 개소(저소득층 청소년교육복지사업)

- **2012년**

  7월 18일 '안양시관악장애인종합복지관' 수탁 운영(안양시)

  11월 17일 '성민에듀투게더' 경기도지사상 수상

- **2014년**

  4월 28일 '성민요양원' 2013년 장기요양급여평가 최우수기관(A등급) 선정

  7월 18일 '안양시관악장애인종합복지관' 재수탁 운영(안양시)

  8월 5일 '성민재가노인복지센터' 재가서비스 사업평가 A등급

- **2015년**

  3월 26일 성민원 설립 17주년 기념 'KBS교향악단과 함께하는 후원음악회'

  4월 1일 '안양시관악장애인종합복지관' 2014년 보건복지부평가 A등급

  7월 8일 성민원 셔틀콕 사업 '굿싱' 보건복지부 고령자 친화기업 선정

  9월 4일 '군포시니어클럽' 노인 일자리 종합평가대회 보건복지부장관상 5년 연속 수상

  12월 1일 고령자 일자리 창출 기업 ㈜지윙스(G.Wings) 회사 설립

- **2016년**

  6월 30일 군포시니어클럽 노인사회활동지원사업평가대회 우수상

  10월 15일 '제3회 기독교사회복지엑스포'(2016 디아코니아코리아) 주관

교회 참가

12월 8일 '안양시관악장애인종합복지관' 사회봉사집행 우수협력기
관 선정(법무부)

12월 20일 '성민재가노인복지센터' 사회서비스 품질평가 우수(전국 2위)

12월 30일 '성민재가노인복지센터' 노인보호유공기관 표창(경기도)

5. 성민원의 사명

현재 성민원의 비전과 조직, 부설기관의 복지 영역은 다음과 같다.

1) 성민원의 비전

성민원의 미션은 '섬김, 나눔, 사랑 실천으로 서로에게 행복의 날개가
되는 성민원'이다. 그리고 이를 실천하기 위한 비전을 축복이라는 의미의
영어 Blessing(Believe, Love, Encourage, Support, Shine, Interest, Need, Give)으
로 풀고 있다.

2) 성민원의 조직

성민원은 이사장이 있고 총회와 이사회가 정책과 인사를 결정한다. 이
사장 아래에는 사무국장이 있고, 사무국장은 법인본부와 법인사업과 산
하기관을 총괄한다.

이사장		
사무국장		
법인본부	법인사업	산하기관
운영지원팀 법인사업팀 기획홍보팀 문화복지팀	성민노인상담소 성민무료급식센터 천국사다리 호스피스 성민청소년복지학교 성민청소년축구대회 성민에듀투게더 성민실버합창단 성민소년소녀합창단 경기복지뉴스	성민재가노인복지센터 성민노인복지센터 성민요양원 군포시니어클럽 (주)지윙스 안양시관악장애인종합복지관 군포기초푸드뱅크

표4. 성민원 조직

3) 성민원의 복지 영역과 기관

현재 성민원의 복지 영역과 사업을 구체적으로 소개하면 다음과 같다.

(1) 노인복지

성민재가노인복지센터, 성민노인복지센터, 성민요양원, 군포시니어클럽, (주)지윙스(고령자 친화 기업)

(2) 장애인복지

안양시관악장애인종합복지관

(3) 지역복지

군포기초푸드뱅크, 성민무료급식센터, 천국사다리 호스피스

(4) 아동·청소년교육복지

성민청소년복지학교, 성민청소년축구대회, 성민에듀투게더

(5) 문화여가복지

성민실버합창단, 성민소년소녀합창단

(6) 언론

경기복지뉴스

6. 지역 사회의 뿌리가 되다

1) 군포노인복지회관(현 군포시노인종합복지관)

성민원의 최초 위탁 사업은 1998년 5월 8일 군포시로부터 군포노인복지회관을 수탁 운영한 것이었다. 초대 이사장에 권태진 목사가 취임했고, 2001년 5월부터는 박용구 장로가 복지관 제2대 관장으로 취임하여 다양한 활동과 프로그램을 개발했다. 복지회관은 2003년에 복지관 증축공사를 시작하여 2004년 2월에 준공식을 가짐으로써 규모와 위상을 갖추게 되었다. 노인복지회관은 2004년 4월에 군포시로부터 재수탁(3차)을 받고 더 다양해진 교육 프로그램과 체육 활동, 문화 활동을 활발하게 하게 되었다. 복지회관은 성민원이 9년 동안 운영하다가 2007년 군포시에 운영을 이양했다.

(1) 민요반 운영

성민원은 군포노인복지회관 프로그램으로 민요반을 만들었는데, 운영
첫해인 1998년 10월 '경기노인여가경연대회'에서 장려상을 수상하였고,
12월에는 '종합예술경연대회'에서 동상을 수상하는 성과를 올렸다.

(2) 은빛나래 노인자원봉사단

성민원은 1998년 11월 '은빛나래 노인자원봉사단' 발대식을 가졌다. 이
는 도움을 받는 노인에서 돕는 노인으로 인식의 전환을 이루는 계기가
되었다. 노인복지회관의 노인들이 자원하여 자기보다 더 어려운 사람
들을 돕는 프로그램에 참여하게 된 것이다.

(3) 민속윷놀이대회

성민원은 1999년 1월부터 매년 민속윷놀이대회를 개최하여 노인들의
건전한 여가 활동을 장려했다. 군포 지역 80개 경로당 노인들 수백 명
이 함께 모여 노인들 간의 화합과 친교를 도모하는 행사다.

(4) 군포시노인문화축제

성민원은 1998년 10월 '제1회 군포시노인문화축제'를 개최했다. 이후로
'군포시노인문화축제'는 노인복지회관 주관으로 매년 개최되었으며, 노
인들의 축제의 장으로 자리매김했다. 이 축제는 매년 2500명 이상이
관람하는 성대한 잔치가 되었는데, 노인 공연 발표와 외부 초청 가수
공연, 복지관의 작품 전시회, 체육대회, 노래자랑 등의 내용으로 구성
되었다.

(5) 1·3세대 통합을 위한 한 세대 만들기 프로그램

성민원은 2002년부터 사회복지 공동모금회 기획사업으로 전국 7개 지역시범사업인 '1·3세대 통합을 위한 한 세대 만들기' 프로그램을 3년간 지원 받아 운영하여 세대 간 통합에 기여했다.

(6) 탁구대회와 노인일자리 박람회

노인복지회관은 2005년 6월 전국어르신탁구대회에 출전했다. 2005년 10월에는 경기도에서 주최하는 노인일자리 박람회를 경기중부권박람회 주관기관으로 개최하였으며, 2006년 5월에는 체육대회를 열어 화합의 장을 마련했다.

(7) 음악회와 연극 공연

성민원은 2006년 11월 실버악단을 조직하여 작은 음악회를 개최하였고, 연극단을 구성하여 2006년 12월 '새 이레'라는 연극 공연을 하며 복지관의 위상을 높였다.

(8) 군포노인복지회관 교육 프로그램

성민원이 운영한 군포노인복지회관의 사회 교육 프로그램은 아주 다양했다. 교육 과정은 6개월과 12개월 과정으로, 1학기는 3~8월, 2학기는 9~12월로 되어 있다. 각 과정별 정원은 40명 이내이며 회원은 연중 수시로 모집했다. 회관 운영의 틀이 완벽하게 잡혔던 2003년 9월의 프로그램 시간표를 소개한다.

	월	화	수	목	금
10:00	영어기초	춤체조	영어회화	종이접기 초급	풍물초급
	일어중급	한문서예초급	한글초급		산수
	한글서예	생활한방초급	한글중급		발관리
11:00	맷돌체조	고전무용	핸드벨	동아리 모임	풍물중급
	노래교실	한문서예초급	한글초급		산수
	한글서예	생활한방초급	한글중급		한문초급
13:00	노래교실	사군자초급	포크댄스	판소리	민요
		사군자중급		한자공예	수지침초급
	종이조각	수지침진료	한문서예중급	퀼트	종이접기중급
14:00	레크댄스	건강체조	포크댄스	가요교실	수지침초급
	생활한방 중급	사군자초급	오르다	한자공예	종이접기중급
	종이조각	수지침진료	한문서예중급	퀼트	탁구
15:00	생활한방 중급	사군자초급	동아리활동	가요교실	종이접기중급
		사군자초급		동아리활동	
	종이조각	수지침진료	한문서예중급	퀼트	탁구

표5. 군포노인복지회관 사회 교육 프로그램 시간표(2003년 9월 기준)

성민원이 생기기 이전의 군포시 노인복지는 불모지나 마찬가지였다. 성민원이 9년 동안 운영한 군포노인복지회관은 노인들에겐 큰 희망이며 기쁨이며 안식처였다. 그동안 1만 2000여 명의 지역 노인들이 복지관의 시설과 프로그램에 참여하면서 노후의 삶에 활력을 불어넣고 그 질을 높였다. 이를 위해 복지관은 40여 개의 프로그램을 개발 운영하여 사회 교육 및 취미 교육의 장을 제공하였으며, 경로증진사업과 지역 복지사역도 함께 실시했다.

노인들은 노인복지회관을 통해 배움을 이루거나 여가와 문화적 수준을 높였으며, 취업, 자원봉사 등의 다양한 활동으로 삶의 질을 향상시켰다. 특별히 매주 목요일에 신우예배를 드렸는데 노인들은 여기에도 관심을 보이며 깊은 감명을 받았다.

복지회관 내 경로식당을 운영하여 수년간 하루 450여 명에 이르는 어르신들의 점심식사를 무료로 제공하는가 하면(후에 실비 전환), 거동이 불편한 재가어르신들을 위해 집까지 도시락을 배달했다. 이렇듯 성민원은 군포시 노인복지 증진에 이바지하였을 뿐 아니라, 자원봉사자와 지역 단체가 팀을 이루어 활동함으로써 노인복지에 대한 관심을 증진시켰다.

2) 성민재가노인복지센터

성민재가노인복지센터는 경제적, 신체적, 정서적으로 일상생활에 어려움을 겪고 계신 1000여 명의 어르신에게 노인복지서비스를 제공한다. 지역사회의 자원을 연계하여 일상생활에 필요한 방문 요양, 목욕 등 다양한 서비스를 제공하고 안정된 생활을 영위할 수 있도록 지원하는 곳이다.

성민원은 설립 이전부터 군포제일교회 여전도회가 앞장서서 지역의 어르신을 돌보는 일에 헌신했으며, 법인 설립 이후 1999년 1월부터는 법인 목적 사업으로 가정봉사원 파견 사업을 실시했다. 7월부터는 '제일케어'라는 이름으로 시행하였고, 국가의 지원을 받는 국고지원사업으로 승인받았다. 2001년 10월에 '제일케어'에서 '군포제일가정봉사원 파견센터'로 명칭이 변경되었다가 2006년 7월에 다시 '성민재가노인복지센터'로 개명했다.

주 사업은 개개인의 사정이나 특성에 맞추어 복지 서비스를 제공하는 노인 사례 관리, 방문 요양, 목욕, 도시락 배달, 밑반찬 서비스, 김장과 의료 지원 및 후원자와의 연결 주선, 그리고 명절에 선물을 전달하는 일을 하고 있다.

대상은 65세 이상 국민기초생활수급자와 저소득 맞벌이 부부, 또는 기관장이 서비스가 필요하다고 인정하는 65세 이상의 노인을 대상으로 한다. 봉사원은 주 1회 이상 방문하여 2시간 이상 서비스를 하고 있다. 반드시 신분증을 지참하고 방문해야 하며, 활동 일지를 작성하여 제출하도록 하고 있다.

(1) 재가노인 지원 서비스 사업

만 65세 이상 국민기초생활보장수급대상, 저소득, 부양의무자로부터 적절한 부양을 받지 못하는 어르신을 대상으로 사례 관리를 통해 다음과 같은 통합적인 전문 서비스를 제공한다.

- 예방적 사업: 유급 봉사원 파견, 일상생활 지원, 정서 지원, 주거환경 개선, 여가 활동 지원, 상담 지원, 지역사회 자원 개발
- 사회안전망 구축: 연계 지원, 교육 지원, 지역사회 네트워크 지원
- 긴급 지원

(2) 노인 돌봄 기본 서비스

만 65세 이상이고 실제로 홀로 살고 계신 노인들에게 다음과 같은 서비스를 제공한다.

- 안전 확인: 주기적 방문, 안부 전화, 위급 상황 대응 및 도움 요청을 위한 연락 체계 구축
- 생활 교육: 치매 예방, 건강 생활, 위생 교육, 노인 대상 사기 피해 예방 교육 등 주요 정보 제공
- 서비스 연계: 보건복지 욕구에 따른 필요한 서비스 연계

(3) 독거노인 응급 안전 알림 서비스

만 65세 이상이고 홀로 사는 노인 중 치매 또는 치매고위험군(보건소 치매 진단검사 의뢰자) 노인이나, 노인장기요양서비스(재가) 및 방문보건서비스 이용자 중 건강 상태가 취약한 노인들을 대상으로 한다. 서비스 내용은 독거 어르신 집에 안전 모니터링 및 신속한 응급 구조, 구급을 위한 센서 장비를 설치해 준다.

(4) 독거노인 사회관계 활성화 사업

독거노인에게 믿고 의지할 수 있는 1명 이상의 절친한 친구(confidant)를 만들어 주고, 독거노인의 고독사 및 자살 예방, 우울증 경감을 위한 상호 돌봄 체계를 구축한다. 서비스 내용은 다음과 같다.

- 은둔형 고독사위험군: 사례 관리, 생일상 차려 드리기, 자조 모임, 나들이, 긴급 지원 서비스
- 활동 제한형 고독사위험군: 사례 관리, 우울증 진단 및 투약, 집단 활동 프로그램, 자조 모임, 나들이, 변화되는 나(앨범 만들기), 긴급 지원 서비스
- 우울증 자살위험군: 우울증 진단 및 투약, 전문 집단 치료, 집단 활동 프로그램, 자조 모임, 나들이, 변화되는 나(앨범 만들기)

(5) 사회 서비스(개인 활동 지원 서비스)

가사 간병인이 방문하여 노환이나 장애로 인하여 스스로 식사하기 어려운 노인에게 식사 시중을 들고, 신체의 청결을 유지하도록 목욕 수발을 들며 용변을 도와주는 일을 한다. 또한 혼자서 외출이 어려운 노인과 동행하여 노인이 사회적 소속감을 유지하는 데 도움을 준다. 정기적으로 병원의 진료가 필요한 노인이나 위급한 상황을 맞아 병원에 가야

하는 노인을 병원으로 모셔서 진료 받도록 한다.

(6) 노인 장기요양보험 서비스

만 65세 이상 또는 65세 미만의 노인성 질환으로 인해 일상생활을 혼자 수행하기 어려워 국민건강보험공단 장기요양 등급을 신청하여 장기요양 1~5등급을 받은 노인을 대상으로 다음과 같은 서비스를 제공한다.

- 방문 요양: 요양보호사가 가정을 방문하여 보호가 필요한 어르신에게 전문적인 요양 보호 서비스 제공
- 방문 목욕: 요양보호사 1급 자격자 2명이 이동식 욕조 등의 목욕 장비를 가지고 가정을 방문하여 목욕 서비스

(7) 지역사회 자원 연계 사업

봉사자는 노인들의 개별적 재능과 욕구를 파악하여 지역사회의 자원으로 발굴하고 연계하는 서비스를 한다.

- Carry-Canter: 지역 보건복지 정보 제공 및 상담으로 대상자들의 욕구에 맞는 다양한 서비스 제공
- 맞춤형 사례 관리: 개인별 욕구 파악, 서비스 플랜 작성, 서비스 의뢰 및 보건복지 자원 연계, 모니터링 및 만족도 확인
- 자원 발굴 · 개발: 개인별 욕구 파악을 바탕으로 지역사회의 자원을 발굴하여 연계 지원
- 후원 물품 지원: 지역의 기업, 후원처에서 후원 물품 등을 지원 받아서 필요한 노인에게 제공하여 생필품 및 식료품에 대한 경제적 어려움 완화
- 의료 연계: 의료기관을 연계하여 노인에게 필요한 의료 서비스를 지원하고 정보를 제공함으로써 노인의 건강 관리 향상(병원, 의료 관련 대

학 연계)
- 주거환경 개선: 주거환경이 열악하여 개선이 필요한 노인에게 주거
  환경을 개선할 수 있도록 연계

3) 성민노인복지센터

성민노인복지센터는 2003년 3월 '군포제일주간보호센터'라는 이름으로 개원하였다가 2006년 7월 '성민노인복지센터'로 명칭을 변경했다. 같은 해 12월 당동(785-16번지 소재 건물)으로 이전하여 더 넓고 쾌적한 시설에서 기초 간호는 물론 물리치료, 정기 건강 검진, 레크리에이션 치료, 음악 활동, 종이접기, 원예미술, 이미용, 목욕, 간식 및 급식, 비디오 관람, 나들이, 취미교실 등 다양한 프로그램으로 어르신들을 모시고 있다. 가족이 있으나 도움의 손길이 필요한 노인과 부득이한 사유로 가족의 보호를 받을 수 없는 치매, 중풍 등 심신이 허약하거나 장애가 있는 노인들을 주·야간 365일 돌보는 기관이다.

(1) 상담 서비스
상담자가 집으로 방문하여 노인들을 상담하거나 전화 상담을 한다. 생활에 대한 상담이나 가족 관계 또는 종교적 문제에 대한 상담도 함께한다.

(2) 보건 위생 서비스
미용실 전문 직원들이 자원하여 이발과 미용을 해준다. 또한 목욕을 도와주고 혼자 용변을 보기 어려운 노인들을 도와주며, 양치나 세수, 머리 감기 등을 돕는다. 그밖에 일상적인 위생에 관한 지도와 도움을 준다.

(3) 신체 기능 서비스

전문 도우미들이 거동이 불편한 노인들의 재활치료를 도와주고, 최신 장비를 동원하여 물리치료를 해주므로 노인들의 건강 증진에 기여한다. 혈압 검사나 발 마사지, 얼굴 마사지, 온열 치료, 광선 치료, 초음파 치료, 전기자극 치료 등의 방법도 병행하는데, 이는 특히 신경통과 관절염 등으로 고생하는 노인들에게 도움이 되고 있다. 또한 정신 건강을 위하여 작업치료도 실시하고 있다. 구체적인 서비스 내용은 다음과 같다. 치료 레크리에이션(미니볼링, 바구니 공 던지기, 말뚝이, 떡 먹이기, 풍선배구, 고리 던지기 등), 재활치료, 물리치료(핫팩, 적외선 치료 등), 작업치료, 바이탈사인(체온, 혈압, 맥박 등), 한방치료(침, 수지침, 부황 등), 발마사지(발마사지, 지압 등), 미용 마사지, 건강체조(맨손체조, 율동, 비디오 보고 따라 하기) 등의 서비스를 제공한다.

(4) 인지 기능 서비스

인지기능 서비스에는 음악치료, 미술치료, 원예치료, 취미교실, 회상훈련, 서예교실, 건강체조, 세라밴드, 풍선요법, 인지치료, 종이접기 등의 다양한 방법을 통하여 치매나 정신적 장애를 가진 노인들의 인지 능력 향상에 기여하고 있다.

(5) 사회 적응 서비스

사회 적응을 위한 서비스에는 나들이를 함께 나가거나 생일잔치를 열어 주고, 공연을 관람한다. 또한 설이나 추석 또는 어버이날에 성대한 잔치를 열어서 노인들이 다른 사람들과 어울리는 사회성을 갖게 한다. 그밖에 송년 모임, 가족 맺기 지원, 급식 지원 사업 등이 있다.

4) 성민요양원

'성민요양원'은 2006년 1월에 군포시 당동(785-16번지 소재 건물)에서 시작하여, 치매, 중풍 등 각종 노인성 질환으로 가족들이 돌보기 어려운 노인들에게 가족과 같은 친근한 환경에서 각종 생활 서비스와 24시간 간호, 재활치료 등의 의료 서비스와 사회 오락 프로그램을 제공하고 있다. 2008년 5월에 장기요양기관으로 지정 받았다. 이 요양원은 유료 시설이다.

(1) 상담

전문 상담사가 노인들의 생활상의 문제나 가족 간의 문제 또는 건강상의 문제를 상담해 준다.

(2) 신체 재활 프로그램

신체 재활 프로그램에는 물리치료, 작업치료, 바이탈사인 체크, 체위 변경, 촉탁의사 진료, 병원 진료 서비스, 응급환자 이송 서비스, 독감예방 접종 등 다양한 서비스가 제공된다.

(3) 사회심리 재활 프로그램

사회심리 재활 프로그램은 치매 등 정신적 장애를 가진 노인들을 치료하고 도와주는 서비스다. 회상 훈련, 일상생활 훈련, 인지기능 훈련, 미술치료, 음악치료가 제공된다. 그리고 매 주일예배를 통하여 천국 소망을 갖도록 종교 활동도 병행한다.

(4) 보건위생 프로그램

보건위생 프로그램은 이미용 서비스와 목욕 서비스, 용변 지도 서비스, 양치 지도 서비스, 청소 서비스 등이 포함된다.

(5) 급식 프로그램

급식은 전문 영양사의 지도 아래 노인들의 건강을 최우선으로 하는 식사와 간식이 제공된다.

(6) 기타

가족 모임, 어버이날 꽃 달아 드리기, 생신잔치, 전통 문화 체험(송편 빚기), 외부 공연, 성탄 파티 등을 서비스한다.

5) 군포시니어클럽

군포시니어클럽은 노인들에게 일자리를 제공하여 노인들이 더 이상 수혜의 대상이 아니라 사회적 주체로 참여하도록 돕는다. 노인 세대의 지혜와 다양한 경력, 잠재력을 계발하여 이를 지역사회 발전에 도모한다.

군포시니어클럽은 2007년 6월에 군포시로부터 수탁 협약 체결을 하고 7월부터 사업을 시작했다. 2008년 3월 노인일자리사업 발대식을 가졌으며, 행복시니어상담봉사단이 활동을 시작했다. 5월에는 군포실버택배를 시작하여 단기간에 전국의 모범 사례가 되기도 했다. 6월에는 경기도 어르신 자원봉사 페스티벌에서 경기도지사상과 경기자원봉사센터장상, 공연 부문 우수상을 수상하였고, 7월에는 개관 1주년 기념식과 더불어 심포지엄을 열고 시니어클럽의 나아갈 길을 모색했다. 10년 가까이 운영한 결과, 보건복지부 노인일자리사업 평가에서 6년 연속 보건복지부 장관상 등 우수한 성적을 거뒀으며, 공공형 일자리 서비스의 양적·질적 수준을 높였다. 지역의 수요처와 함께 일자리 매뉴얼을 만들고, 경제적 지속성을 염두에 두고 민간노인일자리 사업장을 유지하며 내실을 다져 가고 있다.

(1) 노노케어

군포시니어클럽은 노–노365 사업을 전개하고 있다. 노인으로 하여금 노인을 돌보게 한다는 취지의 '노노케어'(老老care) 사업은 각 지방자치단체가 적극적으로 권장하는 사업이다. 급증하는 노인 인구를 돌볼 노인복지 담당 공무원의 인력 문제를 해결할 수 있다는 이점도 있다. 성민원의 노노케어는 많은 봉사자들이 독거노인의 친구가 되어 외로움을 덜어주고 친구로서 우정도 나누는 등 가장 모범적인 사례가 되고 있다.

(2) 공공시설 봉사활동

건강하여 일할 능력이 있는 노인들에게 일자리를 제공하고 있다. 특히 지역사회 현안문제를 노인일자리와 연계·발굴하고 지역내 꼭 필요한 일자리 사업으로 다양한 활동을 진행하고 있다. 현재 우리동네가꿈이, 군포안전지킴이, 그린실버, 도서관관리, 지역아동센터연계사업, 시설보듬이 등 사업을 진행하고 있다.

(3) 경륜 전수 활동

노인들의 전공이나 전문 기술을 재활용하여 각 분야에 아동·청소년 세대와 연계하여 다양한 프로그램 강사를 파견하는 프로그램이다. 생태해설가, 국악, 민요, 일본어, 전래동요, 구연동화 등 다양한 프로그램 강사로 활동하도록 한다. 1·3세대가 함께 소통하는 정서적 교류의 장을 마련하는 효과가 있다.

(4) 시장형 사업

군포시니어클럽은 제조 판매 활동과 공동 작업장 등을 운영하고 있다. 크게는 제조판매형, 공동작업형, 전문서비스형으로 구분되며, 제조판매형으로 노인이 직접 만든 생산품 또는 식품을 판매하고 있다. 현재 하눔재봉사업, 군포실버택배, 할매정성밥상, 미니카페 '에스빔', '라면 이라면' 등의 사업장을 운영하고 있다. 공동작업형으로는 어르신들의 사회참여와 소득창출에 기여하는 '행복부름공동작업장'을 운영하고 있다. 전문서비스형으로는 실버급식도우미, 보육교사도우미 등 사업을 진행한다.

6) (주)지윙스(G.Wings)

주식회사 지윙스는 성민원이 설립하고 군포시니어클럽이 위탁 운영하는 고령자친화기업이다. 이 회사의 주력 사업은 배드민턴공 굿싱(Googshing)을 생산하는 것이다. 굿싱은 'Good' 좋은, 'Smashing' 스매싱을 의미한다. 굿싱은 거위 및 오리 깃털로 제품을 만들고 있으며, 국내 유일의 셔틀콕 제품을 생산한다는 자부심으로 최고의 제품을 만들고 있다. 현재 국내 셔틀콕 시장은 중국 제품이 99% 이상 점유하고 있는 형편이다.

(1) 지윙스의 기업 목표

지윙스는 다음과 같은 목표를 가지고 회사 운영을 하고 있다.

- 소망의 날개: 지속적인 양질의 일자리 제공으로 삶에 소망을 부여한다.
- 건강의 날개: 규칙적인 생활로 정신적·육체적 건강을 부여한다.
- 사랑의 날개: 가족과 동료와 지역에 대한 사랑을 부여한다.

(2) 제작 과정

지윙스는 노인에게 적합한 수작업 방식으로 제품을 생산하고 있는데 제작 과정은 다음과 같다.

- 깃털분류작업: 깃털을 좌, 우, 상, 하, 기울기에 따라 유사 각도끼리

분리한다.

- 직모작업: 코르크에 깃털을 꽂는다.
- 중간점검: 바람에 띄워 적정 비거리를 조정한다.
- 1차 본드 작업: 코르크와 깃털을 본드로 고정한다.
- 쌍침봉재 작업: 굿싱의 자체 제작 기술로 깃털을 엮어 봉제한다.
- 2차 본드 작업: 1차 본드작업 부분과 깃대에 내구성 강화를 위한 본드 작업을 한다.
- 최종 검사: 적정 비거리를 위해 시타 후 분류한다.
- 재조정 작업: 필요 시 비거리를 정확히 재조정한다.

(3) 지윙스의 수작업 셔틀콕의 강점

- 수성본드만 사용함: 독성이 강한 유성본드를 사용하지 않아 손에 묻어도 문제가 없다.
- 자가 기술 쌍침봉재 작업을 사용함: 자체 개발한 쌍침봉재 기술로 만들어 매듭이 매끈하게 마무리되어 다칠 염려가 없다.
- 불량품이 없음: 노인의 손길이 모든 과정에 미치는 데다 재확인 과정을 통해 제작되므로 불량품이 없다.

7) 안양시관악장애인종합복지관

안양시관악장애인종합복지관은 2012년 7월 18일 성민원이 안양시로부터 수탁하여 운영하고 있는 장애인 복지시설이다. 섬김, 나눔, 사랑의 기독교 정신을 바탕으로 장애인들에게 재활의 기회를 주고자 한다. 그들의 가족과 기관 종사자, 지역 주민과 소통하고 협력함으로써 장애인과 비장애인의 사회 통합을 위해 노력하고 있으며, 이 같은 노력의 결과 장애인 지역사회 재활시설로서 지역사회에서 인정받고 있다.

복지관 조직은 성민원(이사장 권태진) 산하에 있으며 복지관 관장은 성민원 이사회가 임명하고 관장이 주관하는 자체 인사위원회와 운영위원회를 둔다. 관장 밑에는 사무국장을 두고, 사무국장 총괄하에 운영지원팀, 상담사례지원팀, 지역연계팀, 기능향상지원팀, 평생교육지원팀, 직업지원팀을 둔다. 그리고 부설기관으로 주간보호센터, 공동생활가정, 관악아동발달센터, 관악활동지원기관 등을 운영한다.

(1) 상담 지원 서비스

접수 상담, 진단 및 판정, 재활 상담

(2) 영유아 교육 지원 프로그램

사회성 기술 교육, 특수 체육교실

(3) 기능 향상 지원(재활치료) 서비스

언어치료, 물리치료, 수치료, 작업치료, 심리치료

(4) 아동 및 청소년 지원 서비스

사회성 훈련 지원, 특수 체육교실, 계절학교, 늘해랑학교, 취미 여가 프로그램, 인식개선 사업, 주말 프로그램

(5) 성인 평생교육지원 서비스

- 문화여가 지원사업: 노래 동아리, 댄스 동아리, 건강교실, 뜨개질 동아리, 드림아카데미
- 정보화교육
- 권익옹호 사업: 동료 상담, 권익(옹호) 상담

(6) 가족 지원 사업

대기자 부모 교육, 부모운영회의, 부모회 지원사업(부모총회, 부모교육, 가족 나들이, 기관 견학)

(7) 성인 직업 지원 서비스

① 직업 지원 서비스(직업재활센터)

- 직업상담 및 평가
- 훈련사업: 직업 적응 훈련, 작업 활동, 재취업 프로그램, 맞춤형 직무기능 훈련, 전환기 직무 훈련
- 장애인 일자리 사업: 참여형 사업, 복지 연계형 사업
- 고용사업: 재택 고용(공동 부업), 취업 알선 및 적응 지원, 자영업 창업 지원, 지원 고용, 사업주 간담회, 취업자 간담회 및 자조 모임

② 공동생활가정

성인, 여성, 장애인 대상 그룹홈 서비스

(8) 재가복지 서비스

밑반찬 서비스, 목욕 서비스(관내, 방문), 이미용 서비스, 주거환경 개선, 이동 지원 서비스, 재가장애인 캠프, 재가장애인 나들이, 재가장애인 문화 체험, 가족 참여 여가 활동, 자조 모임, 인권 교육, 의약품 지원, 건강 교육, 장애인 생활 도우미, 여성 장애인 가사도우미

(9) 주간보호센터

사회 통합이 어려운 중증 장애인 보호, 훈련 및 맞춤형 서비스 제공

(10) 지역 복지

- 지역복지사업: 관내 치과, 수지침, 차량 무상 점검, 보장구 대여
- 지역주민 통합 행사: 개관 기념 행사, 문화 기획 행사, 장애인 주간 행사, 송년 행사

(11) 아동발달센터

언어치료, 미술치료, 음악치료, 놀이치료, 감각통합, 인지치료, 보드게임, 화가교실, 방학특강

(12) 활동지원기관

- 신체 활동 지원: 개인 위생 관리, 신체 기능 유지 증진, 식사 도움, 실내 이동 도움
- 가사 활동 지원: 청소 및 주변 정돈, 세탁, 취사
- 사회 활동 지원: 등하교 및 출퇴근 지원, 외출 시 동행

8) 군포기초푸드뱅크

푸드뱅크는 식품의 생산, 유통, 판매, 사용 과정에서 발생하는 잉여식품을 기탁 받아 필요한 이웃에게 전달함으로써 식품을 통한 나눔을 실천하고 식품 자원의 낭비를 줄이는 역할을 하는 식품은행이다.

성민원의 '군포기초푸드뱅크'는 2000년 10월 군포시로부터 위탁 받아 시작하게 되었으며, 생활보호노인 혹은 장애인, 소년소녀가장 가정, 무료급식소, 사회복지시설 등에 혜택을 주고 있다. 2001년, 2003년, 2006년에는 푸드뱅크사역에 대한 지역사회 내 공로를 인정받아 경기도로부터 '모범 푸드뱅크 표창장'을 받았다.

푸드뱅크는 음식을 기탁하는 자(기탁처)와 제공을 받는 자(배분처)가 있어

야 가능하다. 현재 기탁자와 배분처를 소개하면 다음과 같다.

- 정기 기탁처: 곡란초 외 40여 곳
- 비정기 기탁처: 군포시노인복지회관 외 10여 곳
- 정기 배분처: 갈릴리공부방 외 30여 곳
- 비정기 배분처: 주몽종합사회복지관 외 20여 곳

9) 성민무료급식센터(사랑의 이동급식)

'사랑의 이동급식'은 식사가 어려운 어르신, 결식아동, 장애인, 각종 재난재해를 입어 희망을 잃은 이웃들에게 급식을 지원하는 사업이다. 성민원은 2006년 2월 사회복지공동모금회를 통해 포스코에서 후원하는 차를 기증 받아 '사랑의 밥차'라 명명하고 활동을 시작했다.

초기에는 노인정을 순회하면서 끼니 걱정을 하시는 분들에게 사랑의 밥과 국을 제공했다. 2006년 7월 강원도 인제에 수해가 났을 때 '사랑의 밥차'가 출동하여 1차 복구가 완료될 때까지 열흘 동안 지역 주민과 자원봉사원들에게 약 8천 끼의 식사를 제공하였고, 이를 감사히 여긴 인제군수로부터 그 해 12월 감사패를 받았다. 그리고 같은 해 7월에 무주택자에게 집을 지어 주는 수원 해비타트 집짓기 공사 현장에 나가 식사를 제공했을 뿐 아니라 함께 집짓는 일도 도왔다. 2007년 12월 충남 태안 서해 앞바다에서 발생한 기름 유출 현장에 투입되어 45일 동안 자원봉사자들에게 2만여 끼의 식사를 제공했다. 이 일로 2008년 6월 충남도지사로부터 감사패를 받았다.

또한 같은 해 12월 10일 태안유류오염사고 방제유공포상 전수식에서 국토해양부장관상을 받았다. 성민무료급식센터는 2010년 4월 12일 개소하여 지역의 어려운 청소년 및 어르신들의 저녁식사를 정부보조금 없이 매일(주 5회) 100여 끼를 제공하고 있으며, 거동이 불편한 어르신의 경우 성민재가노인복지센터와 연계하여 도시락을 제공하고 있다.

10) 천국사다리 호스피스

'천국사다리 호스피스'는 2001년 12월 말기암 환자들이 정신적, 사회적, 신체적, 영적으로 보살핌을 받으며 삶을 정리하고 편안한 죽음을 준비할 수 있도록 돕기 위해 설립된 단체다. '천국사다리'가 성민원과 인연을 맺은 것은 2005년 12월 창립 4주년 기념식 때 권태진 성민원 이사장이 '천국사다리'의 이사장으로 취임하면서부터다.

'천국사다리'는 성민원으로부터 기도와 후원을 받아 성장해 왔으며, 2007년 1월 사무실이 성민원 안으로 이전하면서 더욱 활발하게 활동하고 있다. 현재는 군포시노인전문보건센터에서 봉사와 프로그램 지원 등을 하고 있으며, 매주 금요일 오후에는 고정적인 종교 활동으로 천국사다리 호스피스 주관의 금요예배를 드리고 있다. 또한 2008년 1월에는 암 환자를 돕기 위한 '사랑나눔 걷기대회'를 개최하여 군포 시민의 주목을 받았다.

11) 성민청소년복지학교

1998년 성민원이 군포시노인복지회관을 개관한 후 2000년 1월 제1기 청소년복지학교를 열면서 자리를 잡기 시작했다. 청소년들이 자원봉사의 이론을 배우고 현장에 투입해 직접 체험함으로써 소외된 이웃을 돌아보고 사회 공동체로서 책임감을 갖도록 하고 있다.

2006년 7월에는 인제 수해복구 현장에서 봉사활동을 했고, 2008년 1월에는 태안 기름 유출 사고 현장에 가서 봉사활동을 했다.

한편, 2008년 1월에 군포 지역을 넘어서 서울 순복음노원장애인교회에서 위탁 교육을 실시했다. 2박 3일간 진행되는 복지체험 과정은 2000년

1월 140명의 첫 수료자를 낸 후로 매년 지역의 중·고등학교 청소년들이 연 2회로 과정에 참여하고 있으며, 지금까지 총 4225명의 청소년들이 참여했다.

12) 성민청소년축구대회

성민원은 2007년부터 '군포 청소년 클럽대항 축구대회'를 개최하여 지역 청소년들에게 호응을 얻고 있다. 2007년에 열린 제1회 대회에서는 총 15개 팀(고등부 10개 팀, 중등부 5개 팀)이 참가했다. 가장 많이 참가했던 해는 2008년으로 18개 팀(고등부 12개 팀, 중등부 6개 팀)이 참가하여 경합을 벌였다.

13) 성민에듀투게더

경제적인 어려움으로 사교육을 받지 못하는 학생들에게 수학, 영어, 역사 등을 가르침으로써 미래에 대한 비전을 심어 주고자 시작되었다. 지금은 학습 지원(영어, 수학, 역사 등)은 물론 석식 지원, 간식 지원, 진로 및 역사 교육 지원, 긴급 의료비 지원, 교복 지원, 학습지 및 기타 물품 지원 등의 사업을 하고 있다.

14) 성민실버합창단

'성민실버합창단'은 성민원 직영사업으로 2003년 5월에 음악적 소양과 재능을 가진 60세 이상의 노인들을 모집해 창단했다. 2003년 10월 제5회 '군포시노인문화축제'에 출연하는 것을 시작으로 2004년 4월 '군포시민대축제'에 출연하였으며, 매년 '군포어르신문화축제'에 참여하고 있다. 창단 이후 매년 정기연주회를 갖고 있으며, 성민원의 행사에는 물론 대외적으로도 활발한 활동을 펼치고 있다. 2005년에는 '군포시민대축제'와 '군포예인예술제 관내 합창제', 2006년 9월 제4회와 2007년 제5회 '예인예술

제 수리합창제', 2007년 10월 제1회 '월강금빛 합창제'에 출연했다.

정기연주회, 지역봉사연주회, 1·3세대 통합연주회, 각종 경연대회 참가 등의 활동을 하고 있다. 특히 성민실버합창단은 어린이합창단과 함께 공연함으로써 1·3세대 통합운동의 주체가 되고 있으며, 합창의 아름다운 하모니로 지역사회의 문화 발전과 노인복지에 기여하고 있다.

15) 성민소년소녀합창단

'성민소년소녀합창단'은 초등학교 3학년에서 중학교 2학년 사이의 음악에 소질이 있는 청소년들로 구성된 합창단으로 2007년 3월에 창단되어 2008년 5월에 창단연주회를 가졌다.

십대들의 맑고 순수한 영혼의 음성을 통해 사랑과 나눔을 배우고 전하는 성민소년소녀합창단은 정기연주회와 특별연주회, 지역봉사연주회, 1·3세대 통합연주회 등으로 활동하고 있다. 특히 성민실버합창단과 함께 1·3세대 합창을 통해 세대 간의 화합을 보여 주고 있다.

16) 경기복지뉴스

〈경기복지뉴스〉는 시대의 알 권리를 충족시키고 문화·사회·복지·종교 등 좋은 소식을 전하여 삶의 질을 향상시키며, 건강한 의식을 심어 주기 위해 2005년 2월 월간 〈군포복지뉴스〉로 창간호를 발행했다. 2005년 9월부터 타블로이드판 16면으로 증면하여 발행하고 있으며, 2006년 3월 제14호부터는 〈경기복지뉴스〉로 이름을 바꾸어 군포는 물론 경기도로 영역을 확장했다. 2006년 6월에는 웹사이트(www.ggwn.co.kr)를 개설하여 인터넷 시대를 맞이하고 있다.

내용은 복지 현장의 미담, 복지정책, 아동, 여성, 노인, 장애인, 청소년 등의 복지 소식과 문화, 공연의 문화 소식, 발행인 칼럼과 고정 칼럼 등의 시대정신을 담고 있다. 원고 집필진은 지역을 벗어나 우리나라 복지와 사회를 이끄는 분들로 구성되어 있다.

17) 기타

사단법인 성민원이 과거에 시행했던 사업 중에서 중단되었거나 변경된 사업들이 있는데 다음과 같다.

(1) 군포노인복지회관

군포노인복지회관은 성민원의 최초 위탁 사업으로서 의미가 있다. 이 회관 운영은 1998년 5월 8일 군포시로부터 위탁 받아 9년 동안 모범적으로 운영하다가 2007년 군포시에 운영을 이양했다. 군포노인복지회관에 대하여는 앞에서 자세히 설명했다.

(2) 성민노인상담소

2000년 10월 1일 상담 사업을 개시한 '성민노인상담소'는 말벗, 취업 및 부업 알선, 여가 선용, 건강 문제와 사회적 관계, 자산관리, 고충 상담, 노인 관련 시설 안내 등 노인 문제에 관련된 다양한 내용을 상담했다. 이 상담소는 2007년부터 '군포시니어클럽'의 사업으로 편입되었다.

(3) 성민고령자인재은행

'성민고령자인재은행'은 50세 이상의 재취업을 희망하는 분들에게 재취업 교육, 알선 등을 통해 경제활동을 지속적으로 할 수 있도록 도와주는 사업으로, 2003년 3월 1일에 군포시 지정 무료 직업소개사업으로 시작했다. 같은 달 노동부 지정 '성민고령자인재은행'으로 등록하였고, 12월부터 간병인, 베이비시터, 산모도우미, 주유원 등 재취업 교육을 실시했다.

2007년 1월에는 노동부 지정 A등급 기관으로 지정되었다. 2008년 3월에 성민원 주관으로 '군포5060취업광장'을 실시하여 기업과 구직자들을 연계해 주었다. 이 '성민고령자인재은행'은 국가 시책 변화에 따라 2010년에 운영을 종료했고, 현재는 유사한 목적의 '군포시니어클럽' 운영에 집중하고 있다.

(4) 성민요양보호사 교육원

요양보호사란 2008년 4월 1일부터 시행된 노인장기요양보험제도에서 요양이 필요한 노인 등에게 전문적인 간병 서비스를 제공하기 위해 만든 새로운 국가자격증 제도다. 이에 성민원에서는 2008년 4월 당동(785-16번지 소재 건물) 교육장에서 개원, 첫 교육을 시작하여 1기에 33명이 수료했다. 이 교육원은 2011년 12월 31일 종료되었다.

7. 성민원의 오늘

2016년 12월 말 현재 성민원의 현황은 다음과 같다.
- 성민원 총 직원 : 316명
- 성민원 총 수혜자 : 약 275,922명

성민재가노인복지센터	가정봉사원 파견 횟수	34,667회
성민무료급식센터	어르신 이용 횟수	16,300회
성민요양원	이용자 수	9명
성민노인복지센터	이용자 수	23명
안양시관악장애인종합복지관	가정봉사원 파견 횟수	37,788회
군포기초푸드뱅크	접수수령물품 환산금액	307,020,275원
	기탁건	17,297건
	이용자 수	3,710명
	자원봉사자	약 820명
군포시니어클럽	취업자 현황	1,078명

표6. 성민원 2016년 주요 실적

제5장

여호와는 나의 목자시니

여호와는 나의 목자시니 내게 부족함이 없으리로다 그가 나를 푸른 풀밭에 누이시며 쉴 만한 물 가로 인도하시는도다 내 영혼을 소생시키시고 자기 이름을 위하여 의의 길로 인도하시는도다(시 23:1-3)

보통 한국의 목사들 중에 스스로를 정통 보수 신앙이라고 말하는 사람들이 많다. 그러나 한국에서 제대로 된 보수 신앙의 목사를 찾기는 쉽지 않다. 말은 보수라고 하면서 행동은 성경적이지 않기 때문이다. 정통 보수주의 신앙이라는 목사들이 물질이나 이성 때문에 범죄하는 경우는 그 예를 열거할 수 없을 정도로 많다. 또는 보수주의 신앙 노선에 있다는 목사들이 총회나 연합기관에서 명예욕에 눈이 멀어 자리다툼을 하고 부정한 선거에 앞장서는 경우도 적지 않다.

왜 이런 병적 현상들이 나타나는 것일까? 그것은 문화가 없기 때문이다. 종교에 있어서 문화란 어떤 의미를 가지는가? 이 질문은 어떤 종교가 문화에 대한 가치를 얼마나 귀하게 보는가 하는 문제다. 문화 없는 종교는 없다. 그러나 한국의 기독교는 문화를 무시하고 홀대하는 종교는 아닌지 심각하게 반성해 볼 필요가 있다. 그리고 그 이유가 양적 성장에 매달린 결과라는 사실을 잊어서는 안 된다. 돈이 없어서도 아니고 사람이 없어서도 아니다. 문화를 보는 안목이 없고 귀하게 여기는 마음이 없기 때문이다.

문화란 종교에 있어서 마치 비타민과 같은 영양소다. 비타민이란 당장 없다고 성장에 큰 표시가 나는 것은 아니다. 그런 의미에서 탄수화물이나 단백질같이 귀하게 생각하지 않을 수도 있다. 그러나 우리 몸에 필요한 비타민이 없으면 그 성장은 곧 기형이 되고 부작용을 일으키고 나쁜 세균을 이기지 못하여 질병에 걸리게 된다.

1. 시인 권태진 목사

권태진 목사는 시인이기도 하다. 목회 현장에서는 도전 정신과 승부욕과 추진력이 총동원되어야 한다. 하지만 시를 쓸 때는 모든 것을 내려놓고 비워야 한다. 목사는 교회의 지도자다. 어느 시대, 어느 집단에서나 지도자는 고독한 존재다. 더구나 오늘날처럼 머슴형 지도자를 원하는 상황에서는 지도자의 고독은 더욱더 심화될 수밖에 없다. 그래서 목회자는 고등 3D업종 중 하나라는 말도 나온다.

지도자가 되고 높은 지위에 오를수록 권한은 축소되고 의무는 많아진다. 지도자가 될수록 잠자는 시간을 줄여 생각하고 연구하고 노력하지 않으면 안 된다. 지도자가 될수록 적들이 많아지고 인간관계가 복잡해지며 조율해야 할 사건들이 홍수처럼 밀려든다. 지도자가 될수록 드러나지 않은 희생과 눈물이 많아진다. 지도자일수록 할 말보다는 들을 말이 더 많아진다.

이 나라에 지도자가 없어서 문제이고, 교회에 참된 지도자가 희귀해서 연일 시끄럽다. 교회의 지도자는 특히 '섬김의 종'이다. 교회의 지도자는 텅 빈 예배당에 혼자 앉아 고독하게 기도하며 우는 사람이다. 교인들은 할 말 다하지만, 교회 지도자는 공동체의 유익을 위해 말을 아껴야 한다. 지도자는 적도 친구로 만들어야 하고, 거친 목소리에 대해 부드러운 음성으로 응수해야 한다.

교회의 생존과 부흥을 위해 흘린 지도자의 눈물은 혼자만 간직하고 있어야 값어치가 있다. 남이 모르는 희생의 보화를 가슴속에 숨기고 있어야 하는 것이다. 그래서 교인들은 살기 위해 교회에 나오지만, 지도자는 죽을 각오로 교회를 섬긴다.

권태진 목사는 이 엄청난 지도자라는 부담과 고독을 시로 풀어내며 가벼워지려 애쓴다. 그는 교인들이 교회를 떠난 뒤 홀로 남겨진 조용한 시간에 시를 쓴다. 설교할 때는 강한 카리스마를 내뿜지만, 시를 쓸 때는 하나님 앞에 엎드려 한없이 나약한 존재가 된다.

그에게 시는 자신을 성찰하는 거울과 같다. 목회자로서 겸손을 잃지 않으며 목회 초기의 순수한 초심을 붙잡게 만든다.

2. 시인 권태진 목사의 활동

권태진 목사는 1993년 10월 8일 첫 시집《어둠의 화폭에 빛 되었으면》을 낸 뒤 1994년 7월 3일 문예사조에 시가 실리면서 시인으로 등단했다. 이후 그의 시 작업은 지금까지 계속돼 모두 14권의 시집을 출간했다.

① 《어둠의 화폭에 빛 되었으면》 1993.10.08.

② 《아름다운 세계》 1996.11.28.

③ 《난 태양을 보리라》 2000.4.23.

④ 《당신을 사랑하기 때문에 당신을 외면할 수 없습니다》 2001.12.31.

⑤ 《당신은 나의 날개》 2004.5.10.

⑥ 《사랑의 불씨를 살리라》 2005.10.15.

⑦ 《선물 52》 2007.11.18.

⑧ 《행복의 옥토》 2008.5.25.

⑨ 《살아도 죽어도》 2009.5.15.

⑩ 《꿀벌의 날갯짓》 2011.5.20.

⑪ 《복 있는 너야》 2012.8.25.

⑫ 《우리, 희망을 이야기하자》 2013.12.13.

⑬ 시작노트 01 《너의 새날을 위하여》 2015.12.1.

⑭ 시작노트 02 《시.작.하다》 2016.7.3.

그의 시집 중 12권(1~12)은 목회시선이라 하여 설교를 작성하고 거기서 영감을 얻어 쓴 시를 모은 것이다. 그리고 나머지 2권(13~14)은 GoodTV 프로그램 〈시인의 언덕〉에 발표된 시들을 모은 것이다. 2008년 11월 30일부터 2015년 6월 18일까지 6년 6개월 동안 발표된 시를 묶어 2015년 1권《너의 새날을 위하여》를, 2016년 2권《시.작.하다》를 출간한 것이다.

권태진 목사의 시는 이렇듯 목회와 설교를 통해 영감을 받아 쓰여진 시라는 점에서 신앙시라 할 수 있다. 그는 1년에 150편가량의 시를 쓴다. 지금까지 출판으로 발표한 시만 천 편이 넘고, 미발표 시까지 합치면 그 배가 넘는다. 한마디로 그는 다작 시인이다. 그동안 시인으로서 받은 상도 여럿 있는데 다음과 같다.

- 세계성령운동중앙협의회 홀리스피리츠맨 메달리온 문화예술 부문 수상(2008. 4. 10.)
- 짚신문학상 수상(2011. 12. 19)
- 제23회 문예사조 문학상 본상 수상(2012. 12. 6.)
- 제28회 기독교문화대상 문학 부문 수상(2015. 3. 5.)
- 제7회 군포문학상 수상(2015. 12. 12.)

3. 시인 목사의 노래

권태진 목사의 시를 모두 분석할 필요는 없다. 그의 시는 주제가 대체로 같고 스타일 또한 변함이 없기 때문이다. 목회자의 시가 첨단을 달릴 필요도 없고, 파격적이고 돌발적인 실험을 할 이유도 없지 않은가!

1) 성경말씀에 대한 신앙고백

권태진 목사의 시는 설교에서 나온 것이 대부분이다. 그는 그가 설교하는 중에도 자신을 향한 하나님의 말씀을 듣는다. 그가 시를 쓰는 것은 바로 이러한 들음에서 비롯된다. 다시 말해 받은 은혜에 대한 신앙고백이 그의 시인 것이다. 그는 '예수님의 능력'(마 15:29-39)이라는 주제로 오병이어 사건을 설교한 후에 다음과 같은 시를 남겼다.

무(無)에서 유(有)를 창조하신 말씀

육신 입으시고 이 땅에 오셨구나

인간의 죄 값 대속한 한 마리의 어린양

제물되려 이 땅에 오셨구나

수많은 병자들 외면치 않으시고

일일이 고쳐주어 행복하게 하시는구나

광야까지 님이 좋아 쫓아온 무리

허기진 배 채워주려 떡 일곱 고기 두 마리로

"여자와 아이 외에 사천 명" 먹이셨구나

신비하다 예수님의 능력

전능자의 실력이어라[75]

2) 계절을 노래함

권태진 목사의 시에는 계절에 대한 시가 많다. 시인의 마음에는 계절에 대한 감성이 누구보다 풍부하다. 시인은 봄에 꽃 한 송이를 보고 시를 쓰고, 여름 장맛비를 맞으며 시를 쓴다. 가을바람이 옷깃을 스칠 때도 시가

---

75) 권태진, 《마태복음(중)》, 에벤에셀, 서울 1996, 162쪽.

193

입에서 나오고, 겨울 산야를 덮은 눈을 바라보며 시상이 떠오른다. 그의 시 '추석'을 소개한다.

가을바람 솔 부니
열매 가슴 영글고
추석의 만남
사랑 토하는구나

아름다운 만남 통해
주고받는 말
감사의 여울
행복의 정 흐르는구나

아, 사랑이여!
영원을 믿는 자 되니
범사에 감사가
맘속 샘 되는구나

이 추석 명절에…[76]

3) 노년에 대한 사랑과 관심

권태진 목사는 노인에 대한 사랑과 관심이 지극하다. 성민원 사업의 대부분도 노인복지를 위한 것이다. 그의 설교에도 노인을 공경하라는 설교가 많다. 노년의 지혜도 배우고, 노년의 경륜도 귀하다고 예찬한다. 그의

---

76) 권태진, 《선물 52》, 성빛출판사, 경기 2007, 98쪽.

‘노심의 탄식’을 음미해 보자.

농경사회 대가족
저녁이면 타작마당에
모닥불 피우고 멍석 깔고
먹으며 화목했는데

산업사회 되면서
핵가족으로 대가족 무너지고
부모님 몸둘 데 없다네요

온몸 소진하고 모든 것
자녀 위해 바쳤는데
정보사회 일어서니
핵가정도 하나되지 않고
부부도 따로 하려 하네요

재산 따로 생각 따로
이젠 자녀도 여자성 따르게
해 보겠다는데

예수 마리아 아들되면
원죄는 어찌할까?

미국 가니 아내의 성

남편 따라가는데

동방예의지국 무너지고
백의민족 빨간 옷 입혀
붉은 악마 이름지어주니

민족 전통 없어질까
노심이 탄식하네요[77]

4) 교회 절기와 행사

권태진 목사는 성탄절, 부활절 등 교회 절기를 맞아서도 시를 쓴다. 또한 입당이나 부흥회 등과 같은 교회 행사에서 받은 느낌도 시로 적는다. 모든 잔치와 절기를 위한 예배가 모두 시가 되어 감동을 준다. 그의 시 '부활절'을 들어 보자.

사망권세 이기고
부활하셨네
운명한 지 삼 일
영적 승리
영광의 승리 이루어졌네

로마의 권세로 인봉한 돌
돌아가신 예수님
무덤에만 있도록 군병이 지켰어도

---

77) 권태진, 《사랑의 불씨를 살리라》, 성빛출판사, 경기 2005, 162-163쪽.

하늘의 능력 임하니

승리는 주님의 것일세

물질문명의 허상

부활의 신앙 좀먹으니

생명 없이

죽은 예수 찾는 여인들의 반열이네

오! 성도여

진리의 신앙 굳게 잡고

부활의 예수와

갈릴리 거닐면서 사랑노래 부르다가

승천하신 주님 따라

저 보좌로 함께 가자네[78]

5) 여행

권태진 목사는 여행을 하며 시를 쓴다. 선교지를 돌아보는 여행도 하고, 휴식을 위해 친구 목사들과 함께하는 여행도 하는데 그는 눈에 들어오는 낯선 풍경과 인파를 보고 시를 쓴다. 이국에서 느끼는 주님의 손길을 잡으며 시로 감정을 표현하기도 한다. 그가 미국을 여행하며 쓴 시 '세네카 호숫가에서'를 소개한다.

뉴욕의 분주함 벗어나

설렁탕 한 그릇 아침 요기하고

---

78) 권태진, 《아름다운 세계》, 성빛출판사, 경기 1996, 129–139쪽.

건강한 사람의 핏줄처럼
잘 소통되는 길 따라
나이아가라 폭포 보러 가다
세네카의 호수를 만난다

길다고 손가락 호숫가란다
돌로 만든 방파제
그 품에 자리 잡은 요트와 작은 배
수리하는 수리공

호수를 향해 내민 손 같은
나무다리를 걷는다

갈매기 머리 위 훨훨 날고
다리 밑에 작은 고기 춤추고
호숫가 숲속 하얀 별장들
한 폭의 그림이구나[79]

6) 어머니

권태진 목사는 어린 시절 아버지를 여의고 홀어머니 슬하에서 성장했다. 그의 어머니에 대한 사랑과 그리움은 남다르다. 그의 시에는 종종 어머니에 대한 사모와 애정이 눈물 되어 흐른다. 그의 시 '어버이날'에서 어머니에 대한 사랑을 느껴 보자.

---

79) 권태진, 《우리, 희망을 이야기하자》, 쿰란출판사, 서울 2013, 42쪽.

야위시더니

호흡도 조용히 중단하시고

흙에 묻히고 하늘 요단강 건너

낙원 가신 어머니

세월이 약인 줄 알았는데

돋아나는 어머니와의 추억

어머니 연배 분들의 가슴에

빨간 카네이션 볼 때면

보릿고개 넘기며 자식 위해 애쓴 삶

마음의 잔상이 짙어집니다

어머니 닮아 노인 사랑하고

기다리는 아비 목회의 길

오늘까지 걸어왔습니다

그리운 어머니!

한 번만이라도 좋으니

꿈에라고 만나고 싶어

조용히 불러봅니다[80]

7) 아내

권태진 목사의 아내 사랑은 각별하다. 어려운 천막교회 시절부터 생명

---

80) 권태진, 《우리, 희망을 이야기하자》, 147쪽.

을 내놓고 동고동락한 평생의 반려자이기 때문이다. 그는 아내에게 늘 고마운 마음과 미안한 마음을 가지고 산다. 그리고 아내를 지극히 아끼고 사랑한다. 그의 시 곳곳에 아내를 향한 마음이 발견되는데, '반보'(半步)라는 시를 감상해 보자.

한 몸 된 지 20년
내 곁에 나란히 걷는 당신
심장이 나빠
반보로 걸으니
오르막길 천천히
나도 반보네

약해진 곳 잘 보살펴
한보로 걷게 해 주고 싶은 맘

당신의 반보는 나의 반보요
당신의 한보는 나의 한보요
동행의 운명은 한보, 반보도
같이하니

한 몸으로 짝지어 준 것
거룩한 님의 섭리임을 알아
오직 당신을 사랑해요[81]

81) 권태진, 《난 태양을 보리라》, 성빛출판사, 경기 2000, 84쪽.

권태진 목사는 이 시를 쓴 지 몇 년 후 다시 '한보'라는 시를 썼다. 예전에는 심장이 약해 반보로 걷던 아내가 조금 건강해져서 이제는 한 보로 걷는 것에 대해 감사하는 마음으로 애정을 담아 쓴 것이다.

설악산을
아내와 오른다

반보로 걷던 아내
이제는 한보로 걷는구나

나와 함께 걷는
아내의 한보
건강한 그 걸음걸음을

설악산이
방긋 반겨 웃는다[82]

이 시에 대해서 그는 '시작노트'에 다음과 같은 글을 남기고 있다.

2000년에 쓴 '반보'라는 시가 있습니다.
결혼한 지 이십 년쯤 지났을 때
몸이 약한 아내와 반보로 맞춰 걸으면서
한보로 걷게 해주고 싶은 마음을 시에 담았었습니다.
아내와 저는 열심히 동행했더니

---

82) 권태진, 시작노트02 《시.작.하다》, 성빛출판사, 경기 2016, 102쪽.

하나님이 건강 주셔서 지금은 한보로 걷게 되었습니다.

둘이 함께 설악산을 오르며

예전보다 한결 건강해진 아내 모습을 보면서

그 시가 생각이 났어요.

아내에게 하나님이 내 기도를 들어주셨다고 말했더니

아내가 빙긋이 웃었습니다.

곁을 지나던 나무들도 노래하고 춤추고

산악도 빙긋이 웃는 것 같았어요.

연약할 때는

아픔과 시련을 함께 견디며

나눌 수 있음이 행복이었고

지금은 건강하게 동행하는 것이

참 행복입니다.[83]

8) 자기 성찰

권태진 목사는 자기를 돌아보고 생각하는 시를 많이 썼다. 그는 목사가 되는 것에 대한 두려움이 있었다. 인간적인 자유를 빼앗기며 살아야 하는 것이 두려웠고, 사업을 해서 돈을 벌 수 있는 기회도 박탈당하는 것이 두려웠다고 한다. 배가 고파도 참아야 하고 화가 나도 삭여야 하는 길을 걷는 것이 두려웠다고 한다. 그가 쓴 시 '목사는 무엇입니까'는 그의 이런 심정을 잘 표현하고 있다.

주님이여

목사는 무엇입니까?

---

83) 권태진, 시작노트02 《시.작.하다》, 103쪽.

주님 모르는 사람들과
마음으로도
말로도
싸울 수 없는
목사는 무엇입니까?

주님이 내게 주신 대답

종아,
차라리 네가 져라

아들 이기는 부모 없고
부인 이기는 남편 없고
동생 이기는 형 없단다
사랑하기 때문이지

네게 준
내 사랑은
너 위한 은사 아니라
그들을 위한 것

너의 눈에는 가시이나
내 눈에는
너를 치료하는
소중한 도구란다

오 주님!
종의 나약함을
용서하소서[84]

9) 희망을 노래함

권태진 목사의 시는 대부분 긍정의 메시지를 담고 있다. 그의 시가 한 편의 설교를 요약한 것이고 말씀에서 영감을 얻은 것이니 당연한 결과다. 설교란 하나님의 말씀에 기초하는 것이고, 하나님의 말씀은 언제나 '할 수 있다'는 긍정의 말씀이기 때문이다. 권 목사의 시 중 백미는 '난 태양을 보리라'가 아닌가 생각된다.

도심에 흐르는 폐수
작은 개울 사망의 냄새
욕심이 잉태한 죄
불신과 미움의 씨
대지를 덮으니
불안과 탄식, 한숨의 노래

아!
난
저 태양을 보리라
저 푸른 산림을 보리라
봄의 태양을 보며
꽃들의 합창을 듣고

---

84) 권태진, 시작노트02 《시.작.하다》, 34-35쪽.

새싹의 기지개 켜는 것을 보리라

가난의 터널 건너

아름다운 복지의 꿈을 꾸리라

서글픈 실패자의 옷을 벗고

의인의 당당한 모습으로 살리라

싸늘한 시체 되어

무덤에 장사 되는 육체 대신

예수 그리스도 안에서

새생명 입고

천사의 손에 붙잡혀 오르는 영혼을 보며

소망의 노래하리라

난,

저 태양을 보며

영생을 소망하며

힘차게 살리라[85]

10) 주님 생각

권태진 목사는 주님 앞에서 사는 훈련을 평생 해 왔다. 코람데오(Coram Deo)의 정신으로 살면서 주님 앞에 항상 자신을 노출시키며 위선이 없는 목사가 되기를 소망했다. 그리고 주님에게 책망을 즐겨 듣고 죄를 회개하고 언제나 착하고 거짓 없는 종으로 살기를 원했다. 그의 시에는 주님에

---

85) 권태진, 《난 태양을 보리라》, 24쪽.

대한 사랑과 경외심이 묻어나는 경건성이 물씬 풍긴다. '님이여'라는 그의
시는 이를 잘 반영하고 있다.

    님의 눈에 가리우는 것 없으시니
    그 앞에 누가 위선자 될 수 있나요

    과거 현재 미래
    확실히 아시니 무엇을 구할 수도 없구요

    님의 큰 사랑 깨달아지니
    님의 뜻대로 은혜 주세요

    내 눈에 추하고 좋아도 관심없고
    님이 어떻게 생각하심이 최고의 관심이 되네요

    나도 내 마음에 들지 않는데
    누가 내 마음에 들까요

    님이여!
    난 연약한 종일 뿐이오니
    불쌍히만 여겨 주세요[86]

    권태진 목사는 '시작노트'에서 '님이여'라는 시에 대한 자신의 심경을 다
음과 같이 토로하고 있다. 주님 앞에 발가벗겨진 인간의 모습으로 위선

---

86) 권태진, 시작노트01 《너의 새날을 위하여》, 성빛출판사, 경기 2015, 213쪽.

없이 살기를 소원하는 마음이 잔잔한 감동으로 다가온다.

님!

저에게 님은 예수님, 하나님, 성령님입니다. 모든 것 다 아시는 예수님, 생각을 아시고 과거를 아시고 현재까지도 다 아시는 주님입니다. 우물가에서 만난 범죄한 이방 여인도 남편이 몇 명 있었는지, 어떤 삶을 살았는지 모든 것을 알아보시는 분이 예수님입니다.

다 아시는 분 앞에서는 위선을 떨 수 없습니다. 주님 앞에서는 오로지 진실하게, 있는 그대로 기도하고 자신을 열어 보이는 것이 가장 큰 실력입니다.

님이여! 지금 이 순간에도 그 이름 외치며 주님 앞에 항복합니다.[87]

---

87) 권태진, 시작노트01 《너의 새날을 위하여》, 212쪽.

제6장

권태진 목사에게 듣는다

– 이 글은 저자 문성모 목사가 권태진 목사를 만나서 나눈 여러 번의 대화 내용을 정리
한 것이다.

1. 목사님은 스스로를 어떤 목회자라고 생각하는지요?

저는 목회에 대한 재주도 없었고, 가진 자산도 없었습니다. 설교에 대한 특별한 능력도 없습니다. 그저 하나님이 무능한 저를 사랑하시어 복을 주시고 잘되게 해주셨다고 믿습니다. 무능한 자가 가는 곳마다 복을 받고 하는 일마다 열매를 거두었다는 면에서 보면 저는 이삭 같은 존재가 아닌가 생각됩니다. 또 한편으로 지금까지 고생한 것을 회상해 보면 야곱이 나중에 바로에게 했던 "험악한 세월을 보냈습니다"라는 고백이 저절로 나옵니다. 야곱이 고생을 참 많이 했지만 하나님께서 나중에 인생역전을 만드신 것처럼, 저도 고생이란 고생을 모두 해 보았습니다. 그런 저의 인생도 하나님의 은혜 안에서 인생역전이란 말이 어울릴 것 같습니다. 못생긴 나무가 고목이 되어 산을 이루는 것처럼, 한자리에서 세월의 풍파를 견뎌내니 하나님께서 오늘을 있게 하셨습니다.

2. 어린 시절 어머니에 대한 기억을 말씀해 주세요.

어머니는 나의 성이고, 보호자이며, 옥토었습니다. 제가 세 살 때 아비지가 돌아가셨습니다. 어머니는 20대에 과부가 되어 저와 형, 두 형제를 키우셨습니다. 어린 시절 작은할아버지가 저의 집에 와서 재혼하라고 설득하시는 소리를 들었습니다. 어머니더러 재혼하라면서 아이들은 부잣집 머슴으로 보내면 먹을 것 걱정은 안 할 것이라고 했습니다. 그러나 어머니는 두 아들을 위해 재혼을 거절하고 갖은 고생을 다 하셨습니다. 어머니는 저희 형제를 위해 인생을 희생하며 사셨습니다. 어머니 생각만 하면 저는 목이 메입니다. 어머니의 사랑으로 제가 사람이 되었습니다. 어려운 인생의 고비마다 어머니 생각을 하며 실망시켜 드리지 않으려고 참고 견디어서 여기까지 왔습니다.

3. 청소년기에 질병 가운데서 거듭남의 체험을 했다는 이야기가 감동적입니다. 좀 더 자세하게 그 상황을 말씀해 주세요.

그땐 아픔이었지만 지나고 보니 하나님의 부르심이었습니다. 어려운 시절을 겪은 것이 오히려 복이라고 생각합니다. 가난하던 사춘기 시절에 폐결핵에 걸렸습니다. 아버지도 안 계시고 가난한데 병까지 들어 미래가 보이지 않던 시절이었으니 제 인생이 벼랑 끝에 선 것 같았습니다. 정말 하나님이 저를 불러 주시지 않았다면 자살했을지도 모르고 폐인이 되었을지도 모릅니다. 내 힘으로 아무것도 할 수 없어서 인생을 포기했을 때, 교회 종소리가 들려왔습니다. 참 이상한 일입니다. 교회 종소리는 언제나 들렸는데 그날 종소리는 마치 나더러 오라고 부르는 하나님의 음성 같았습니다. 알 수 없는 힘에 이끌려 예배당을 찾았습니다. 그리고 교회 부흥회 때 주님을 영접하는 거듭남의 경험을 했습니다. 하나님이 저를 버리지 않으시고 언제나 지켜보고 계신다는 사실을 깨달은 후에는 삶에 대한 두려움도 없어졌고 몸도 점점 좋아졌습니다. 찬송이 그렇게 달게 느껴질 수 없었고 마음 깊은 곳에서 나오는 기도는 정말 처절했죠. 말씀은 마치 주님의 속삭임처럼 들렸습니다. 그때 그 감격으로 살 수만 있다면 너무 행복할 것 같습니다.

4. "신학교 가서 목사가 돼라"는 권유를 처음에 들었을 때 심정이 어땠습니까?

신학교 가라는 말씀을 제가 집사로 있을 때 교회 목사님이 해주셨습니다. 어렸을 때 서원한 기억도 다 잊고 살았는데, 결국은 서원한 대로 되고 말았습니다. 먹고살기도 바쁜 시절에 신학 공부를 한다는 건 당시로선 상상도 못할 일이었습니다. 또 내가 목사가 된다니, 그런 어불성설도 없다고 생각했습니다. 그런데도 제가 신학교에 간 것은 저의 의지라기보다는 성령님의 인도하심이었다고 생각합니다. 제가 인간적인 생각으로 이것저것 따졌다면 신학교에 절대 못 갔을 겁니다. 신학 공부를 하는 중에도 목사 될 생각보다는 그저 성경을 깊이 연구하고 교육을 받는다는 사실이 마냥 즐거웠습니다. 목사 안수를 받을 때까지도 목사가 되는 것이 두려워서 회피하려고 했습니다. 자격이 없는 자가 하나님의 은혜로 목사가 되었으니 충성하겠다는 마음뿐이었습니다.

5. 어떻게 개척 초기에 천막을 치고 목회할 생각을 하셨는지요?

어느 교회가 어려워져서 교회를 인수할 사람을 찾는다는 광고를 보고 버스를 타고 무작정 찾아가던 중이었죠. 사실 의욕만 있었지 교회를 인수할 돈도 없었으니 그냥 예배당이나 보자는 마음으로 나섰지요. 그렇게 버스를 타고 가던 중에 잘못 내려서 군포역 주변을 지나가는데 벽돌집 건물이 눈에 띄었습니다. 교회를 개척하면 좋을 건물이었습니다. 하지만 돈이 한 푼도 없으니 어떻게 세를 얻을 수 있겠습니까. 거기서 기도하는데 맞은편에 쓸모없는 땅이 눈에 들어왔고 그곳에 엎드려서 하나님께 간구했습니다. 이곳에서 교회를 시작할 테니 도와달라고 말입니다. 쓰레기 더미를 다 치우고 천막을 치고 교회를 시작한 것이 엊그제 같습니다. 군포제일교회의 시작은 하나님이 하신 것입니다.

6. 예배당을 아홉 번이나 옮기면서 오늘의 군포제일교회가 되었습니다. 예배당 지을 때의 심경을 말씀해 주세요.

예배당을 지을 때마다 새로 개척한다는 심정이었습니다. 항상 빚을 내 건물을 매입하고 건축했는데, 그때마다 하나님께서는 사람을 통하여 필요한 만큼의 재정을 채워 주셨습니다. 예배당 건축은 우리 교인들이 정말 희생적으로 물질을 바치고 헌신하여 이룩한 것입니다. 그렇게 헌신한 교인들이 하나님의 축복 가운데서 더욱 물질의 복을 받고 가정이 형통하고 믿음이 성장했습니다. 모든 것 위에 하나님의 인도하심과 섭리가 있었습니다. 감사할 따름입니다.

7. 목회 중 가장 힘들었던 때는 언제입니까? 또 어떻게 극복하셨는지요?

목사는 돈보다 사람 때문에 힘들어집니다. 교회가 한창 부흥하고 성장하던 1980년대 말 예배당을 처음으로 건축하고 셋방살이를 면하여 기뻐하고 있을 때, 교인 몇 사람이 제가 교회 재정을 투명하게 하지 않는다는 소문을 퍼트리며 불평을 했습니다. 목사가 돈 문제로 구설수에 올랐다는 것도 서글픈데, 믿었던 중직 교인들이 헛소문의 진원지임을 확인했을 때는 정말이지 목회가 하기 싫어졌습니다. 이대로는 더 이상 목회가 어려울 것 같아 용단을 내렸습니다. 나에 대한 신임투표를 제안한 것입니다. 그 결과 200명 가까운 교인 중 불신임은 단 3표밖에 없었습니다. 이후로 교회는 더 일치단결했고 부흥할 수 있었습니다. 지금도 저를 불신임한 교인들을 생각하면 마음이 아픕니다. 좀 더 잘했다면 그런 일이 없었을 텐데, 모두 저의 부덕의 소치입니다. 제 머리에서 떠나지 않는 그 사건으로 인해 더 정신 차리고 하나님 앞에 성실하게 목회하려고 노력했습니다. 저는 모든 행정을 당회원들과 먼저 상의합니다. 특히 재정 문제는 제가 관여하지 않고 재정부에 일임합니다. 그 후로는 한 번도 교회에 어려운 일이 없었고 당회를 비롯해서 모든 교인과도 두터운 신뢰를 쌓으며 지금까지 행복한 목회를 하고 있습니다.

8. 목회 생활 중 가장 행복했던 때는 언제였는지요?

아마도 전세로 살다가 예배당을 처음으로 건축했을 때가 아닐까 합니다. 마치 우리 집이 전세로 살다가 새 아파트 하나 장만해서 이사하는 것 같은 기분이었습니다. 전세살이가 무척 힘들고 서러웠는데 이제는 아무 방해도 간섭도 받지 않고 예배드릴 수 있는 공간이 생겼으니 교인들과 함께 춤을 춰도 모자랄 정도로 기쁘고 행복했습니다. 그런데 이 감격은 그 후로 예배당을 새로 건축할 때마다 반복되었습니다.

9. 목사님의 목회 중 가장 보람 있는 사역은 무엇입니까?

가장 보람 있는 사역은 무엇보다 군포제일교회를 건강하게 성장시킨 것입니다. 그리고 사단법인 성민원이 사회복지의 큰 나무로 자란 것입니다. 성민원을 할 수 있도록 하나님이 지혜도 주셨고 환경도 주셨습니다. 너무 감사합니다. 사실 저희 교회보다 크고 잘하는 교회가 많습니다. 그러나 성민원의 복지사역만큼은 한국 최고라는 자부심이 있습니다. 어느 교회도 성민원 같은 복지사역을 법인화하여 한 지역의 복지를 책임지는 최고의 복지기관으로 만든 경우는 많지 않습니다. 성민원의 복지사역은 우리 교회의 자랑이요 군포 지역의 축복이요 한국 복지의 모범입니다. 네 이웃을 네 몸처럼 사랑하라고 하신 주님의 말씀을 따라서 최선을 다하고자 했고 앞으로도 할 일이 많습니다. 저는 자랑거리가 별로 없지만 성민원 사역은 교회와 지역사회의 자랑입니다.

10. 복지를 위한 사역을 하겠다는 계획은 언제부터 갖게 되었는지요?

사실 복지를 위해서 목회를 시작하지는 않았습니다. 그리고 복지가 무엇인지도 몰랐고요. 다만, 제가 가난하고 병치레를 하며 자랐기 때문에 제 마음에는 늘 가난하고 병든 자들에 대한 연민이 있었습니다. 목회 초기 동네 할아버지들이 공터에 모여 장기를 두고 계시는데 옆에 앉아 말동무도 되어 주고 사는 이야기도 나누고 했습니다. 그러다 문득 이들을 위해 무엇인가 해야겠다는 생각이 들어서 월요일마다 할아버지들께 식사 대접을 했습니다. 그것이 시작이 되어 노인대학을 개설해 말씀도 들려주고 교양 강좌도 하고 소일하도록 운동이나 건강관리 프로그램도 만들었습니다. 이런 것들이 불씨가 되어 지금은 복지하는 교회로 소문이 났습니다.

11. 목사님의 목회에서 가장 큰 사회적 영향은 사단법인 성민원의 설립일 것입니다. 어떻게 만드셨는지요?

성민원의 설립은 교회가 복지를 전담해서는 안 된다는 생각에서 별도의 법인을 만든 것입니다. 교회의 이름으로 복지사역을 하니까 오해를 받았습니다. 우리는 진심으로 어려운 이웃을 돕기 위해 아무 대가 없이 봉사를 했지만, 주위의 시선은 교회가 전도의 일환으로 선심을 쓴다고 생각했습니다. 사실 복지를 위한 사역에 그런 마음은 없었습니다. 그저 교회가 하는 일이 고마워서 스스로 교회를 찾아오면 너무 감사한 일이지만, 교회 출석을 강요하거나 하는 일은 없었습니다. 이런 오해를 받지 않으려면 교회가 아닌 다른 이름으로 복지사역을 해야 했습니다. 그래서 '거룩한 백성들의 모임'이라는 뜻으로 '성민원'이라 짓고 교회가 인력과 재정을 지원하되 교회 이름이 아니라 성민원이라는 이름으로 복지사역을 하게 되었습니다. 그랬더니 반응도 좋고 성민원의 이미지도 향상되면서 군포 지역의 믿지 않는 사람들이 관심을 가지기 시작했습니다. 그리고 성민원의 사역은 교회가 배경이었다는 것이 알려지면서 교회도 함께 부흥했습니다.

12. 목사님의 노인복지에 대한 생각은 남다르십니다. 오늘날
우리 사회가 노인복지를 어떻게 해야 한다고 생각하는지요?

지금의 노인 세대는 정말 불쌍한 어르신들입니다. 현대사의 가장 어려운 시기에 조국을 위해 전쟁을 치렀고, 경제 부흥을 위해 허리띠를 졸라맸고, 자식들 공부시키기 위해 갖은 고생을 다하며 살았습니다. 그런데 노년에 와서는 자식들에게 외면당하고 사회적으로 천대받고 있습니다. 사실 국가가 이 노년층을 위해서 많은 노력을 해야 합니다. 문제는 노령 인구가 점점 많아져서 국가의 힘만으로는 감당하기 어려운 형편이라는 것입니다. 노년층을 위한 복지는 무궁무진합니다. 할 일이 너무 많습니다. 교회의 제일가는 선교 사업으로 이제는 젊은이와 노년이 상생하는 복지를 생각할 때라고 봅니다. 노인을 통해 젊은이들은 역사를 배우고, 노인들은 자라나는 청소년을 보며 꿈을 찾는 상호 교류적인 사역이 성민원 안에서 이루어지고 있습니다. 성민원이 모범을 보이고 물꼬를 텄으니 한국 교회와 그 노하우를 공유했으면 좋겠습니다. 한국의 모든 교회가 발등에 떨어진 불과 같은 노인 복지 문제를 힘을 모아 해결해 나가기를 소원합니다.

13. 앞으로 성민원의 계획이나 비전이 있다면 말씀해 주세요.

노인복지의 저변 확대를 위해서 교회를 계몽하는 일을 해 볼까 합니다. 복지에 대한 군포제일교회의 사역을 소개하고 성민원의 내부를 공개하여 복지사역을 하고자 하는 교회를 도울 것입니다. 그리고 아동과 청소년 복지에도 주력할 것입니다. 세계화에 대비하고 복지를 위해 청소년들에게

꿈을 심어 주는 대안학교도 생각하고 있습니다. 사실 한국 사회는 노인 문제뿐만 아니라 청소년 문제도 심각합니다. 그리고 전통적인 가족 개념이 깨지면서 핵가족을 넘어서 이제는 혼자 사는 인구가 절반을 넘어서려 하고 있습니다. 제 생각에는 정상적인 가정을 벗어난 사람들 모두가 복지의 대상입니다. 한국 사회가 건강하려면 개인이 행복한 삶을 영위해야 하는데, 이를 위해 성민원이 더 노력하겠습니다.

14. 군포제일교회 예루살렘 예배당의 외관이 아주 독특합니다. 어떤 생각으로 설계하셨는지요?

지금의 예배당 외관은 양쪽 두 기둥이 중심인데, 이스라엘 백성의 광야 생활을 인도한 하나님의 불기둥과 구름기둥을 상징합니다. 또한 중앙에는 천사의 양각나팔을 형상화하여, 세계로 복음이 전파됨을 나타냈습니다. 하나님의 인도와 임재를 상징하는 것입니다. 광야 생활 같은 현실 속에서 불기둥과 구름기둥으로 인도하시는 하나님의 돌보심을 교회에 올 때마다 느꼈으면 했습니다.

15. 오늘날 한국 교회에서 이뤄지는 설교의 문제점은 무엇이라고 생각합니까?

제가 평생을 설교자로 살긴 했지만 별로 자랑할 거리는 없습니다. 설교를 잘한다고 생각하지도 않고요. 그저 교인들이 부족한 종의 설교를 잘 들어주니 감사할 따름입니다. 제 설교를 듣고 은혜 받고 기적을 체험했다는 성도들을 만날 때마다 부끄럽습니다. 하나님이 다 하셨습니다. 저는 강해설교를 합니다. 한국 교회가 모두 강해설교를 할 수는 없지만 저는 강해설교로 교회가 복음 위에 바로 서고 성장했다고 봅니다. 오늘날 한국 교회 강단에서 선포되는 설교를 보면, 본문 하나 읽어 놓고 정치 이야기, 사회정의 이야기, 신문기사 이야기, 사오정 이야기 등에 시간을 너무 많이 할애합니다. 성경 말씀이 설교자 개인의 주장을 펴기 위해 이용되는 그런 설교는 좋지 않습니다. 진솔하게 하나님의 말씀을 풀어서 하나하나 영의 양식을 먹이면 교인들이 그 말씀을 먹고 믿음이 성장할 것입니다. 그리고 설교는 테크닉이 아니라 생활에 모범이 되는 설교여야 합니다. 윤리적으로 지탄 받는 설교자가 전하는 말씀을 누가 듣겠습니까? 말씀을 전한 대로 설교자도 살고자 노력하며 하나님의 은총을 구해야 합니다.

16. 설교 준비는 어떻게 하시는지 궁금합니다.

저는 늘 머릿속에 여러 개 본문을 넣고 다닙니다. 일상에서 그 본문이 주는 메시지를 받으려고 노력합니다. 그러다 일상을 사는 동안 여러 가지 삶의 파편들이 예화가 되고 설교에 인용되면 감동이 됩니다. 예수님의 산상수훈도 주변의 환경이 예화가 되고 비유의 말씀이 되었듯이 저의 삶이 모아져서 설교의 살이 되고 예화가 되기를 바라면서 노력하고 있습니다. 설교는 삶이니까 우선 말씀대로 바르게 잘 살면 좋은 설교가 만들어진다고 봅니다. 삶에서 나오는 설교는 실패할 확률이 거의 없습니다. 설교학적으로 저의 설교는 부족합니다. 그러나 사도행전의 설교를 설교학적으로 분석할 필요가 없듯이 설교에 서론, 본론, 결론 등의 구분을 잘하는 것도 귀하지만, 물 흐르듯이 자연스럽게 흘러가는 설교도 좋습니다. 그리고 맛있기로 소문난 식당의 특별 메뉴보다는 가정에서 매일 먹는 밥 같은 설교도 좋습니다. 아무리 먹어도 물리지 않고, 먹을수록 건강해지니까요. 제 설교도 그런 설교라고 생각합니다. 설교 준비는 아무리 해도 어렵고 무거운 짐 같습니다. 그럼에도 강단에 서는 것이 제겐 행복입니다.

17. 목사님은 시인으로서 벌써 2천 편도 넘는 시를 쓰신 것으로 알고 있습니다. 어떤 심경으로 시를 쓰는지 알고 싶습니다.

저는 주로 설교를 준비하면서, 또는 예배가 끝난 후에 시를 씁니다. 설교 말씀이 시로 정리되는 경우가 많습니다. 시를 쓸 때는 마음에 거짓이 없고 정직합니다. 죄악 된 마음이 정리되어 한없이 순수해집니다. 설교를 하면 아무래도 내가 드러나고 주목을 받는데, 시를 쓸 때면 내가 감추어지고 낮아집니다. 설교는 사람 앞에 서는 것이라면 시는 하나님 앞에 무릎을 꿇는 것입니다.

18. 목사님의 시 중에서 가장 아끼는 시는 무엇입니까?

지금까지 2천 편이 넘는 시를 썼습니다. 그중에서 하나를 고르라면 '목사는 무엇입니까'라는 시를 꼽겠습니다. 저를 돌아보며 주님께 기도하는 가운데 쓴 시입니다. 이 시는 2004년에 발행된 《당신은 나의 날개》라는 시집에 있습니다. 제가 GoodTV 〈시인의 언덕〉이라는 프로그램에 6년여 동안 출연하여 저의 시 세계를 소개하는 시간을 가졌는데, 그때 소개한 시입니다.

19. 사모님을 무척 사랑하신다는 소문이 자자합니다. 사모님에 대해서 말씀해 주세요.

저의 아내는 저의 인생입니다. 가난한 전도사를 만나서 지금까지 고생만 했습니다. 본래 건강이 좋지 않았는데 너무 어려운 살림살이를 하느라 더 나빠졌습니다. 아내가 아니었다면 제가 목회를 어떻게 했겠습니까? 제 목회의 절반은 우리 집사람의 몫입니다. 어떤 때는 끼니가 없어서 굶기도 했고, 천정에 뚫린 구멍으로 별이 보이는 사택 아닌 사택에서 생활하며 추위와 싸운 적도 있습니다. 그래도 불평 한마디 없이 저를 위해 힘을 보태 주고 격려해 주고 용기를 준 아내를 정말 사랑합니다. 이제 조금 아내에게 진 빚을 갚을 수 있을 것 같습니다. 지금은 물질적으로나 교회적으로나 고생은 안 하고 살 수 있으니 감사할 따름입니다. 아내에게 조금 더 잘해 주어야 하는데 제가 본래 경상도 사람이라 잔정이 없습니다. 말씨도 다정하지 못하고요. 항상 아내에게 빚진 마음으로 더 사랑하고 아껴 주고 싶습니다.

20. 한국 교회가 위기 상황이라고 합니다. 무엇이 문제이고 어떻게 해야 할지 고언을 부탁드립니다.

위기 상황이긴 합니다. 분쟁이 있는 교회도 많고, 교인 수도 줄어들고, 더구나 한국 사회의 인구도 줄어들고 있습니다. 그러나 부흥하는 교회는 여전히 부흥하고 화목한 교회는 여전히 화평합니다. 위기를 기회로 생각하는 생각의 전환이 우선 중요합니다. 한국 교회의 긍정적인 면도 많은데 자꾸 부정적인 이야기를 해서는 안 됩니다. 몇몇 목사들이 잘못하지만 대부분의 목회자들이 건강하게 목회하고 있고, 문제 있는 교회도 있지만 건강한 교회도 얼마든지 있습니다. 하나님께서는 한국 교회를 버리시지 않았습니다. 아직 기회가 있습니다. 최선을 다해 하나님께 기도하고 노력하면 지금 천만 성도가 1200만, 1500만 성도로 성장할 수 있다고 확신합니다. 교회가 건강하면 이단들도 침투할 수 없습니다. 안티 기독교 세력들이 하는 말에 주눅 들지 말고 힘을 합쳐 개혁하고 성장하는 한국 교회가 되었으면 좋겠습니다. 먼저 교회 지도자들이 정신을 차리고 종교개혁의 정신을 살려서 부정과 부패를 교회 안에서 몰아내야 합니다. 지도자들이 먼저 회개하고 하나님의 정신대로 바로 서면 한국 교회는 살아날 수 있습니다. 한국의 교인들은 너무 착하고 양질의 성도들이기 때문입니다.

21. 목사님의 목회 철학이 된 아비목회에 대하여 듣고 싶습니다.

저는 일찌감치 아버지를 여의어서 아버지의 사랑을 알지 못합니다. 그런 제게 하나님이 저의 아버지가 되어 주셨습니다. 아버지 하나님의 사랑은 무한하고 변함이 없으십니다. 그런데 저에게 아버지 하나님의 사랑은 때로 채찍과 고난으로 언단하시는 사랑이기도 합니다. 이것이 어머니의 사랑과 다른 점이라고 생각합니다. 아비목회는 아버지의 이 사랑을 목회에 반영한 것입니다. 교인들을 무한히 사랑하고 변함없이 사랑하지만, 바른 믿음 생활을 독려하기 위해 엄한 훈계도 해야 하는 것이지요. 요즘 가정이든 학교든 매를 드는 일이 없습니다. 그래서 아이들의 버릇이 없어졌다는 말을 듣습니다. 교회 역시 매를 들지 않습니다. 교인을 빼앗길까 하는 염려 때문이지요. 그러나 교인들 눈치나 보면서 목회를 해서는 안 된다고 생각합니다. 하나님의 백성을 만드는 것이 목회라면 하나님 아버지의 사랑과 훈계의 방법으로 사랑해야 하는 것입니다.

22. 목사님은 '전도인'이라는 독특한 제도를 만들어 교회 사역자로 세우셨습니다. 전도인 제도란 무엇입니까?

전도인은 목회 초기에 제가 평신도들을 훈련시켜 세운 것입니다. 믿음은 있지만 어려움이 있는 가정을 보호하기 위해 만든 제도입니다. 먼저 무너진 심령과 가정을 일으켜 세운 후, 그 받은 사랑의 에너지를 성도들에게 쏟을 수 있도록 했습니다. 흔히 교회가 전도사를 초빙하여 교회 일을 맡깁니다. 그런데 전도사들은 언젠가 여러 가지 이유로 교회를 떠나게 됩니다. 그러면 그 자리를 또 다른 전도사가 와서 메워야 하는데, 그러기까지 적응하는 시간이 필요합니다. 일의 연속성도 깨지고 후유증도 있습니다. 그래서 교인 중에서 일꾼을 세워 '전도인'이라는 직책을 주고 심방과 교구의 일을 맡겼습니다. 전도인은 목사와 교인들 사이에서 가교 역할을 합니다. 목사의 의중을 전달하고 교인들의 기도 제목을 목사에게 보고합니다. 열심과 충성으로 교인들을 돌보니 효과도 아주 좋습니다. 이 전도인 제도를 한국 교회가 공유해도 좋을 것 같습니다.

23. 오늘날 한국의 신학 교육이 어떻게 변해야 한다고 생각하십니까?

오늘날 신학 교육은 너무 이론에 치우쳐 있습니다. 그 이론이란 것도 몇백 년 전의 이론을 주입식으로 전하고 있지요. 실제로 신학교를 나와 목회를 시작하면 배운 것 중에 도움이 되는 것이 거의 없습니다. 새로 배우고 시행착오를 거치면서 목회의 노하우를 쌓아 가야 합니다. 이제는 신학 교육이 현장 교육을 담을 필요가 있습니다. 신학생들의 대부분이 목회를 하려는 사람들이니 목회 현장에서 어떻게 해야 하는지를 배워야 합니다. 설교도 설교학적인 이론보다는 실제 목회를 위한 설교론이 필요합니다.

목회는 또 인간관계입니다. 그런데 이런 것을 가르치는 경우는 거의 미미하지요. 신학 교육과 목회 현장이 좀 더 가까워지면 좋겠습니다. 그러기 위해서는 목회자와 신학 교수가 만나고 대화하는 장이 많아져야 하고, 토론의 시간도 자주 있어야겠습니다. 목회는 이상이 아니라 현실입니다. 이상을 포기하면 안 되지만 현실을 무시한 이상은 성공할 수 없습니다.

24. 교계의 연합과 일치를 위해 많은 노력을 하신 걸로 아는데, 교회 연합의 전망을 말씀해 주세요.

그동안 교계 연합 사업을 참 많이 했습니다. 배운 것도 많지만 아쉬운 점도 많았습니다. 한국 교회를 향한 비난 중 하나는 분열입니다. 그래서 이를 극복하기 위한 노력을 게을리 해선 안 됩니다. 그런데 연합 사업이 그 초심을 잃어버리고 누가 회장이 되고 대표가 되느냐에만 관심을 집중하고 있어 마음이 아픕니다. 연합 사업은 오로지 한국 교회의 연합이 목표여야 합니다. 누군가에게 감투를 씌워 주기 위해 존재해선 안 됩니다. 한편, 연합 사업이 아무리 급해도 이단적인 교단까지 끌어들이면 안 된다고 봅니다. 이단성이 있는 집단이 가령 장로교라는 간판을 걸고 연합 사업에 들어와 회장이 되고 임원이 되면 한국 교회가 어떻게 되겠습니까? 교회는 복음에 있어서 절대 타협이 없어야 합니다. 연합보다 중요한 것은

223

복음의 순수성을 지키는 일입니다.

25. 끝으로 후배 목사들에게 하실 말씀이 있다면요.

먼저 성경으로 돌아가기를 바랍니다. 성경적 가치관 안에서 얻은 꿈으로 목회의 목적을 분명히 했으면 좋겠습니다. 한국 교회와 목회자들에게 나타나는 문제들은 복음적 가치관이 사라지면서 나타나는 현상입니다. 성경을 많이 읽으십시오. 개혁의 에너지가 그 속에 있습니다. 꿈을 가지고 목회하라는 말씀을 드리고 싶습니다. 목회자가 꿈을 잃어버리면 한국 교회는 희망이 없습니다. 앞으로 점점 더 목회 현장은 어려워질 것입니다. 그러나 생각해 보면 모든 분야가 다 마찬가지입니다. 꿈을 가지고 도전하고 하나님의 사랑과 능력을 의지하면 반드시 길이 보이고 꿈이 실현되고 목회의 비전이 이루어질 것이라고 믿습니다.

제7장

권태진 목사를 말한다

1. 이순선 권사 군포제일교회 등록 1호 교인

2. 현관섭 장로 개척 천막교회 출석 교인, 선일감리교회

3. 정인찬 목사 웨스트민스터신학대학원대학교 총장

4. 박위근 목사 염천교회 원로, 한국교회연합 증경대표회장

5. 양병희 목사 영안교회, 한국교회연합 증경대표회장

6. 김삼환 목사 명성교회 원로, 예장통합 증경총회장

7. 장종현 목사 백석대학교 설립자

8. 류태영 장로 소망교회 원로, 농촌 · 청소년미래재단 이사장

9. 손덕식 목사 한국목회자건강연구소 소장

10. 고훈 목사 안산제일교회 원로

11. 김기원 목사 장위제일교회 원로, (사)한국기독문화예술연합회 총재

12. 박용구 장로 군포제일교회, 안양시관악장애인종합복지관 관장

13. 최용석 장로 군포제일교회, 성민노인복지센터 시설장

14. 김래성 목사 군포제일교회 부목사

15. 신수진 목사 군포제일교회 부목사

16. 유명숙 권사 군포제일교회 전도인

17. 이남숙 권사 군포제일교회 전도인

18. 최복란 권사 군포제일교회 전도인

19. 이정숙 권사 군포제일교회 전도인

20. 유선희 집사 군포제일교회 전도인

21. 정유정 집사 군포제일교회 전도인

22. 이기순 집사 군포제일교회 선교원 원목

23. 정원모 집사 군포제일교회

24. 김정호 집사 군포시니어클럽 시설장

25. 김희숙 집사 성민재가노인복지센터 시설장

26. 김윤주 시장 군포시장

27. 박현태 대표 포럼 '전통과미래', 초대 군포예총 회장

28. 육종철 이사장 (사)경기원로회

29. 오동춘 장로 화성교회 원로, 짚신문학회 회장

30. 김윤기 목사 은천교회

31. 김호연 집사 군포제일교회

32. 이태희 목사 성복교회, (사)민족복음화운동본부 총재

33. 이석진 의장 군포시의회

34. 정서영 목사 총신중앙교회, 한국교회연합 대표회장

35. 권영해 장로 수원안디옥교회, 전 국방부장관

36. 최낙중 목사 해오름교회

37. 손평업 목사 초원교회, 법무법인 '소망' 대표

38. 고세진 목사 전 아세아연합신학대학교 총장

* 군포제일교회의 교인과 지인들이 권태진 목사를 경험한 바를 글로 쓴 것을 모았다. 본문에서 설명하지 못한 권태진 목사의 인간적인 면과 목회자나 시인으로서의 진면목을 만나 볼 수 있을 것이다. 글의 순서는 원고 도착 순으로 하였지만, 첫 번째(이순선)와 두 번째(현관섭) 글은 군포제일교회 개척 당시 교인들의 소중한 경험담이므로 앞에 실었다. 저자의 재량으로 너무 긴 글은 줄이고 문맥의 통일성을 위해 수정한 부분도 있음을 밝힌다.

1. 처음 사랑을 회상하며

—이순선(권사, 군포제일교회 등록 1호 교인)

1978년 10월 18일, 나와 언니 그리고 친구와 함께 새벽예배를 드리러 천막교회에 갔다. 천막 문 앞에 다다르자 찬송 소리가 힘차게 들려왔다. 그런데 들어가 보니 찬송을 부르는 사람은 담임목사님과 사모님 두 분뿐이었다. 그렇게 천막교회에서 첫 예배를 드린 후 우리는 교회에 등록을 했다. 그때 처음 본 목사님은 인상도 참 인자하셨을 뿐 아니라 말씀을 힘 있게 선포하셨다. 매번 은혜가 충만한 예배를 드릴 수 있었다. 사모님도 개척교회라 매우 힘든 사정이었을 텐데 항상 챙겨 주시고 아낌없이 베푸셨다.

목사님과 사모님은 부모님처럼 깊은 관심과 사랑으로 항상 우리를 만나 주셨다. 그리고 강단에서 "처음은 미약하나 네 나중은 창대하리라"는 말씀을 전하시며 하나님께서 베푸실 축복을 기대하게 하셨다. 교회가 부흥할 때마다 큰 환난과 시험이 왔지만 그때마다 하나님께서는 목사님과 함께하셨다. 그리고 시간이 흐를수록 목사님과 사모님을 통하여 하나님의 역사가 이루어지는 것을 체험할 수 있었다. 또한 부족한 나에게도 말씀을 통해 시험 가운데서 이길 수 있는 힘을 주시며 비전을 주셨다.

목사님은 가정과 교회와 나라의 미래를 늘 생각하셨으며 어린 생명들이 말씀 안에서 잘 자랄 수 있도록 하기 위해 1982년 선교원을 개원했다. 교회 예배당 건축 관계로 선교원의 지속적인 운영이 어려워지자 목사님은 나에게 선교신학을 공부하여 선교원 교사가 되라고 하셨다. 1984년, 예배당 건축으로 선교원을 한 해 휴원했다가 1985년에 다시 원생을 받았다. 1986년, 선교원이 재개원했을 때 목사님은 나를 원목으로 세워 주셨다. 목사님은 내가 원목으로서 사명을 잘 감당할 수 있도록 늘 기도해 주시며 힘이 되어 주셨다. 아무리 바쁜 일정이 있어도 목사님과 사모님은 언제나 선교원 소풍과 캠프 장소에 함께해 주셨다. "아이들은 잘 먹어야 건강하게 자란다"면서 과일과 맛있는 음식을 풍성하게 사 오기도 하셨다. 목사님과 사모님은 선교원 아이들을 자녀처럼 사랑으로 만나 주셨고, 아이들이 가정과 교회의 보배로 성장하도록 늘 기도해 주셨다.

나는 그 모든 과정을 겪고 지켜본 사람으로서 목사님과 사모님을 만난 것은 내 인생의 축복이었음을 진심을 다해 고백한다.

나는 선교원 원목을 하던 중 노인학교의 율동 강사로도 쓰임 받을 수 있었다. 더불어 사회복지를 공부할 수 있도록 배려해 주셔서 현재는 성민요양원 원장을 맡아 어르신들이 천국의 소망을 가지고 살아갈 수 있도록 기도하며 섬기고 있다. 이제 나는 담임목사님께 받은 사랑을 자녀와 손자, 후손에게 전해 줄 수 있도록 성숙한 자녀로 주님 앞에 서길 소원한다.

2. 천막에서 시작된 은혜

— 현관섭(개척 천막교회 출석 교인, 선일감리교회 장로)

"폐결핵입니다."

1978년 현대양행에 입사하기 직전에 이 같은 진단을 받았다. 낙심한 마음으로 약국에 약을 사러 갔다가 군포제일교회 전도지를 보았다. 그 전도지를 들고 교회를 찾아갔는데 아카시아나무 옆으로 쓰레기, 연탄재가 질퍽거리는 장소에 천막이 하나 쳐져 있었다. 세상에, 그것이 교회라고는 상상도 못했다. 하얀 천막이 누렇게 바랬고 안에는 주황빛 전등이 하나

달려 있었다. 사람이라고는 아무도 없이 철제 책상으로 된 강대상과 풍금 한 대만 덩그러니 놓여 있고 바닥에는 가마니 같은 것이 깔려 있었다. 꼭 군 생활에서 경험했던 야외 천막 같아서 무서운 생각까지 들었다. 난 그곳을 뒤로하고 곧바로 하숙집으로 돌아왔다.

이튿날 근무를 마치고 퇴근을 하는데 이상하게도 내 발걸음이 저절로 그 천막교회로 옮겨졌다. 지금도 그 당시 천막교회를 생각하면 가슴이 울렁거린다. 추수감사절이 되기 일주일 전에 그 교회에 처음 갔다. 내 나이와 비슷한 목사님과 청년 5~6명이 모여 예배를 드리고 있었다. 야간 근무를 마치고 매우 피곤한 상태에서 예배를 드렸는데도 목사님의 설교를 듣는 순간 정신이 번쩍 들 정도로 힘이 났다. 그다음 주일에도 교회에 갔더니 추수감사주일이라고 하면서 과일과 떡을 내놓으며 같이 먹자고 했다. "제가 결핵이라 따로 먹어야 합니다" 하고 사실대로 고백하며 약을 보여 드렸더니 목사님이 "괜찮아, 같이 먹어. 그리고 그 약은 먹지 마!" 하셨다. 그동안 '현 선생'이라 부르며 깍듯이 대해 주던 목사님이 처음으로 반말을 하셨다. 한참 지나서야 깨달았지만 그때 이미 결핵이 나갔던 것이다. 이후로 결핵약을 먹지 않았고 6개월 후 재검사를 했을 때 의사는 깨끗이 나았다고 말했다. 목사님의 말씀이 그 정도로 권세가 있음을, 그리고 하나님이 살아 계심을 나는 그때 처음으로 알았다.

그로부터 며칠 후 천막교회가 헐렸다. 남은 것은 풍금, 강대상, 십자가뿐이었다. 그 후 교회는 가정집으로 이사를 했다. 그 해 겨울 가정집 교회를 드나들면서 목사님과 많은 대화를 나누었고 하나님 앞에서 바른 물질관과 이성관을 세울 수 있었다.

하루는 월급을 받아서 교회에 왔는데 가만히 보니 몇몇 여자 청년들이 십일조를 드리는 것이 보였다. 그래서 나도 십일조를 챙겨 봉투에 넣고 이걸 드릴까 말까 고민하다가 드렸다. 예배 후 목사님이 부르셔서 갔더니 목사님은 성경책에서 내 봉투를 꺼내 "이거, 도로 가지고 가세요" 하면서 되돌려 주셨다. 자존심이 매우 상했다. 십일조 드렸다고 칭찬해 주실 줄 알았는데 오히려 십일조 봉투를 도로 가져가라고 하시다니! 그러나 그 일은 오히려 진심을 담아 온전한 십일조를 드리는 계기가 되었고 지금까지 아무리 어려워도 한 번도 십일조를 빼먹지 않게 되었다.

또 한번은 이런 일도 있었다. 추운 겨울, 남녀 청년들이 한 집에 모여 아랫목에 발을 모으고 이불을 덮고 수다를 떨고 있었다. 5분이나 지났을까. 갑자기 목사님이 오셔서 이불을 확 걷으며 혼을 내셨다. 그러더니 그 주에 이성 문제에 대한 설교를 하셨다. 또 당시 나는 사람들과 자주 싸우곤 했는데 회사에서 사람들과 싸우고 교회에 가면 그 주의 말씀 주제가 '싸우지 말라'여서 '목사님은 항상 나를 보고 계신가!' 하는 생각이 들었다.

1980년 5월에 친구와 동업하기 위해 인천으로 자리를 옮긴 뒤 지금의 아내와 결혼을 했다. 주례는 나보다 네 살 많은 젊은 권태진 목사님이 해 주셨다.

개척 시절, 지나치다 싶게 최선을 다하는 목사님을 보았기에, 나도 한 달에 한두 명이라도 꼭 전도를 하고 있다. 예배당 건축을 할 때 집 살 돈을 연보로 드린 적도 있고, 사업체를 팔아 드리기도 하며 예배당 건축에 세 번 참여했다. 그때마다 하나님은 나에게 많은 축복을 허락하셨다.

나는 말보다 행동이 앞서는 사람이라 실수가 많다. 그래서 자녀를 양육하면서 상처를 준 적도 적지 않다. 아버지로서 자녀를 사랑으로 인내하고 기다리는 데는 엄청난 희생이 따른다는 걸 깨닫고 있다. 하나님의 은혜로 좋은 아버지와 함께하는 군포제일교회에는 더 큰 부흥과 축복이 기다리고 있음을 믿는다. 또한 나 자신도 섬기는 곳에서 더 나은 하나님의 자녀로 바르게 서 갈 수 있기를 기도한다.

3. 포용력과 배려가 있는 덕장

　－ 정인찬(목사, 웨스트민스터신학대학원대학교 총장)

권태진 목사님은 용장이라기보다는 덕장입니다. 영성이나 인격이나 삶이 덕으로 채워진 분입니다. 후덕하시어 만나는 사람마다 머리가 숙여지고 말보다 인품과 행동으로 그리스도의 모습을 나타내는 덕인입니다. 아울러 포용력과 배려가 있는 분입니다. 예리한 통찰력으로 남을 비판하기보다는 상대가 겪는 어려움부터 고려하여 보듬고 안아 주는 포용력 있는 목회자입니다. 군포제일교회에 많은 목회 동지들이 모여서 목사님을 존경하고 협력하는 것은 목사님의 포용력 있는 인품 때문입니다.

권 목사님은 주님의 심장을 가진 사랑이 많은 분입니다. 목사님이 쓰신 《아비목회》에 그분의 목회 철학이 잘 나타나 있습니다. 그는 시인이면서 영성의 사람입니다. 불의와 타협하지 않고 바르게 살려고 노력하는 분입니다. 같이 있고 싶고, 만나고 싶고, 궂은일도 같이 나누고 싶은 목사님! 그분이 바로 내가 만난 권태진 목사님입니다. 목회자의 롤 모델이 없는 이때 권태진 목사님이 우리 교계에 계시다는 것이 자랑스럽습니다.

4. 한국 교회의 존경받는 지도자

　－ 박위근(염천교회 원로목사, 한국교회연합 증경대표회장)

제가 권태진 목사님을 만난 때는 2011년 3월이었습니다. 당시 권태진 목사님께서는 대한예수교장로회(합신) 부총회장이셨고, 저는 대한예수교장로회(통합) 부총회장이었습니다. 우리는 각각 교단 대표로서 한국기독교총연합회(한기총) 총회에 참석했습니다. 우리 두 사람뿐 아니라 한기총 총회에 참석한 여러 교단의 총회장과 부총회장들은 한기총 집행부의 납득할 수 없는 횡포를 보고 '이럴 수는 없다'는 생각을 하기에 이르렀습니다. 우리는 자주 모임을 갖게 되었고, 마침내 한기총 정상화를 위한 비상대책위원회를 구성하기에 이르렀습니다. 저는 이때 권태진 목사님의 올곧은 모습을 보고 존경하는 마음을 품게 되었습니다. 오늘의 한국교회연합은 이런 아픔 속에서 태동한 연합 단체입니다.

바른 가치관과 정확한 판단력, 결단력을 갖춘 이가 존경받는 지도자일 것입니다. 세상에 많은 지도자들이 있지만 존경받는 지도자는 많지 않습니다. 저는 권태진 목사님은 존경받는 지도자라고 믿습니다. 권 목사님은 한 교회를 섬기는 지도자이자 교단을 섬기는 지도자이며, 한국 교회의 지도자이기도 합니다. 하나님의 은혜로 더욱 강건하셔서 하나님께서 맡기신 사역을 끝까지 잘 감당하여 하나님을 기쁘시게 하기를 기원합니다.

5. 소중한 신앙의 동반자

– 양병희(영안교회 목사, 한국교회연합 증경대표회장)

제가 평소 존경하는 권태진 목사님은 오직 복음의 본질을 붙잡고, 영성적인 목회와 눈물의 기도와 주님의 사랑으로 교회를 섬기시는 분입니다. 목사님은 쓰레기장에 천막을 치고 세웠던 군포제일교회를 한국의 가장 건강한 교회의 모델로 성장시키고, 교단의 벽을 넘어 한국 교회 부흥운동과 연합운동에 앞장서서 일하셨습니다. 목사님은 어느 모임이든 사랑과 화합의 하모니를 이루시는 존경받는 목사님이십니다. 또한 문서선교와 교육 및 복지선교를 통해 지역사회의 복음 전파와 기독교 문화를 세우는 데 앞장서 헌신해 오셨습니다. 권태진 목사님을 떠올리면, 스스로 선택한 인생이 아니라 하나님의 부르심을 받은 존재라는 사실을 깨닫게 됩니다. 나는 권 목사님을 생각할 때마다, 내가 걷는 삶의 길에 소중한 신앙의 동반자처럼 느껴져서 많은 위로와 도전과 힘을 얻습니다.

6. 신실한 목회자요 하나님의 종

- 김삼환(명성교회 원로목사, 예장통합 증경총회장)

저는 군포에 대해서는 잘 모르지만, 권태진 목사님에 대해서는 좋은 경험을 가지고 있습니다. 하나님은 저에게 신실한 목회자요, 성실하고 진실한 하나님의 종 권태진 목사님을 만나게 하셨습니다. 권 목사님과 함께 이스라엘 성지와 아프리카를 다녀온 적이 있는데. 그는 가는 곳마다 즉석에서 시를 적어서 모두에게 감동을 주었습니다. 갈릴리에서 새벽에 주님이 타시던 배를 생각하며 눈물 흘리며 새벽기도를 드리고, 아침 해가 떠오를 때의 감격을 시로 적어서 우리 마음에 눈물과 감동을 주었습니다.

권 목사님은 석류처럼 끊임없이 또 다른 맛을 내는 목회를 하고 있습니다. 연로하신 노인, 소외된 장애인, 고아, 버림받은 영혼, 영육의 지친 자를 돌보는 사마리아인의 목회를 한국 교회를 대표할 만큼 크게, 넓게, 평생을 지속적으로 하는 것을 볼 때 저는 저절로 고개가 숙여집니다. 그는 지정의를 갖춘 목회자요, 설교자요, 시인이요, 그늘진 곳에서 버림받은 영혼을 찾아 섬기는 분입니다. 권 목사님에게서 자기희생의 예수님의 삶을 그대로 따라가는 오늘의 참 목자상을 발견합니다.

권 목사님은 한국 교회 연합을 위하여 많은 일을 하고 계십니다. 집회를 위해서 모일 때마다 권 목사님의 한국 교회에 대한 사랑과 비전 그리고 걱정하고 염려하는 일이 언제나 저와 같았습니다. 그는 한국 교회 연합을 위하여 언제나 저와 뜻을 같이하며 걸어가는 친구요, 동생이요, 동역자입니다. 권 목사님의 남은 사역을 주님께서 풍성한 은혜로 기름 부어 주시고, 그의 전기가 바울의 사역처럼 많은 분들에게 감동이 되기를 바랍니다.

7. 행복을 꿈꾸는 사람들에게 희망을 주는 목회자

– 장종현(목사, 백석대학교 설립자)

이 시대에 가장 행복한 목회자를 추천하라면 가장 먼저 떠오르는 분이 권태진 목사님입니다. 많은 사람들에게 희망과 행복을 찾아 주기 위해 아버지의 심정으로 목회하는 권태진 목사님은 한국 교계에서 존경받는 어른이십니다. 군포제일교회를 섬기는 자신은 무조건 행복한 사람이라고 말씀하시는 모습에서 참 목자의 모습을 발견하게 됩니다. "하나님의 사랑이 너무 커서 복지합니다"라고 강조하며 교회의 사회적 역할에도 남다른 열정을 보이시는 목사님은 한국 교회의 많은 후배 목회자들에게 귀감이 되는 분임에 틀림없습니다. 한국 교회의 모델이 되는 교회로, 한국 교회의 모범이 되는 목회자로 지금까지 교회 사역을 감당할 수 있었던 것은 오로지 자신을 내려놓고 주님을 따랐기 때문이라고 생각합니다.

개혁교회 전통을 계승하는 합신 교단에서 총회장을 역임하고, 한국장로교총연합회 대표회장을 역임하는 등 한국 기독교계를 위해서도 많은 일을 감당하신 목사님은 늘 겸손하게 어른들을 섬기고 이웃과 사회를 돌보는 일에 앞장서십니다. 이 시대의 영적 지도자로서 귀한 역할을 감당하고 계신 목사님의 사역이 한국 교회가 다시 부흥하고 개혁되는 일에 보탬이 되기를 바라는 마음 간절합니다.

8. 하나님 중심의 목회자, 바울 같은 목회자

– 류태영(소망교회 원로장로, 농촌·청소년미래재단 이사장)

건국대학교 부총장을 퇴임하고 '농촌·청소년미래재단'을 설립하여 운영하던 중 사랑하는 제자를 통하여 군포제일교회와 권태진 목사님을 알게 되었습니다. 교회에서는 보통 부흥회를 여는데 군포제일교회는 창립 주간을 맞이하여 신학 강좌를 하였습니다. 그중 하루 신앙 강좌를 해 달라는 요청을 받고 처음으로 군포제일교회에 갔습니다. 꼭 사모님과 같이 오면 좋겠다며 차를 보내서 아내까지 태워 저녁식사 대접을 잘 받았습니다. 왜 아내를 데려오라 했는지 식사를 하면서 알게 되었습니다. 권태진 목사님은, 아내가 사랑해야 할 여자 중 1번이며, 성도 중에서도 가장 사랑하는 1번 성도라고 했습니다. 이때 '부흥하는 교회구나, 말씀대로 사역하는 목사님이구나'라는 것을 직감했습니다.

처음 교회를 방문했을 때 30여 년 목회사를 동영상으로 보았습니다. 천막으로 시작하여 현재에 이르기까지 처음부터 하나님 중심으로 이웃 사랑을 실천한 족적을 볼 수 있었습니다. 교회를 섬기고 이웃을 섬기는 그 모든 것에 말씀 중심으로 성령이 왕성함을 느꼈습니다. 부드러운 이미지 속에서 그토록 큰 사역을 할 수 있는 힘이 어디서 나오는지 참으로 놀라

237

있습니다. 특히 자신의 공으로 돌리지 않고 모든 것이 하나님의 은혜였다고 하면서 허허 웃는 모습이 인상적이었습니다. 이후 몇 차례 더 강의 요청을 받아 군포제일교회를 가게 되었습니다.

정확한 연도는 기억나지 않지만 군포제일교회에서 만든 법인 성민원에서 '빛사랑모임'이라는 후원의 날에 축사 요청을 받아서 간 적이 있습니다. 저도 비영리법인인 청소년을 위한 재단을 운영합니다만 성민원이 어린이, 청소년, 장년, 노년, 장애인까지 아우르는 복지를 하고 있음에 놀라지 않을 수 없었습니다. 두 시간여 있는 동안 권태진 목사님이 시인으로서도 인정받는 목사님이며 각 교계에서도 아낌없는 사랑을 받고 있고 무엇보다도 후원자들과 교인들에게 존경받는 목사님이라는 사실을 충분히 알 수 있었습니다. 그것은 권태진 목사님의 헌신과 희생의 결과가 아닐 수 없습니다.

한번은 우리나라가 염려된다며 애국사상에 대한 강의를 요청한 적이 있습니다. 교회에서 믿음 성장을 위한 강의가 아니라 애국심을 고취시키는 강의 요청을 하기는 흔하지 않기 때문에 기억에 남아 있습니다. 이렇게 권태진 목사님은 이 시대에 흔치 않은 하나님께서 기뻐하시는 목회자입니다.

9. 아버지와 같은 목회자

— 손덕식(목사, 한국목회자건강연구소 소장)

같은 교단의 선배 목사님으로만 알고 지내다가 어느 날 군포제일교회의 개척 당시 이야기를 듣게 되었습니다. 살 수도 없고 죽을 수도 없는 처지에서 권 목사님이 집에 찾아와서 이 가정의 어려운 문제들을 내가 다 책임져 줄 테니 신앙생활 잘하라는 말을 듣고 지금까지 30여 년을 주님과 교회를 뜨겁게 섬긴다는 어느 집사님의 눈물겨운 간증을 들은 것입니다. 알고 보니 권태진 목사님은 대부분의 성도들을 이와 같이 친자식들을 키우듯이 아비 목회를 하고 계셨습니다. 참으로 존경하지 않을 수 없는 분입니다.

10. 시인 목사

- 고훈(안산제일교회 원로목사)

괴테는 "내가 시를 쓰는 것이 아니라 시가 나로 시를 쓰게 했다"고 말했습니다. 권 목사님은 시인이라 좋습니다. 그의 시는 세상의 시인이 쓰는 시와는 본질이 다릅니다. 그의 시에 나타난 에스프리는 성령이 주시는 영감이요, 그리스도를 증거하는 메타포입니다. 아름답고 거룩한 비유적 메시지입니다.

권 목사님이 문학의 종이 됐다면 그 문학은 그의 교만을 부추기는 우상이 됐을 것입니다. 그러나 그의 문학은 목회의 선한 도구가 되었기에 하나님이 주신 특별한 은사로 쓰임 받았습니다. 이런 이유로 나는 같은 문학인으로서 권 목사님을 좋아합니다.

키 작은 겸손 때문에 권 목사님이 좋습니다. 폭포의 능력은 가장 낮은 곳에 떨어졌을 때 생깁니다. 그리고 가장 낮은 곳에서 큰 바다를 이룹니다. 낮은 곳은 겸손한 자리입니다. 그리고 낮은 자리는 주님이 계시는 자리입니다. 때문에 능력이 많이 나타납니다. 많은 물이 모여 바다가 되듯 권 목사님 곁에는 많은 사람이 모이고 많은 능력이 나타납니다. 그의 겸손한 인품 때문입니다. 권 목사님은 미소가 있어서 좋은 사람입니다. 사람은 모두 꽃을 좋아합니다. 그 꽃들은 작거나 크거나, 보잘것없거나 귀하거나 웃고 있기 때문입니다. 권 목사님은 만날 때마다 모든 사람에게, 특별히 소외된 사람들에게 미소를 보내는 아름다운 꽃과 같은 얼굴을 가지고 있어서 좋습니다.

11. 모든 방면에서 존경받는 목회자

– 김기원(장위제일교회 원로목사, (사)한국기독문화예술연합회 총재)

내가 권태진 목사님을 알고 지낸 지는 제법 세월이 흘렀지만, 더 가까이하면서 더 깊이 알게 된 계기는 3년 전 은퇴 이후 군포제일교회에 출석하면서부터입니다. 내가 느낀 목사님은 한마디로 기성복형 목사가 아닌 '맞춤형 목회자', '예비된 사명자', '훈련시키시고 준비하신 목양자'라는 것입니다. 그 이유는 성도 한 영혼 한 영혼, 한 사람 한 사람을 가족처럼 아끼고 사랑하며, 아비의 심장으로 품고 양육하는 현장을 보았고 체험했기 때문입니다.

목사님은 개 교회에서 충실히 목양하면서도 필요한 연합 사업이나 구국을 위한 일에 결코 외면하지 않고 동참하며, 때로는 앞장서서 추진력 있게 이끌어 가십니다. 그리고 항상 진리 중심, 화합 중심으로 기도하며 일하시고, 세상 속에서 소금과 빛으로 사시기를 힘쓰는 분입니다. 그러나 불의나 망국적인 사건이나, 변질된 흐름에는 동요되지 않고 분명한 자신의 위치를 지키십니다. 요즈음 윤리가 상당히 무너지고 정직이 결여된 지도자들로 인하여 교단이나 교계 전체의 가치가 추락하고 있으며, 안티 기독교 세력의 먹잇감이 되기도 하지만, 목사님은 많은 성직자들의 위상을 높이는 역할을 하고 계십니다.

흔히 사람 많은 도회지에서 성장한 이들 중에서 사상가가 많이 나오고, 시골에서 자연과 함께 성장한 이들 중에서 작가가 많이 나온다고 합니다. 목사님은 그동안 시집을 여러 권 출간했을 뿐 아니라 오랜 기간 생방송을 통해 작품을 발표하셨습니다. 하나님께서 크게 쓰신 이들 중에는 글 쓰는 은사를 받은 이들이 적지 않습니다. 목사님도 일상에서 그 은사를 활용하여 순간의 느낌이나 직감도 그냥 흘려보내지 않고 남기는 습관으로 많은 시를 쓰셨습니다.

목사님은 복지 목회에도 탁월한 업적을 남기셨습니다. 그것은 이웃을 네 몸과 같이 사랑하라는 말씀에 기초하여 고난당하는 이, 약한 이, 헐벗은 이들을 사랑의 심장으로 품어 준 결과입니다. 목사님은 타인의 아픔을 내 것으로 생각하며, 말없이 희생하고 배려하는 것을 복지 현장에서 체계적으로, 제도적으로, 그리고 지속적으로 실천하고 계십니다.

목사님은 행동하는 목양자, 사명자이십니다. 목사님은 아비가 자식을 돌보는 사랑으로 그 고달프고 힘든 많은 사역을 감당하는 주님의 착하고 충성된 종입니다.

12. 나에게 부모와 같은 분

— 박용구(군포제일교회 장로, 안양시관악장애인종합복지관 관장)

1987년 5월경에 권태진 담임목사님을 처음 만났다. 당시에 사귀던 여청년이 다니던 교회의 담임목사님이셨다. 이 청년은 아버지가 두 분이라고 하면서 낳아 주신 아버지와 길러 주신 아버지가 계신다고 했다. 길러 주신 아버지인 담임목사님이 허락하면 나와 사귀겠다고 했다. 그래서 담임목사님과 사모님이 계시는 군포로 찾아뵙게 되었다. 무엇을 하느냐고 물으시기에, 사회복지를 공부한다고 하니까 목사님도 사회복지에 관심이 많다면서 긴장한 나를 따뜻하게 대해 주셨다. 그 후 목사님의 주례로 결혼했고 취업이 될 때까지 교회에서 운영하는 제일선교원과 제일노인대학의 차량 운행을 해 보라면서 대학원을 다닐 수 있게 해주셨다. 많은 배려와 사랑을 받았다.

지금까지 목사님이 주례한 부부가 150쌍 정도 되는데 매년 그들을 초청하여 식사하면서 부부간에 어려움은 없는지 살펴 주신다. 물론 이혼한 부부도 없다.

어느 날 목사님은 한치 앞도 볼 수 없던 내게 다가오더니 10년만 따라와 보라고 하셨다. 나는 그냥 하시는 말이겠거니 생각하고 바쁜 일상을 보냈다. 시간이 빠르게 지나갔다. 그러는 사이 권찰, 집사, 안수집사로 세움을 받았다. 그리고 사단법인 성민원이 1998년 3월 5일에 경기도로부터 설립 허가를 받았다. 꼭 10년 만에 법인을 세워서 사회복지를 하게 된 것이다. 목사님이 말씀하신 10년이었다. 참 놀라웠다. 법인 설립 후, 군포시노인복지관을 운영하게 되어 목사님이 초대관장을, 나는 부장을 하게 되었다. 이때부터 목사님은 지역사회에 필요한 것이 보이면 무조건 "해 봐" 하셨다. 독거노인 돌봄 해 봐, 푸드뱅크 해 봐, 노인주간보호 및 요양원해 봐, 장애인복지 해 봐 등으로 복지 영역을 넓힌 것이다. 나는 아무것도 한 것이 없건만, 초대 장로로 피택되었고 군포시노인복지관 관장을 거쳐 안양시관악장애인종합복지관 관장까지 지내게 되었다. 목사님과 사모님의 기도와 배려, 사랑, 양육, 동행이 있었기에 가능한 일이었다.

목사님은 내게 부모와 같은 분이다. 가난과 질병을 극복한 자신의 경험으로, 아픔과 실패를 겪는 사람들을 주님 앞으로 이끌어 주신다. 지난 세월 조건 없는 돌봄의 열매를 목사님과 성도들의 삶에서 무수히 보아 왔다. 성도들은 목사님의 아비목회를 따라 자녀로서 모든 것을 믿고 맡기고 순종한다. 성도들은 교회를 견고히 지키고자 목사님이 정년이 지나도 언제까지나 본 교회에 남아 아이들의 할아버지로, 아버지로, 목사님으로 남아 달라고 공동회의를 통해 요청드리고 결의를 했다. 목사님은 아직 확답이 없지만 우리 성도들은 목사님이 계속 아비의 자리를 지켜 주시길 기도한다. 난 장로가 된 지 24년이 되었다. 지금도 믿어 주시는 목사님과 함께할 수 있음을 매우 영광스럽게 생각한다. 오직 성령과 사랑의 목사님, 우리 모두의 부모이시다.

13. 사랑의 사도

— 최용석(군포제일교회 장로, 성민노인복지센터 시설장)

내가 권태진 목사님을 만난 것은 23년 전인 1994년 군포시 당동 당말 지하차도 옆에 있는 벽돌로 지은 교회에 출석하면서부터다. 당시 나는 1994년에 결혼하고 출석할 교회를 찾다가 우리 교회로 오게 되었다. 교회에 출석하며 목사님의 설교를 들으면 들을수록 말씀에 신뢰가 가고 특히 강해설교를 중심으로 솔직하면서도 간명하게 말씀을 생활과 접목시켜 실천할 수 있도록 전해 주셔서 교회에 잘 적응할 수 있었다. 목사님은 말씀 중에 기도를 많이 강조하시는데, 목사님 자신이 기도를 통해 영적인 체험을 많이 하셨기 때문인 것 같다. 그래서인지 우리 교회는 24시간 기도, 기도실 개방, 기도 일지 작성, 연간 기도 계획 작성 등 타 교회에서 보기 힘든 기도에 관한 내용이 많다. 그러한 기도가 성도들이 영적인 체험을 공유하게 되고 교회가 더 건강한 교회로 유지되며 성장할 수 있는 원동력이 아닌가 생각한다.

목사님의 성도 한 사람 한 사람에 대한 관심과 사랑은 참 대단하시다. 지금도 거의 모든 성도의 이름과 특징을 다 기억하고 있고, 새로 오는 성도에 대해서도 큰 관심을 기울이신다. 교회 부흥을 위해서, 개인의 영적 성장을 위해서, 그리고 성도 한 사람 한 사람의 필요를 위해서 끊임없이 기도하시고 교회가 할 수 있는 게 무엇인지 살펴서 실천하기를 힘쓰신다.

교회 초창기부터 목회와 함께 중점을 둔 복지사역은 성도 개개인이 겪고 있는 어려움을 해결하려는 목사님의 아비로서 갖는 사랑에서 비롯되었다. 예를 들어, 요양원을 설립할 때 성도 중에 거동이 불편하거나 인지 능력이 없는 어르신을 모시는 어려움을 겪고 있는 가정이 있다는 걸 알고, 교회가 저들의 고충을 어떻게 해결할 수 있을까 고민하고 기도하면서 요양원 설립을 결단하게 됐다. 덕분에 어르신들은 교회가 운영하는 요양원에서 하늘의 소망을 가지고 신앙생활을 하며 노후를 보내게 되었고, 가족들은 어르신 수발로 인한 어려움을 덜고 신앙생활을 평소와 다름없이 할 수 있게 되었다. 그 후에 설립된 주간보호센터도 성도에 대한 사랑에서 시작되었다. 우리 교회는 교회 재정의 십분의 일 이상을 복지사역에 사용하고 있는데, 성민원을 통한 이웃 사랑의 실천과 함께 성민원 직원 채용에 성도 중에 실직을 당하거나 일자리가 필요한 성도에게 우선적으로 기회를 주고 있다.

권태진 목사님은 한편, 멀리 보는 안목을 가지고 목회에 대한 비전을 제시하시는 분이다. 교회 초기부터 시작한 선교원의 경우 적자가 나는 중에도 계속 유지시켰는데, 덕분에 선교원을 다니던 학생이 결혼해서 자신의 자녀를 다시 선교원에 보내고 있고, 이것이 주일학교, 학생부, 청년부, 장년부로 이어져 신앙이 성장하고 교회가 발전도록 견인했다. 지금 군포

지역에 선교원을 유지하는 교회가 몇 안 된다. 많은 교회가 선교원으로 시작했다가 여러 가지 어려움을 겪으며 어린이집 등으로 전환했는데, 그런 교회는 교회학교 아이들이 교회와의 연결고리를 놓쳐 계속해서 빠져 나가는 실정이다. 주변의 그런 모습을 보면서 목사님의 통찰력과 결단력, 실천력이 정말 대단하시다고 느낀다.

14. 33년 전, 열아홉 나이에 만난 목사님

– 김래성(군포제일교회 부목사)

내 나이 만 열아홉인 1984년 3월에 담임목사님을 만났으니 만 33년 전의 일이다. 비운의 왕 단종의 유배지 강원도 영월에서 신학교 입학을 위해 책가방, 옷가방 두 개만 들고 온 나에게 두말없이 거할 곳을 마련해 주셔서 군포 생활이 시작되었다. 나의 신앙 이력은 참으로 간단하다. 어린 시절의 시골 교회와 지금 섬기는 군포제일교회가 전부다. 33년 동안 오직 한 교회에서 섬길 수 있음은 하나님께로부터 받은 큰 복 중의 하나다. 부모님과 산 19년보다 담임목사님과 함께한 시간이 더 길다. 짧은 지면에 내가 본 목사님을 다 표현할 수 없지만 몇 가지만 소개하고자 한다.

첫째로 무한한 신뢰다. 세 살에 부친을 여읜 목사님은 하나님을 아버지로 믿고 지금까지 흔들림 없는 목회를 하고 계신다. 그 하나님이 보낸 성도들을 또한 변함없이 아버지 마음으로 만나 주신다. 내가 그 증인이다. 못난 한 사람을 끊임없이 믿어 주고 붙잡아 주신 결과가 나의 33년이기 때문이다. 내가 보고 배운 것이 그것이고, 그래서 나 역시 33년을 변함없이 목사님을 신뢰하며 부목사로 자라왔다.

둘째로 끊임없는 도전정신이다. 목사님은 1978년 10월 15일 쓰레기 터를 밀고 세워진 천막교회 때부터 두 가지 성구, "할 수 있거든이 무슨 말이냐 믿는 자에게는 능히 하지 못할 일이 없느니라"(막 9:23)와 "내게 능력 주시는 자 안에서 내가 모든 것을 할 수 있느니라"(빌 4:13)는 말씀을 붙잡고 찬송가 445장 '태산을 넘어 험곡에 가도'를 부르며 모든 환경을 뛰어넘으셨다. 천막 예배당의 강제 철거, 건축하던 예배당의 경매 속에서도 뒤로 물러서신 적이 없다. 부목사로서 가장 자주, 많이 듣는 말이 있다면 '안주하지 말자, 이만하면 됐다는 생각을 버리자'는 것이다. 지금도 새로운 일이 끝이 없다. 아마 주님이 부르시는 날까지 새로움에 도전할 것이다.

셋째로 일관성이다. 내가 우리 교회에 오기 전부터 시작한 강해설교가 지금까지 계속되고 있고, 주보에 지난주 설교 내용을 싣는 것도, 저녁예배가 오후예배로 유행처럼 바뀌는 중에서도 변함없이 저녁예배를 드리는 것도 그렇다. 또한 30년 뒤를 생각하며 시작한 선교원이 지금은 군포에 유일한 선교원이 되었다.

넷째로 균형 잡힌 목회다. 하나님 사랑과 사람 사랑의 균형 잡힌 목회를 하신다. 하나님 앞에서 마음을 다하는 예배와 이웃 사랑을 실천하는 복지 목회가 항상 함께 간다. 어느 한쪽으로 치우치는 경우가 많은 현대 교회의 모습과 비교된다. 현재 교회의 연령 분포를 보면 어린이와 장년, 노년의 비율이 균형 잡혀 있다. 교회마다 주신 은사가 다르지만 특정 연령층에 치우치지 않고 전 연령층이 함께 자라가는 아름다운 목회의 모습을 볼 수 있다.

다섯째로 사람을 살리는 사역이다. 어려움을 겪는 개인이든 가정이든, 주변의 목회자든 교회든 목사님을 만나면 회복되는 것을 수없이 많이 보아 왔다. 진심으로 하나님과 상대방 편에서 마음을 쓰기 때문에 잠시 위로를 받는 것으로 끝나지 않고 회복의 역사가 끊임없이 일어나는 것이다.

15. 사명감이 뜨거운 아버지 같으신 목사님

- 신수진(군포제일교회 부목사)

나는 담임목사님을 모시고 여러 곳을 다닌 적이 있다. 한번은 2007년으로 기억한다. 그 무렵 태안군 앞바다에서 원유가 태안 인근 해역으로 유출된 사고가 있었다. 한국 교회는 봉사단을 조직해서 봉사활동을 벌였고, 담임목사님은 자주 현장에 가셨다. 계속되는 사역의 강행군으로 인해 목사님은 당시 몸살과 감기로 매우 고생하셨다. 아마 내가 우리 교회 와서 사역하는 동안 목사님께서 그렇게 몸살로 고생하신 것이 처음인 것 같다. 발대식과 기자회견 등으로 강행군을 진행한 뒤에도 다음 날엔 세계성령운동 중앙협의회 개관식 및 한국기독교 성령 100년사 출판기념회가 있었고 저녁엔 속초에서 교단 워크숍이 있었다. 하지만 목사님은 단 한 군데도 빠짐없이 참석하셨고 충실하게 역할하셨다. 나는 체력의 한계를 개의치 않으시는 그 모습을 보면서 진정한 목자의 모습을 보았고, 목자는 사명감이 없이는 할 수 없는 일임을 다시 한 번 느끼며 크게 도전을 받았다.

한번은 잠실에서 한국 교회를 대표할 만한 목사님들의 모임이 있었다. 잠시 후 아래에서 기다리고 있는 내게 목사님이 전화해서 올라오라 하시더니 나를 소개해 주시고 식사 자리에 함께하게 하셨다. 나는 그때 목사님의 아비목회가 그냥 나온 것이 아님을 알았다. 부교역자에게도 참으로 아버지 같은 목사님! 이제 나는 믿음의 아들로서 그 역할을 감당해야 할 것이라고 다짐해 본다.

16. 아버지처럼 어머니처럼

- 유명숙(권사, 군포제일교회 전도인)

하나님의 은혜 가운데 지금까지 인도하심에 감사드리며 우리 교회에 등록하던 30대 초반으로 돌아가 봅니다. 당시 영적 갈급함이 너무 커서 다른 무엇으로도 채워지지 않았습니다. 수원에서 1년가량 살면서 여러 교회를 다녀 봤지만 목마름은 여전했기에, 군포에 이사 와서는 주변의 교회를 다 둘러보고 등록하겠다 생각했습니다. 주일에 가족들과 나오다 길에서 모 집사님을 만나 우리 교회를 소개 받아 참석했다가 강단에서 증거되는 말씀에 큰 은혜를 받았습니다. 말씀을 전하실 때 빛이 비추는 것을 보았는데 지나고 보니 그때 나에게만 그렇게 보인 것이었나 봅니다. 30대에 불과한 목사님의 영적 권위에 모든 성도가 한마음으로 순종하는 모습을 보면서 균형 잡힌 건강한 교회라는 확신이 생겨 다른 교회는 더 가 보지 않고 등록하게 되었습니다.

우리 가정은 영적으로는 채워졌지만 경제적 어려움으로 이사 가야 할 형편이었습니다. 어느 날 교회에 갔는데 목사님께서 사택에 들렀다 가라시며 쌀과 라면, 곰국을 주셨습니다. 부담스러워하는 나에게 목사님께서 안 가지고 가면 갖다 주어야 하니까 편안히 가져가고 다음에 여유가 생기면 사택에 갖다 놓으면 또 다른 필요한 사람이 가져갈 수 있다고 하셨습니다.

어느 날 목사님은 제게 보호자 없이 청각장애와 위암으로 고생하는 성도를 돌아보라 하시며 매일 가서 예배드리라고 하셨습니다. 매일 10시에 드리는 기도회를 마치면 다른 집사님들과 함께 그 성도의 집을 방문해 예배를 드리고 돌보아 주었습니다. 이듬해 그 성도는 소천했는데, 돌아가시기 전에 천국을 보고는 "그 나라가 좋아요"라고 했습니다. 그분의 간증은 지금까지 나의 신앙생활에 큰 힘이 되고 있습니다.

목사님은 이렇듯 개척교회 때부터 가난한 자, 병든 자, 외로운 자들을 지나치지 않고 돌보셨습니다.

우리 가정은 경제적인 한계에 부딪쳤습니다. 하는 일마다 실패하여 차라리 일을 하지 않고 가만히 있는 게 나을 것 같을 정도로 절망적이었습니다. 그러던 어느 날 목사님이 나를 부르시더니 내일부터 교회에 출근하여 전도인이 되라고 하셨습니다. 나는 생각해 볼 것도 없이 그 자리에서 "네" 하고 다음 날부터 출근하게 되었습니다. 교회 일이 너무 즐겁고 보람 있었습니다. 나중에야 우리 가정을 합법적으로 도와주시려는 목사님의 사랑이었음을 알았습니다.

올해로 전도인으로 산 지 30년이 되었습니다. 그동안 전도하고 심방하며 어느 가정에 연탄이 떨어졌는지, 쌀이 떨어졌는지 돌아보며 살았습니다. 목사님은 친히 성도들의 가게에 들러 물건을 사기도 하시고, 노점에서 나물 파는 할머니의 나물을 사서 성도들한테 나누어 주기도 하십니다. 장마철이면 저지대에 사는 성도의 가정을 돌아보시고, 중병이나 암으로 고생하는 성도에게 아침, 저녁으로 전화해서 기도해 주시며, 이사 가는 성도에게 축복기도를 해주십니다. 또 천국 갈 날이 가까운 어르신들을 위해 노인복지에 심혈을 기울이시고, 청소년은 장래에 꿈나무라면서 수련회에 와서 새벽까지 한 명 한 명 만나 주시고, 젊은이들에겐 생육하고 번성하는 것이 집 사는 것보다 더 경쟁력 있다고 말해 주십니다.

젊은 시절 월남전에 참전했던 목사님은 전쟁의 비참함을 누구보다 잘 알기에 민족 복음과 통일을 위해 기도하시는 애국자입니다.

목사님은 새가족이 오면 그 성도가 다녔던 교회의 빈자리를 채워 달라고 기도하십니다. 우리 교회뿐 아니라 다른 교회도 건강하게 부흥해야 한다고 늘 말씀하시는 까닭입니다. 또 늘 물질보다 사람을 귀히 여기며 사람보다 하나님 중심의 우선순위를 가지라 하십니다.

목사님과 사모님, 그동안 받은 많은 사랑 감사드립니다.

17. 목사님, 목사님, 아버지 같은 우리 목사님

– 이남숙(권사, 군포제일교회 전도인)

우리 목사님은 하나님께는 생명 다하여 충성하며 헌신하시는 분입니다. 하나님의 영광을 위해서는 다른 모든 것을 포기하실 수 있는 분입니다. 하나님께 항상 묻고 가시는 분입니다. 낮은 자리에서 종과 같은 자세를 가지시는 목사님은 아이같이 우는 울보이십니다. 월남전에 참전하신 탓에 나라 사랑이 대단하십니다. 나라를 위해 기도하실 뿐만 아니라 성도에게도 나라 사랑의 마음을 가질 수 있도록 성도 천 명이 천 일 동안 24시간 구국을 위해 기도하게 하셨습니다.

우리 목사님은 사랑 많으신 아버지 같은 분입니다. 한없이 부드럽고 사랑이 많으면서도 꾸짖을 때는 매우 엄격하십니다. 원칙과 덕을 중요시하고 겸손과 덕과 섬김과 배려를 몸소 모범으로 보여 주십니다. 오늘의 목사님이 있기까지 40% 정도는 사모님의 수고, 희생, 헌신, 사랑, 인내, 절제 덕분이고, 10%는 자녀들의 희생 덕분이라 생각합니다.

자신이나 목회의 유익을 위해 성도들을 바라보지 않고, 성도를 사랑하는 대상으로만 보십니다. 성도들이 잘되면 한없이 기뻐하시고, 어려움을 당하면 아픔을 같이하며 기도하고 힘이 되어 주십니다.

저에게 목사님은 부모님 이상으로 영향을 끼치신 분입니다. 오늘 우리 가정이 있기까지 비바람 눈서리를 막아 주신 분입니다. 맥없이 무너질 수밖에 없는 우리 가정을 든든하게 세워 주시고, 잡아 주시고 지켜 주신 분입니다. 저희 가정의 어려움을 알고 전도인으로 불러 주셔서 20년째 목사님 가까이에서 전도인으로 근무하고 있습니다.

우리 목사님은 어떤 성도든 차별하지 않고 아버지 같은 마음으로 돌보아 주십니다. 성도들은 담임목사님에게서 늘 사랑과 돌봄을 경험하고 있습니다. 저뿐만 아니라 많은 성도들이 위기에 놓이고 실패하고 병들어 있을 때 "신앙이 실패하지 않으면 절대로 망하지 않는다"고 용기를 주시며 이기도록 도와주십니다. 덕분에 성도들은 위기를 이기고 잘 회복하여 교회를 가정으로 여기며 행복하게 신앙생활하고 있습니다.

성도를 자녀로 여겨서 삶의 모든 부분을 나누어 주신 목사님께 우리가 할 수 있는 보답은, 아비목회의 사랑과 전통을 우리 후손들에게 대대로 물려주는 일입니다.

담임목사님과 사모님, 감사하고 사랑합니다.

18. 사랑의 종 신유의 종

– 최복란(권사, 군포제일교회 전도인)

우리 목사님은 사랑이 많으시고 만남을 귀하게 생각하십니다. 목사님을 통해서 많은 성도들이 치료 받고, 회복되고, 교회 안에서 믿음으로 세워지는 모습을 보았습니다. 저도 우리 목사님과의 만남을 통해 상처 받고 힘들었던 부분들이 회복되고 목사님, 사모님의 기도 배경 속에서 보호 받았습니다. 목사님은 가끔 "최 집사, 바닥을 쳤으니 올라갈 일만 남았네" 하시며 언제나 긍정적인 말씀으로 저를 만나 주십니다. 가정을 보면 기대와 소원을 가지고 기도하신 대로 되는 것을 체험합니다.

담임목사님의 사랑은 한 가정과 가장의 목숨을 살립니다. 저희 교구에 김 집사란 분이 있는데, 이 가정이 교회에 온 지 4년 차가 되었을 때였습니다. 김 집사는 수원에 아파트 분양을 받고 입주할 때가 다가오니 그곳에도 교회가 있지만 이사 가지 않고 여기서 신앙생활하고 싶다고 했습니다. 남편이 신앙이 없이 따라만 오는 가정이어서 담임목사님께 기도 받고 3년을 군포에서 잘 지냈습니다. 어느 날 교회 출석도 드물던 남편이 심장에 이상이 생겨 생사를 오가는 중한 위기를 맞았습니다. 의사는 심장을 다 열어 놓고 전기충격 치료까지 했지만 가망이 없자 식구들을 불러 마지막이니 인사하라고 했습니다. 김 집사는 남편이 아직 세례를 안 받았다며 펑펑 울었습니다. 그러자 담임목사님이 세례 받자고 하셨습니다. 오늘 내일 하던 김 집사의 남편은 세례를 받은 후 기적을 체험했습니다. 남편이 혼수상태에서 2주간 사경을 헤매며 몸 밖으로 영이 나오는 체험을 한 것입니다. 아내가 목사님께 기도를 요청했을 때 남편은 꿈 속에서 자신의 장례를 치르고 있었다고 합니다. 그때 꿈 속에 담임목사님이 장례에 오셔서 죽지도 않은 사람을 왜 불구덩이에 넣느냐고 확 잡아끌었고, 그 순간 남편은 의식을 회복했습니다. 신비한 체험을 한 남편은 하나님이 살아 계심을 굳건히 믿으며 안수집사까지 되어서 지금은 주의 일을 열심히 하고 있습니다.

또한 성도들이 담임목사님의 신유의 은사를 체험하는 것을 많이 봅니다. 한 어르신은 발목 수술을 하고 염증이 계속 있었는데 재수술을 해도 염증이 사라지지 않았습니다. 심방하면서 담임목사님께 기도 받으라 권유했더니 기도 받으면 나을 수 있냐고 묻기에 그렇다고 했습니다. 그 어르신은 담임목사님께 기도 받고 많이 나은 후 한 번 더 기도 받으신 후에 염증이 깨끗이 나아서 신앙생활을 즐겁게 하시다가 하나님 나라에 가셨습니다.

영과 육신의 모든 부분에서 만남이 잘 이루어지게 하시고, 품어 주시고 기도해 주신 우리 목사님은 하나님이 우리에게 보내 주신 하나님의 사람이요 목자입니다.

19. 아버지의 마음으로 돌보아 주신 목사님

― 이정숙(권사, 군포제일교회 전도인)

제가 우리 목사님과 사모님을 만나게 된 것은, 영육이 어렵고 힘들어서 울며 기도하며 좋은 교회를 찾고 있을 때였습니다. 1998년 4월 저희 가정이 다니던 교회가 부도가 나서 담임하던 목사님이 외국으로 떠나게 되면서 여러 교회를 다니다가 말씀이 좋아서 군포제일교회에 정착하게 되었습니다. 처음 등록하는 날부터 목사님의 말씀이 송이꿀같이 달고 무너진 제단이 하나하나 세워지면서 눈물이 마르기 시작했습니다. 철야기도회에서 부르짖어 기도하고 있으면 나가시다가 안수기도해 주시고, 낮 시간에 기도하고 나갈 때면 "이 집사는 우리 교회의 보배야" 하고 격려해 주셨습니다. 목사님의 한 말씀 한 말씀이 부모님처럼 따뜻해서 큰 힘이 되었습니다.

주신 말씀에 은혜 받고 사랑 받으니 무엇이든지 주의 일이 하고 싶어졌습니다. 꿈이 생기고 목사님 목회에 쓰임 받고 싶었지만 세상 지식이 부족하여 늘 갈등하다가 목사님을 찾아가서 공부하고 싶다고 말씀드렸더니 검정고시로 대입에 성공한 집사님을 소개해 주셨습니다. 그 집사님을 만나서 대입검정고시 학원에 등록하여 열심히 공부하여 합격한 뒤 졸업장을 받았습니다. 목사님과 사모님을 만난 것이 내 인생의 최고의 은혜요 축복이었습니다. 그 후에 저같이 부족하고 연약한 종을 전도인으로 써 주셔서 감사드립니다.

우리 목사님은 사람을 쓰실 때 자리가 있어서 쓰는 것이 아니라 자리를 만들어서 쓰십니다. 학벌, 외모, 환경 같은 조건을 보지 않고 아버지의 마음으로 믿어 주시고 쓰임 받게 하십니다.

어느 권사님의 딸 결혼식에 시골 교회 목사님이 오셨을 때 수고하셨다면서 도서비를 살짝 넣어 주시는 모습을 보고 우리 목사님은 정말 사랑이 많으신 분이라는 생각을 했습니다. 저희 친정어머니가 다녀가실 때도 친구 권사님들과 맛있는 식사하라며 용돈을 챙겨 주시고, 저의 아들 군대 간다고 하자 축복기도 해주시며 "군대에서 정말로 어려우면 전화하라"고 따뜻하게 말씀해 주시고 용돈까지 챙겨 주셨습니다. 정말 우리 목사님은 큰 가정의 아버지십니다.

신혼 가정에 이혼의 위기가 오면, 두 사람을 불러 그들 속에 있는 불신과 상처가 다 나올 때까지 듣고 또 들어주십니다. 그런 뒤 두 사람의 손을 꼭 잡고 기도해 주면서 또 힘든 일 있으면 언제든지 전화하라며 끝까지 책임져 주시는 부모님이십니다.

우리 목사님과 사모님이 영육이 강건하여 하나님께서 이 땅에서 이루시고자 하는 모든 거룩한 뜻이 목사님의 목회를 통해 이루어지기를 소망합니다.

20. 부르심의 상을 위하여 달려가시는 분

— 유선희(집사, 군포제일교회 전도인)

초등학교 갓 들어가서 천막교회 드나들던 때가 엊그제 같은데 어느덧

40대 후반이 되었습니다. 많은 시간이 지난 지금 우리 목사님의 모습도 세월을 따라 노년을 향해 갑니다. 대한민국과 한국 교계에 영향력을 많이 끼치는 분이기에 우리 목사님은 늘 초심을 잃지 않으려 부단히도 애쓰는 분입니다. 항상 개척 때의 그 마음으로, 그 열정으로, 시대를 거스르며 진리를 세워 나가십니다. 요즘은 저녁예배가 없어지는 추세이지만, 우리 교회는 지금까지 은혜롭게 저녁예배를 축제처럼 드리고 있습니다.

목사님은 어린아이에서 어르신까지 어느 한 세대도 소외됨 없이 돌아보려고 하십니다. 내가 본 우리 목사님은 때론 아버지 때론 어머니 같습니다. 성도들이 힘들어하면 함께 마음 아파하며 기도하면서 어떻게 도울까 하고, 잘못할 때는 과감히 매를 들어 사랑 어린 책망도 하십니다. 부모가 아니면 할 수 없는 일입니다. 칭찬은 누구나 할 수 있지만 책망은 사랑하지 않으면 할 수 없으니까요. 그래서 늘 교회를 신령한 가정이라고 말합니다.

성도들의 아픔과 고통을 떠안다가 몸과 마음이 지치실 때도 있으련만 아무도 대신할 수 없는 강단을 지키려 애쓰고 애쓰십니다. 사모님께서 심장이 약해 병원 중환자실에 계실 때도 우리 목사님은 강단을 지키며 설교하셨고, 자녀분들이 성가대의 자리에서 사명을 감당했던 일은 지금 생각해도 참 쉽지 않은 일이라고 생각합니다. 그렇게 늘 교회가 먼저였고 하나님이 원하시는 뜻을 먼저 생각하고 그대로 행하셨습니다. 이제는 천천히 가서도 될 듯한데도 여전히 위로부터의 부르심의 상을 위하여 달려가며 100년을 준비하십니다. 자라나는 자녀들을 생각하며 안주하지 않고 변화하는 수고를 어려워하지 않으십니다. 어디서든지 기도하는 것과 예배드리는 것을 포기하시지 않습니다. 철저히 하나님 중심, 말씀 중심이며, 말씀대로 살고자 하는 모습은 본받고 싶은 것 중 하나입니다.

다른 분들은 은퇴를 준비할 때 목사님은 당신의 미래를 따로 구상하거나 준비하기보다 어떻게 하면 천국 갈 때까지 교회를 세워 나가고 하나님이 기뻐하시는 일을 감당할까 고민하십니다. 그래서 나는 아무리 힘들어도 담임목사님과 사모님만 할까 생각하면서 다시 일어서게 됩니다. 늘 건강하게 오래오래 장수의 복을 누리시고 후손들이 자라가는 모습에 행복해하시며 기도의 배경이 되는 그 자리에 계시면 좋겠습니다.

21. 긍정과 희망을 주는 목회자

― 정유정(집사, 군포제일교회 전도인)

어린 시절을 돌이켜 보면 환경에 따라 자의 반 타의 반 여러 차례 교회를 옮겨 다닌 기억이 있습니다. 그 후 결혼하여 가정을 이루고 신앙생활을 하면서 한 교회에서 20년 이상 섬길 수 있다는 것이 하나님의 은혜이며 특히 우리 교회와 담임목사님을 만난 것은 축복이었습니다. 담임목사님의 목회 철학과 사상, 비전은 나의 신앙을 점검하는 기회가 되었고 아직은 부족하지만 신앙 성장의 기회가 되었습니다. 그리고 우리 가정을 한 방향으로 나아가게 하는 원동력이 되었고 삶의 목표가 되었던 것 같습니다. 담임목사님은 우리 교회에서 가장 하나님을 사랑하는 분입니다.

지난 시절 가난과 질병의 어려움을 겪었기에 목사님은 어려움과 고통 중에 있는 성도들을 아비의 마음으로 돌아보고 기도해 주십니다. 뿐만 아니라 송구영신예배 때 성도들이 써 낸 기도 제목을 가지고 아비의 마음으로 가슴에 품고 기도해 주십니다. 그리고 무엇보다 목사님은 성령에 감동된 말씀을 가장 복음적으로 잘 전하십니다. 설교를 들으면 하나님의 사랑으로 인한 힘과 소망이 생겨서 두 주먹 불끈 쥐고 일어나게 됩니다. 다시 세상을 향해, 가정, 직장, 이웃으로 나아가게 됩니다. 온 성도들은 주일 말씀으로 문제를 해결 받고, 치유 받아 다시 세상에 나갈 힘을 공급 받습니다.

목사님은 성도들이 어려운 일, 새로운 일을 시작할 때 기도 제목을 가지고 찾아가면 기꺼이 손을 얹어 기도해 주십니다. 진액을 쏟아 설교하신 후에도 새가족을 만나 기도의 시간을 내어 주십니다. 그렇게 기도의 응답을 받고 감사하는 성도들은 더욱 강단을 주목합니다. 목사님은 생명을 걸고 필사의 정신으로 강단을 지키며 안주하지 않고 달려가시는 분입니다.

매주 주보 뒷면에 실리는 '목회시선'은 불신자들에게 공감을 불러일으켜 마음을 열고 구원의 소식을 받아들이게 하는가 하면, 교회를 정하지 못했던 사람들이 등록하는 계기가 되기도 합니다. 목사님의 영성 있는 시는 삶을 사랑하고, 하나님을 사랑하며 희망을 갖게 합니다. 따뜻하면서도 감동적인 시어로 우리 마음 밭을 일구어 주시고 현실을 바로 볼 수 있는 분별력과 통찰력을 가지도록 하십니다.

우리 교회에 와서 지낸 20년을 돌이켜 보니 내가 받은 사랑과 누림이 너무 큽니다. 우리 가정이 위기를 만나서 절망하고 힘들어 할 때도 역시 우리 목사님과 사모님의 위로와 기도와 격려가 있었기에 극복할 수 있었습니다. 사춘기를 보내며 힘들어하는 큰아이를 직접 만나서 상담해 주시고, 어미의 아픈 심정을 위로하며 "기대해 봐" 하며 기도해 주셨는데, 그때는 너무 절망적이라 희망이 없는 것 같았으나, 말씀하신 대로 기대할 수 있는 환경이 되어 가니 너무 감사합니다.

목사님은 "내게 능력 주시는 자 안에서 내가 모든 것을 할 수 있느니라"는 말씀을 따라 어떤 환경이라도 하나님의 섭리로 알고 낙심하지 말고 극복할 것을 가르치실 뿐 아니라 몸소 삶으로 살아 내십니다. 그래서 우리 성도들은 강단을 바라보며 일어날 힘을 위로부터 받고 있습니다.

'성민원'이라는 큰 그릇을 가슴에 품고 기도하며 지역에 선한 영향력을 미치는 목사님, 섬김, 나눔, 사랑을 실천하시는 목사님이 계셔서 너무나 감사합니다. 더욱 강건하여 소명의 길 잘 걸어가시기를 두 손을 모아 간절히 기도합니다.

22. 내 인생의 터닝포인트는 천막교회에서부터 시작된 아비목회

— 이기순(집사, 군포제일선교원 원목)

불교가 대대손손 깊이 뿌리내린 가정에서 태어난 나는 아버지의 사업 실패로 공동묘지와 외양간과 밭이 많은 시골 동네인 군포로 이사를 왔다. 내성적이고 소심한 성격인지라 같이 뛰어놀 친구도 없었고 마땅한 장소도 없었다. 그런데 어느 날 천막이 세워져 나는 그곳을 놀이터 삼았다. 그렇게 천막에서 놀던 초등학생 2학년이던 나는 어느덧 오십을 바라보는 중년이 되었고 나의 놀이터였던 우리 교회는 39년이 되었다. 내 놀이터였던 그 천막은 현재 군포제일교회의 초석이었고 내 인생을 변화시킨 놀라운 하나님의 선물이었다. 집안에서는 교회를 다닌다고 심하게 혼났지만 교회에서는 "넌 우리 교회의 보배야"라는 말씀을 항상 듣고 자라서 교회 안에 있는 것이 최고의 기쁨이었다. 그렇게 한없이 사랑을 받던 청년 시절은 내 인생의 황금기였던 것 같다.

서른일곱이 된 나에게 담임목사님이 소개시켜 준 사람은 키도 작고 나이도 많아 싫다고 했지만, 지금 생각해 보면 목사님과 사모님은 내 인생을 아주 멀리까지 보시고 부모님 같은 마음으로 기도하며 소개해 주신 것이었다. 하나님의 강권적인 역사였다. 그렇게 행복한 결혼을 하고 첫아이를 임신했지만 그 귀한 아이가 다운증후군 장애를 가지고 태어났을 때 나는 마치 어두운 터널 속에 갇혀 내 인생이 끝난 것 같았다. 우울증이 찾아오고 악몽을 꾸고 심신이 너무 나약해져 있을 때, 목사님은 "기순아, 넌 건강만 해라. 내가 지고 갈게", "동생을 얼른 낳아서 회복해야 해", "괜찮아. 기도해 줄게" 하고 격려해 주셨다. 괴롭고 힘겹기만 했던 그 긴 어두운 터널을 빠져나올 때까지 목사님과 사모님은 늘 기도해 주시고 위험했던 순간순간마다 기적같이 나를 붙잡아 주셨다.

내가 지금 행복하게 웃으며 신앙생활을 하고 하루하루 순간순간을 감사할 수 있는 것은 하나님 사랑을 사람 사랑으로 실천하신 목사님의 아비목회 안에서 어릴 적부터 지금까지 자랐기 때문이다. 목사님, 사모님을 통해 하나님이 역사하시고 그 역사하심을 통해 하나님의 사랑을 느끼고 만났기에 내 인생은 달라졌다. 제일선교원의 원목으로서의 나, 제일교회 집사로서의 나, 군포제일교회 안의 우리 가정. 모두 교회 안에 속해 있으니 얼마나 행복한 일인가!

우리 목사님은 선교원 원장이다. '잘 먹여라, 잘 놀려라, 나무라지 말고 기다려라, 그리고 사랑하라'고 우리 교사들에게 늘 말씀하신다. 우리 선교원은 자폐증이 있어도 외면 받지 않고 아이들이 서로 어울리며 기도해 주고 치료 받는 곳이다. 우리 목사님은 아이들에게 다정한 할아버지라서 선교원에 오시면 아이들이 달려들어 씨름을 할 때도 있는데 할아버지처럼 허허 웃으며 사랑으로 받아 주신다. 아이들은 원장 목사님께 거리낌 없이 달려들어 안긴다. 그 사랑을 누가 짐작이나 할 수 있을까. 아이들은 그저 맑은 영혼으로 사랑을 느끼며 성장해 가는 것이다.

나는 아비목회의 힘을 생각한다. 우리 교회는 보잘것없는 천막교회였지만 그 속의 아비목회는 한 사람의 인생을, 그 가정을, 그 지역을, 그 나라를, 전 세계를 변화시키는 힘을 가지고 있었다.

23. 목사님을 만나고 달라진 나의 삶

― 정원모(군포제일교회 집사)

나는 육군본부에서 국방부 헬기개발사업 준비단장으로 명을 받아 대전에서 서울 국방부로 근무처가 변경되었다. 그래서 산본에 있는 집에서 출퇴근하게 되어, 주일 날 집 근처 교회를 찾아간 곳이 바로 지금의 군포제일교회다. 처음 접하는 교회 분위기와 권태진 담임목사님의 설교를 듣고 등록을 결심한 것이 2004년이었으니까 나와 아내가 권태진 담임목사님을 만난 지도 벌써 14년째가 된다.

돌이켜 보면, 내가 그동안 그렇게도 힘들었던 한국형 헬기개발사업을 성공적으로 착수시킨 것, 퇴직하자마자 남들이 부러워하는 방위산업체 임원으로 취직을 하고 거의 10년이 다 되도록 일을 계속하고 있는 것, 또한 뭐니뭐니 해도 아내에 대한 깊은 사랑과 가정의 소중함을 깨달은 것은 모두 담임목사님의 설교와 기도의 덕분이라고 나는 믿는다. 목사님의 설교는 나에 대한 하나님의 말씀으로 내 가슴에 자리 잡았고 나로 하여금 회개와 눈물로 계속 거듭나도록 귀한 삶의 양식이 되었다. 그래서 나는 항상 목사님께 감사하고 고마우면서도 집사의 직분을 다하지 못해서 뵐 때마다 송구스런 마음이 생긴다. 그래서 나는 항상 바란다. 우리 목사님, 하나님이 제일 아끼는 귀한 종으로 지금 그 자리에 오래오래 계시도록 강건하게 해달라고.

24. 내가 목사님을 좋아하는 이유

- 김정호(집사, 군포시니어클럽 시설장)

20대에 결혼과 동시에 시작한 학원사업이 어느 정도 궤도에 오르려 할 때 믿었던 사람들의 배신으로 수억 원대의 빚을 안고 주저앉고 말았다. 배를 만드는 조선소에서 막일을 하고, 시장에서 포장마차를 하고 새벽에 세차하는 일까지 그저 그 많은 빚을 갚으며 살아가야 했다. 희망이라는 빛은 사라진 채 자살 충동까지 느끼던 때 지금의 우리 목사님을 만났다. 사회적으로 재기의 희망이 전혀 보이지 않는 내게 목사님이 하신 한마디는 "일하러 우리 교회에 오지 말고 사랑 받으러 와"였다. 너무나 따뜻하고 온기가 넘치는 이 한마디에 돌아서서 울었다. 그렇게 시작된 군포에서의 삶은 또 다른 희망을 우리 가족에게 심어 주었다. 이렇듯 목사님은 성도이기 전에 가족으로 만나 주셨고 마음으로 품어 주셨다.

내가 가장 좋아하는 우리 목사님에 대한 표현은 '부드러운 카리스마'다. 성민원에서 일한 지 10년이 넘어서면서 야단도 많이 듣고 칭찬과 격려도 많이 받았다. 그런데 머릿속에 오래 남는 것은 야단치실 때 목사님의 모습이다. 행여 마음이 다칠까 야단치시면서두 눈빛에는 사랑이 담뿍 담겨 있다.

"일 열심히 하지 마!" 목사님께서 종종 기관을 방문하실 때 나와 우리 직원들에게 하시는 말씀이다. 직원들에게 어울리는 말은 "열심히 해"일 텐데 반대로 "열심히 하지 마!"라고 하신다. 그 이유를 나중에야 알았다. 일꾼으로 와서 일하는 일꾼은 눈치를 보고 적당히 일하지만, 자녀로 온 일꾼은 나의 일이자 우리 일이기에 스스로 열심히 한다는 것을…. 나와 직원 모두가 일꾼이 아닌 자녀로 대해 주시기에 성민원은 우리의 일터이고, 우리가 만들어 가는 자조조직이다.

"한번 해 봐." 목사님은 어떤 아이디어든 건의하면 무조건 한번 해 보라 하신다. 실패에서 배우는 것도 성공이고 여러 상황에 부딪혀 무너지는 것도 성공이라며, 그러다 보면 진짜 성공할 수 있다고 말씀하신다. 그래서 목사님은 학생, 청년, 남여 전도회, 법인 등 어떤 모임에서도 사람이 많고 적음을 떠나, 그리고 시간의 짧고 긴 것을 떠나 구성원 모두의 이야기를 다 들어주신다. 꿈과 희망과 아픔과 고민이 쏟아질 때면 목사님은 해결해 주려 하기 전에 먼저 끝까지 들어주시면서 공감하는 훌륭한 상담가가 되어 주신다.

목사님에 대한 에피소드는 많지만 글로써 다 표현하지 못하는 것은 목사님을 만나는 순간순간이 모두 에피소드이고 즐겁고 유쾌! 상쾌! 통쾌!하기 때문이다. 얼마 전 아들이 흥분해서 하는 말이 "아빠, 목사님이 나더러 정치에 꿈이 없냐고 물으셨어요" 했다. 그 모습에서 아들의 장래 희망에 또 다른 변수가 생겼음을 눈치 챌 수 있었다. 우리는 목사님의 한 마디 한마디에 신뢰를 하고 꿈을 꾼다. 하나님께 늘 기도하시는 모습에서, 성도를 자녀로 삼아 주시는 모습에서, 학생들을 대한민국의 희망으로 만들어 가시는 모습에서 우리는 기꺼이 참 목자인 목사님을 따르는 양이 된다.

25. 사랑과 매로 가르치시는 아버지

— 김희숙(집사, 성민재가노인복지센터 시설장)

2001년 9월 어느 날 우리 교회(성민원)가 군포시노인복지관을 운영하고 있을 때였다. 지인으로부터 경력직 사회복지사를 채용한다는 얘기와 함께 지원해 보라는 권유를 받았다. 여섯 살 때부터 결혼 전까지 군포에서 살았고 여전히 친정이 군포였다. 당시 큰 사회복지기관에서 근무하였으나 비전을 찾지 못하는 상황이었고, 군포로 다시 돌아오면 좋겠다는 생각이 들었다. 왠지 고향으로 돌아오는 듯한 마음이랄까. 이력서를 내고, 면접 때 담임 목사님을 처음 뵈었다. 사실, 그때까지만 해도 교회 법인에서 운영하는 기관인지도 몰랐다. 꽤 오랜만의 면접인지라 긴장한 상태였으나 오히려 면접이라기보다는 오랜 시간 대화를 나눈 느낌이랄까. 면접 때 눈물을 흘린 것도 처음이다. 갑자기 돌아가신 아버지에 대한 얘기가 나오면서 울컥했던 것 같다. 정확히 기억은 안 나지만 2시부터 시작된 면접이 퇴근 무렵에서야 끝난 것 같다. 면접이 참 특이했고, 다음 날 박용구 장로님(당시 노인복지관 관장님)께 전화가 왔다. 혹시 출근할 수 있겠느냐고. 그런데 혹시 교회는 나올 수 있느냐고 하시기에 몇 번이나 가면 되냐고 물었더니 일주일에 한 번 나오면 된다고 하셨다. 그 정도는 할 수 있을 것 같아 알겠다고 하고 10월부터 출근을 했다. 이것이 우리 교회와 성민원과 인연을 맺은 시작이었다.

전 직장에서 퇴사하고 마지막 인사를 하고 나오던 중 함께 근무하던, 나에게 엄청 전도를 하던 직원 선생님 한 분이 나중에 꼭 집사가 돼서 다시 만났으면 좋겠다고 하기에 웃으며 절대 그런 일은 없을 것 같다고 했다. 오랜 시간이 흘러 느낀 건 하나님께 선택 받은 자녀는 끝까지 하나님이 붙들어 주신다는 것이었다. 대학교가 미션스쿨이어서 채플을 하지 않고는 졸업이 안 되었고, 첫 직장도 기독교가 기반이 된 곳이었으나 믿음을 갖고 싶다는 생각은 한 적이 없다. 이런 내가 노인복지관에 근무하면서 얼마나 힘이 들었는지, 마음의 갈등이 참 많았다. 최선을 다해 일에 몰두했으나 건성건성 신앙생활을 이어 오던 중 목사님의 한마디가 마음을 열게 했다. "김 집사, 너무 오래 기다리게 하지는 말아라." 그때 알았다.

목사님께서 내가 진정으로 신앙생활하기를 기다려 오셨다는 것을. 미처 깨닫지 못한 일이었다. 그냥 복지관 직원이니까 의무적으로 신앙생활하던 나를 목사님은 자녀로 생각하고 계셨던 것이다.

목사님께 혼나기도 많이 혼났다. 이유도 모르는 채 지나가시다가 "김 집사, 너의 아성과 아집을 버려라" 하고 꾸중하실 때마다 '왜? 뭐가 문젠데? 뭘 잘못했지?' 마음속으로 참 많이 생각하고, 고민했다. 이 또한 시간이 흐른 후에야 깨달았다. 나의 모난 부분을 쳐 내신 것이라고. 그러니 아프지 않을 수가 없었다.

지금의 나는 17년 전 우리 교회에 오기 전, 목사님을 만나기 전에 비하면 참 많이 변했다. 마음을 열고 나서야 목사님의 아비목회의 의미를 조금씩 깨닫게 되었다. 남편이 공부 중이라 내가 공부할 수 없는 상황이었는데도 어느 날 갑자기 전화하셔서 빨리 대학원을 알아보라 하셨다. 지금은 이미 2월 중순이고 형편상 공부할 때가 아니라고 말씀드리니 "김 집사, 지금이 때야" 하며 독려하셨다. 목사님의 독려로 대학원을 마치게 되었고, 이 또한 몇 년 지나고 보니 목사님이 왜 그때가 '때'라고 하셨는지 알게 되었다. 내가 나에 대해서 생각지도 못한 것을 목사님은 더 멀리 내다보셨던 것이다.

목사님께 심한 꾸중을 듣고 침울해서 떠났던 때가 있었다. 저녁에 갑자기 전화해서 "잘 있느냐"고 하셔서 울면서 목사님께 자녀라면서 왜 그러셨냐고 물었더니 목사님은 친자녀였어도 마찬가지로 꾸중했을 것이라고 하시는 것이었다. 그날 참 많이 울었다. 그렇게 다시 돌아오게 되었다. 지금도 여전히 목사님의 아비목회의 의미를 깨달아 가고 있는 중이다. 우리 교회를 만나고, 목사님을 만나게 된 게 내 인생에서 너무나 값진 일이다. 인도해 주신 하나님께 감사하고, 아직도 부족하지만 늘 기다려 주시고 힘이 되어 주시는 목사님께 진심으로 감사드린다.

26. 섬김과 나눔과 사랑을 실천하신 목사님

― 김윤주(군포시장)

　섬김과 나눔과 사랑으로 기독교 정신을 실천하고 계신 분을 꼽으라면 주저하지 않고 권태진 목사님을 떠올릴 수밖에 없습니다. 개척 초기부터 '아비의 마음'으로 성도들을 자녀처럼 돌보았고, '긍휼의 마음'으로 가난하고 소외된 이들을 향해 섬김과 나눔의 씨를 심어 오늘날 아름답고 풍성한 복지의 열매를 맺고 계신 권태진 목사님께서는 다수의 시집을 출간하신 시인답게 시심(詩心)이 깊게 배인 복음사역을 하시면서 성도와 지역사회에 목회자의 귀한 모범이 되고 계시기 때문입니다.

　권태진 목사님은 의식주의 사각지대에 놓인 사람들을 위한 푸드뱅크, 치매 환자가 있는 가정의 어려움을 돕기 위한 요양원 설립 등 다양한 사회복지 활동 유공자로 대통령 표창을 수상하실 만큼 섬김과 나눔과 사랑의 복음사역에 헌신하신 분입니다. 그런 분이 계시기에 군포시는 지역 주민의 삶의 만족도 1위를 지향할 수 있게 되었습니다.

　권태진 목사님, 앞으로도 지역사회에서 예수님의 사랑과 복음을 실천하여 하나님의 축복과 평강이 함께하시길 기원합니다.

27. 가슴으로 시를 쓰는 시인 목사

― 박현태(포럼 '전통과미래' 대표, 초대 군포예총 회장)

　시인이 많은 나라에 산다는 것은 행복한 일이다. 시인도 많고 시도 많고 덩달아 시를 만나기도 쉽다. 그러면서도 좋은 시를 만나기는 쉽지 않은 것이 현실이다. 권태진 시인은 따뜻한 진정성으로 맑고 고운 시를 가슴으로 쓰는 서정 시인이다.

시는 본질적으로 진정성과 참신성을 요구한다. 권태진 시인의 시에는 그만의 진정성이 있다. 목회자로서 삶이 그렇듯이 온화하면서도 빛나는 어법으로 혼을 열고 두드리는 뛰어난 기법을 갖춘 시인이다. 이 시인의 시를 읽으면 영혼의 순수와 어쩔 수 없이 만나게 된다. "천하의 좋은 문장 치고 동심 아닌 것이 없다"는 말처럼 그의 시는 어쩌면 우리 시대에게 주는 따뜻한 위안인지도 모른다. 목회자로서 훌륭한 만큼 우리 시대의 좋은 시인이기도 하다.

28. 다윗과 같은 시인

― 육종철((사)경기원로회 이사장)

권태진 목사님은 고명하고 고귀하며 인자하심이 넘치는 목사님입니다. 다만 앙망하고자 함은 이 땅에 주님 오실 날을 예비하는 엘리야와 같은 후학을 양성하여 주시길 간청합니다.

이 시대에 육신과 심령이 병들고 지쳐 고통 받는 소외된 이들을 돌보기 위해 '성민원'을 운영하고 후원하고 계심을 높이 평가합니다. 권 목사님은 다윗 왕과 같은 시인으로서, 세상을 달관하신 영광스런 목자요 시인이십니다.

29. 영성 깊은 시인

― 오동춘(화성교회 원로장로, 짚신문학회 회장)

영성 깊은 시인 권태진 목사가 시단에 오른 지도 벌써 20년이 넘었다. 제2회 세계한인선교대회가 미국 시카고 휘튼대학교 강당에서 열리던 1992년 여름에 나는 권태진 목사를 만났다. 이름만 들어 알던 권 목사는 아내 김희연 사모와 함께 참석했는데 표정이 참 밝고 어질어 보였다. 빌리 그레이엄 목사의 모교인 휘튼대학교 강당에서 진행된 세계한인선교대회를 마친 뒤 3일간 버펄로, 로스앤젤레스, 라스베이거스 등지로 관광을 하며 권 목사와 시에 대해 많은 대화를 나눌 수 있었다.

권 목사는 이미 습작을 많이 쌓아 놓은 다작의 시인이었다. 시단 등단의 절차가 필요해 보였다. 귀국해서 '거울과 얼굴' 외 2편의 시를 보내 왔다. 그리하여 나의 시단 안내로 1994년 문예사조 7월호에 시가 추천되어 장래가 밝은 시인이 되었다. 권 목사는 영성이 풍부한 신앙시 중심으로 여러 문예지나 종교신문에 많은 시를 발표했다. 내가 만든 짚신문학회 부회장으로 참여하며 문단 활동을 꾸준히 하고 있으며, 국제펜 한국본부 회원이 되었고, 군포 지역 문학 단체에도 중추적으로 참여하여 지역 문학 발전에도 크게 기여했다.

릴케는 시는 체험이라 했다. 권 시인의 시에는 그가 겪은 삶의 희로애락과 부름 받은 종으로서의 애환이 감각적인 신앙시로 승화되어 독자의 가슴에 감동을 준다. 벌써 각고의 땀방울이 쏟아진 시집이 14권에 이른다. 그리고 짚신문학상, 문예사조문학상, 기독교문화대상, 군포문학상 등을 수상하면서 한국의 중견 시인으로서 크게 자리를 굳혔다. 특히 기독교방송, 극동방송, Goodtv, CTS 방송을 통하여 심금을 울리는 신앙시를 발표함으로써 전도와 선교에서 국내는 물론 세계로까지 그 영향력을 미치고 있다. 그는 창의력, 창작력, 집중력, 추진력, 발표력 등을 신앙 안에서 엮어 내며 작품 활동을 하고 있다. 권태진 시인은 김현승, 윤동주 같은 시인이 보여 준 신앙과 서정을 겸비한 자유시를 창작하고 있다. 그의 시 세계가 확실히 확립된 것이다. Goodtv에서 6년여간 시를 발표하며 청취자의 심금을 울린 그의 활동은 방송 역사상 그리고 우리 시단사에 큰 족적을 남기고 있다.

부부 동반으로 미국과 중국 등지로 여행을 다닐 때나 합동신학대학원대학교 법인이사로 이사회에 참석할 때나 내가 겪어 본 권 시인은 넉넉한 마음과 인자한 사랑으로 신덕이 높은 사람이다.

영성 깊은 시인 권태진 목사는 기독교계에서 자랑스런 목사다. 또한 그가 담임하는 군포제일교회는 주님의 사랑이 넘치는 교회다. 권태진 목사의 꾸준한 시의 발전을 빈다.

30. 아비 목회자

– 김윤기(은천교회 목사)

내가 아는 권 목사님은 아비 목회자 사도 바울을 빼어 닮은 목회자다. 수천 명이나 되는 교인들을 어른부터 유치부 아이까지 부모의 마음으로 다 품는다. 교회와 외부에 그 많은 일들이 있는데 언제나 우선순위는 교인이다. 언제, 어디서나 교인들에게 무슨 일이 생기면 직접 전화로, 아니면 방문해서 해결에 나선다. 마치 내 일처럼 발벗고 나선다. 일자리를 잃었으면 반드시 일자리를 만들어 일으켜 세운다. 같이 먹고 같이 살아가는 것이다. 아버지가 자녀에게 하듯 그렇게 한다.

목사님의 설교는 성경 본문을 그냥 강해하는데 그 속에 상담, 심방이 다 들어 있다. 교인들이 충분한 양식을 섭취하게 된다. 목사님의 설교는 뷔페식이라 말씀 안에도 다양한 종류의 것이 있다. 교인들이 자기 나름대로 설교를 듣고 배불리 먹는다. 지식인들, 노인들, 청소년들 모두 다 흡족해 한다. 말씀에는 언제나 복음이 가득 차 있다. 신약이나 구약 어느 곳의 말씀을 전해도 십자가 복음이 가득하다.

목사님은 성품이 참으로 따뜻하고 온화하여 수십 년을 가까이 있으면서 남을 비판하거나 부정적인 말을 하는 것을 들어 보질 못했다. 부드러우면서도 카리스마가 있다. 큰 소리로 강조하지 않아도 설교를 들으면 망치로 맞은 것 같을 때가 있다. 누구든 와서 고민을 털어놓으면 내 일처럼 들어준다. 몇 시간이든 들어준다. 청년들과 중고등부 학생들과는 연 1~2회 수련회 때마다 밤을 새워 동이 트도록 이야기를 듣고 희망을 갖도록 대화한다. 교회에서는 이 시간을 '담임목사님과의 대화' 시간이라고 부른다. 아이들은 중학교 때부터 대학생이 될 때까지 매년 이 시간을 통해 치유 받고 꿈을 키운다. 청장년들의 이야기도 새벽까지 들어준다. 그러므로 목사님은 교인들의 사정을 속속들이 알고 있다.

권 목사님은 기도에 열심이 있다. 교회 입구 탁자에는 두툼한 기도 노트가 있는데 성도들은 들어오며 나가며 거기에 기도 제목을 적는다. 기도 노트가 수십 년 동안 수십 권이 쌓였다. 그러니 교회 기도실은 24시간 불이 꺼지지 않는다. 올해는 1천 명 1천 일 24시간 기도운동을 시작했다. 3년이나 계속되는 이 기도운동 동안 전 교인은 하나님이 하실 일들을 기대하며 개인적으로, 가정적으로, 국가적으로 소원을 갖고 기도한다. 매월 열리는 충성자 새벽기도는 모든 직분자가 참여해 늘 깨어서 충성할 것을 다짐한다.

목사님의 목회는 유행에 민감하지 않다. 교회의 좋은 전통을 그대로 유지하고 있다. 저녁예배를 고수하며, 성탄절에는 전 교인이 새벽송을 돈다. 매년 제직을 훈련하는 세미나와 작년에 30회를 넘긴 전교인체육대회도 변함없이 개최하고 있다.

권 목사님은 언제나 예배가 우선이다. 교회 행사나 시의 행사, 사회의 행사에도 언제나 예배로 식을 시작한다. 복지기관들이 일을 시작할 때도 언제나 기도와 예배가 빠지지 않는다.

목사님은 언제나 연구하시고 글을 쓰신다. 채 열흘도 못 가 볼펜의 잉크가 닳아 버린다. 손에는 언제나 메모지와 볼펜이 있다. 시상이 떠오르면 시를 쓰고, 아이디어가 떠오르면 기록으로 남긴다. 정말 존경스러운 분이며 이 시대에 좋은 목회 모델이시다.

31. 애국자 목사님

— 김호연(군포제일교회 집사)

딸 사위의 손에 이끌려 군포제일교회와 인연을 맺은 지 12년째가 됩니다. 이제 기독교가 이런 거구나 하고 느낄 정도에 와 있는 것 같습니다.

내가 만난 목사님은 애국자이십니다. 지금 우리 교회는 나라가 어려움에 있을 때, 6·25전쟁과 3·1운동 때 기도로 어려움을 극복한 경험을 되살려 구국과 헌당을 위한 1천 명 1천 일 24시간 특별기도회를 2월 1일부터 실시하고 있습니다. 또한 매년 3·1절에는 3·1절 노래, 6월에는 6·25 노래, 8월에는 8·15 광복절 노래를 전 성도가 합창을 하고 나라 사랑을 다짐합니다. 서해 지구에 전운이 있으면 서해 지구 해군·해병장병이 다치지 않게 해달라고 기도하고, 주일예배 때마다 육·해·공군 장병의 무운

장구를 위한 기도를 하며, 특별 위문 헌금을 모아 군부대를 위문하기도 합니다. 나는 군 생활을 30여 년 했습니다. 군포제일교회와 인연을 맺은 초기에 예배 때마다 국군장병의 안녕을 기도하는 것에 큰 감사와 감동을 받았습니다. 12년째 주일마다 한 번도 빠짐없이 그 기도가 계속되고 있고 그때의 감동이 아직도 생생히 살아 있습니다. 사회 흐름에 따라 신자들을 애국적으로 인도하고 있으며 작년에는 우리 교회에 국기 게양대를 설치했습니다. 우리나라 교회와 사찰 중 국기 게양대가 있는 곳은 우리 교회뿐일 것입니다. 담임목사님이 애국자이시고 우리 교회가 애국하는 교회라는 것이 자랑스럽습니다. 권태진 담임목사님처럼 성도들에게 애국심을 고취시키는 교회가 많을 때 나라는 평온해지며 국제 사회에서도 우러러보는 나라가 되지 않을까 생각해 봅니다. 권태진 목사님과 같은 애국적이고 영적인 성직자가 많이 탄생하기를 기원하며 기대합니다.

32. 신실한 하나님의 종

– 이태희(성복교회 목사, (사)민족복음화운동본부 총재)

오랜 세월 내가 본 권태진 목사님은 인간미가 넘치고 신실한 하나님의 종이요 교계의 큰 지도자이십니다. 하나님의 사랑과 은혜와 축복과 용서에 대한 감격을 시편을 통해 노래한 다윗처럼, 권태진 목사님은 시인이요 지정의를 겸비한 목회자입니다. 또한 그 무엇보다 하나님의 세미한 음성에 귀를 기울여 그 음성에 순종할 줄 아는 영의 사람이며 철저한 소명과 사명으로 양떼를 사랑하고 푸른 초장 맑은 시냇물가로 최선을 다해 인도하는 목자이십니다.

교계는 물론 교육, 문학, 복지사역에 섬김의 본이 되셨고, 극단적 이기주의가 팽배한 이때에 나보다 남을 배려하고 약자를 돌아보는 진정으로 존경받을 만한 목사님이십니다. 목사님께서 제 목회 40주년에 주신 축시는 같은 목회자로서 위로가 되고 감동이 되었습니다. 더욱 강건하여 주님 앞에 상급 받는 그날까지 승리하시길 기원합니다.

33. 섬김과 나눔의 실천가

      – 이석진(군포시의회 의장)

권태진 목사님을 처음 뵌 것은 금정동 군포제일교회를 다니게 되면서였는데, 커다란 풍채의 전형적인 목사님 외모가 아니어서 솔직히 놀랐다. 하지만 그날 설교를 듣고 예배를 드리면서 외모가 전부가 아님을 알았다. 이후 나는 권태진 목사님의 가르침으로 믿음이 성장하게 되었고, 군포시의원으로 당선되는 영광까지 얻게 되었다. 의원이 된 뒤 권태진 목사님과 더 많은 대화를 나누게 되었는데, 목사님이야말로 하나님께서 보낸 종이구나 생각하게 되었다.

섬김과 나눔은 마음만 있다고 해서 되는 것이 아니고 그에 따른 실천이 중요한 것인데, 권태진 목사님은 일찍부터 사회복지의 중요성을 알고 성민원을 설립해 어르신들을 섬기는 한편, 어르신 문화를 만드는 데 힘썼다. 이를 계기로 군포제일교회는 지역사회에 빛으로서 역할할 수 있게 되었다. 뿐만 아니라 청소년과 장애인들까지 아우르며 교육과 복지의 모델이 되고 있다.

성민원은 현재 성민노인복지센터, 성민재가노인복지센터, 성민요양원,

성민무료급식센터, 군포시니어클럽과 안양시관악장애인종합복지관, 성민실버합창단, 성민소년소녀합창단, 경기복지뉴스 등 사랑, 섬김, 나눔을 통하여 하나님 사랑과 이웃 사랑을 실천하는 단체로 더욱 발전하고 있다.

앞으로 하나님께서 권태진 목사님께 맡기신 사명을 온전히 감당할 수 있도록 더욱 건강하시고, 많은 결실이 있기를 기원한다.

34. 진실한 목회자

– 정서영(총신중앙교회 목사, 한국교회연합 대표회장)

내가 본 권태진 목사님은 한마디로 진실하십니다. 목회자라면 당연한 성품인데도 오늘날 이 말을 듣는 목회자가 왜 이렇게 희귀해졌는지 모르겠습니다. 이런 시대에 권태진 목사님은 목회든 사회사업이든 또 시인이든 그 밑바탕에 진실함이 있습니다. 그래서 그가 하는 모든 일이 성공적이고 많은 사람들로부터 존경을 받는 것 같습니다.

권태진 목사님 주변에 많은 사람이 뜻을 같이하여 모든 일에 절대적으로 협조하는 이유도 목사님의 중심에 진실함이 있기 때문입니다. 바로 이 진실이 신뢰감을 주고 이 신뢰를 바탕으로 오늘날 권태진 목사님이 있는 게 아닌가 생각합니다.

앞으로도 목사님은 많은 교역자들에게 본이 될 것이고 모든 하시는 일이 성공하실 것이라 믿습니다. 그리고 이런 목사님의 모습이 하나님께 영광이 되고, 복음을 증거하는 일이 될 것이라 믿습니다.

35. 이 시대의 진정한 목사의 표상

- 권영해(수원안디옥교회 장로, 전 국방부장관)

4~5년 전 내가 우리민족교류협회 총재였을 때, 6·25 참전용사들에게 보은 메달을 제작하는 프로젝트를 진행한 적이 있다. 그때 권태진 목사님을 처음 만났다. 우리민족교류협회 송기학 이사장이 권 목사님을 소개해 줘서 만나게 됐는데 나는 권 목사님을 처음 만난 순간부터 좋아했다. 먼저는 같은 권씨인 데다 나보다 한 항렬이 높았고 목사님이셨기에 자연히 호감이 갔다. 두 번째로는 목사님의 인상이 좋았다. 얼굴은 둥근 달이 뜬 것처럼 밝았고 눈과 눈썹, 입이 모두 둥그렇게 웃는 모습이었다. 인자하게 웃는 모습이 아주 인상 깊었다. 또 말씀하실 때 조용조용한 것도 좋았다.

권 목사님은 설교하실 때도 조용하게 말씀하신다. 예수님도 이러한 모습으로 복음을 전하지 않으셨을까 생각한다. 많은 목회자들이 교인 위에 군림하려고 하는데, 권 목사님은 그저 조용히 사랑으로 교인들을 대하신다. 그래서 교인들로부터 절대적인 신뢰와 존경을 받는 것 같다.

나중에 목사님을 더 깊이 알고 보니 성민원이라는 복지재단을 통해 정부가 해야 할 일을 감당하고 있었다. 그것도 마음과 정성을 다해 어려운 이웃을 돌보고 계셨다. 말로만 구제를 부르짖거나 언론에 노출해서 구제를 자랑거리로 삼는 여느 교회들과 다른 모습이었다. 교회를 알리는 목적이 아니라 실질적으로 필요한 곳에 필요한 일을 채우는 사랑과 섬김의 구제사업을 하고 계셨던 것이다.

권태진 목사님은 나라를 사랑하는 마음이 각별하다. 하나님 사랑, 사람 사랑, 그리고 우리가 사는 나라 사랑은 따로 가는 것이 아니다. 그렇기 때문에 하나님을 사랑하는 사람은 사람을 사랑하고 나라를 사랑할 수밖에 없다. 애국 활동을 정치 활동으로 오해하는 사람이 많은데, 권 목사님은 애국이 무엇인지를 알고 애국하시는 분이다.

목사님도 나도 월남 참전 용사다. 우리가 6 · 25 때 유엔군 도움을 많이 받았는데, 그 도움은 물질이 아니라 생명이었다. 우리의 월남전 참전도 세계 평화와 자유를 위한 것이었다. 목사님과 나는 월남전 참전이라는 인연으로 서로 전우애를 느낀다.

목사님과 내가 나라를 위해 공통적으로 기도하는 제목 중 하나가 북한까지 복음을 전하는 일이다. 우리는 복음으로 통일을 이루고 북한의 어두움을 밝히고 싶은 소원이 있다.

36. 모든 목회자의 본이 되는 분

— 최낙중(해오름교회 목사)

권태진 목사님은 얼굴에 항상 웃음이 있다. 항상 웃기에 눈이 잘 보이지 않는다. 음성이 부드럽고 나지막하다. 마음이 부드럽고 따뜻하다. 외유내강의 목회자다. 그래서 스스로 아비목회자라고 말한다. 하지만 진리 사수에 관한 한 강한 반석이다. 어떤 유혹이나 협박에도 요지부동이다. 예수 그리스도의 성품을 닮았다. 이 같은 목회자로 세워지기까지 그 배후에는 살아 계신 하나님이 계시다.

그는 발에 밟히고 또 밟혀도 되살아나는 질경이 같다. 야생마를 길들여 준마가 된 듯하다. 오직 믿음의 주요 온전케 하신 예수만 바라보는 순수한 목회자다. 성도를 지극히도 사랑하는 선한 목자다. 아내를 지극정성으로 사랑하는 애처가 중에도 애처가다. 언제나 아내와 함께하는 모습이 아름답다. 최후에 웃는 자가 승리자라고 하니 항상 기뻐하고 범사에 감사하는 영성으로 최후까지 승리자가 되길 바란다. 권태진 목사님은 오늘의 목회자들이 마땅히 본받아야 할 분이다.

37. 아비의 심정을 가진 목회자

- 손평업(초원교회 목사, 법무법인 '소망' 대표)

내가 권태진 목사님을 만나 뵌 기간은 그리 길지 않습니다. 2014년 10월 19일 성민원 설립 17주년 기념 예배 때였습니다. 그날 《아비목회》 출판기념회도 같이 있었습니다. 목회자라면 사도 바울이 고린도전서 4장 15절에서 외친 아비의 심정으로 복음의 자녀를 낳는 일에 힘을 쏟고 싶을 것입니다. 그러나 현실에서는 그리 쉽지 않은 일입니다.

권태진 목사님은 정말 예수님의 심장을 품고 어려운 이들을 돌보시는 분입니다. 어려운 사정이 있는 사람을 보면 그냥 넘어가지 못하는 것을 곁에서 여러 번 보았습니다. 예수님의 마음이자, 사도 바울이 말한 아비의 심정이 바로 그런 것이라고 생각합니다. 그런 아비의 심정이기에 권태진 목사님이 노인, 아동, 청소년을 위한 복지에 힘을 쏟을 수 있는 것 같습니다.

권태진 목사님은 참 하나님의 사람이라는 생각이 듭니다.

38. 같은 길에 서 있는 친구들의 어깨동무

- 고세진(목사, 전 아세아연합신학대학교 총장)

어떤 사람의 참된 가치는 시간이 지나고 여러 가지 일을 겪어 보아야 알수 있습니다. 좋은 것과 궂은 것의 총합의 평균이 인생입니다. 그 굴곡을 따라 살아가면서 자신의 본질을 유지할 수 있는 사람을 좋은 사람 또는 성인(聖人)이라고 합니다. 주의 종의 삶은 더욱 그러합니다. 많은 교인들의 삶의 굴곡을 자기 것처럼 받아들이며 다독이는 목회자는 바다처럼 넓으나 바위처럼 움직임이 없어야 합니다. 오랜 시간, 권태진 목사님을 알고 지내면서, 목사님의 마음의 폭이 바다처럼 넓고 인격의 값이 태산처럼 무거움을 늘 보고 느끼고 있습니다. 그런 것이 목사님의 가정생활에서도 온화하고 재미있고 다정스럽게 녹아들고 있음을 자주 봅니다. 디모데후서 2장 24절의 말씀처럼 주의 종 권태진 목사님은 아무하고도 다투지 아니하고 모든 사람과 온유하게 지내며 효과적으로 가르치며 어렵거나 힘든 일과 괴롭게 하는 사람을 잘 참는 고매한 인격의 목회자입니다. 거기에 다윗처럼 늘 시(詩)를 지어 여호와를 찬미하고 인생을 노래하면서 같은 길에 서 있는 사람들과 어깨동무하고 가는 좋은 친구입니다. 목사님에 대한 이야기를 읽는 것은 즐거운 일입니다만, 같이 이야기하면서 살아 보면 책이 다 말하지 못하는 높은 경지에서 노니는 목사님을 존경하고 사랑하게 될 것입니다.

권태진 목사를 어떻게 평가해야 할까? 그는 한 달란트도 못 받고 사역을 시작했으나 군포제일교회와 성민원이라는 두 달란트를 남긴 착하고 충성된 주님의 종이다. 그가 남긴 두 달란트는 이제 또 배가 되어 다섯 달란트가 되고 열 달란트가 될 것이다.

권태진 목사는 내유외강(內柔外剛)의 사람이다. 그의 겉모습은 카리스마 있고 눈매가 매섭지만, 그의 속은 한없이 부드럽고 친화적이다. 그는 사람을 사랑할 줄 알고 배려할 줄 아는 지도자다. 그러므로 그와 함께 일하는 동역자들은 그를 어려워하면서도 존경하고 사랑한다. 그는 엄하지만 사랑이 넘치는 아버지 같은 사람이다. 그래서 그의 주위에는 항상 사람들이 모여들고 함께 일하고 싶어 한다.

권태진 목사는 일평생 주님이 그렇게도 원하시던 '내 교회'를 세우는 일에 몸 바쳐 헌신했다. 그는 주님이 원하시는 교회를 만들고자 노력했다. 주님이 주인 되고 머리 되신 교회를 만들고자 했다. 주님 안에서 모두 형제와 자매로 사는 가정 같은 공동체를 만들고자 했다.

권태진 목사는 예수님의 정신대로 목회했다. 그리고 예수님의 방법대로 제자를 부르고 훈련시키고 세워서 동역자로 만들었다. 그는 주님이 원하시는 영혼 구원을 위해 열심히 전도하고 말씀을 전했다. 그리고 주님이 배고픈 자를 먹이고 병든 자를 고치신 것처럼 복지를 통한 사랑의 실천에 앞장섰다.

권태진 목사는 아직도 꿈이 있고 할 일이 많다. 그는 그렇게 열심히 일하면서 달려왔건만, 평생을 뒤돌아보며 주님 앞에는 자랑거리도 내세울 것도 없는 심정으로 고개 숙인 채 서 있다. "평생에 행한 일 돌아보니 못 다 한 일 많아 부끄럽네"라는 찬송가의 고백이 평생을 회고하는 그의 고백이리라!

그가 한국 교회에 모델로 제시한 교회와 복지사역의 하모니는 위기의 한국 교회에 신선한 돌파구를 마련했다고 평할 수 있다. 그는 이 모델을 통해 하나님 사랑과 이웃 사랑이 일체된 목회 패러다임을 소개하고 있다. 수직과 수평의 조화 속에서 성장하는 교회야말로 주님께서 원하시는 이상적인 교회일 것이고, 이것이 군포제일교회의 오늘의 모습이다. 그는 한국 교회가 이 노하우를 공유하길 원한다. 그래서 모든 교회가 건강하게 성장하고 주님이 원하시는 진정한 교회의 모습으로 변화되기를 소원한다.

군포제일교회 39년과 성민원 20년의 열매는 매우 풍성하다. 사람의 마음이 이렇게 좋으니 하나님은 얼마나 기뻐하실까! 이 풍성한 열매를 거둔 일등 농부, 하나님의 종 권태진 목사에게 박수를 보내고 그동안의 노고를 치하하면서 글을 마친다.

부록

◎ 부록 1 – 군포제일교회 39년 사역 일지

1978년

10월 15일	천막예배당(당리 122번지) 개척(첫 번째 예배당)
	창립예배 (설교: 이종열 목사, 축도: 오창흠 목사, 기도: 최홍 목사)
10월 18일	개척 3일째 되는 날 이순선, 이순옥, 박혜옥 새벽예배 참석(첫 등록 교인)
11월 초순	부흥회 3일간 개최(강사: 안양 늘사랑교회 이종열 목사) 15명 참석
12월 5일	단독주택(당리 121-21호)으로 이전(두 번째 예배당)

1979년

3월 4일	최초 제직 임명(집사: 신현구 임정순 진종민, 권찰: 최옥화 윤영애)
4월 3일	임대하여 사용하던 건물이 매각되어 새로운 예배처소 마련. 16평 2층 건물(당리 122-21호)로 이전(세 번째 예배당)
5월 20일	구역 2구역 확대
6월 3일	주보 첫 인쇄
6월 10일	최초 여전도회 조직(회장: 손영자, 부회장: 최옥화, 서기: 최정숙, 회계: 윤영애)
7월 1일	저녁예배 후 가족찬양대회 개최

7월 15일	성가대 조직, 주일 낮 예배 찬양 시작
7월 26일	주일학교 제1회 여름성경학교
7월 30일	제1회 중고등부 하계 수련회
9월 2일	청년회 조직
9월 16일	학생회 임원 첫 조직(회장: 조준호, 부회장: 오순영, 총무: 김남출, 서기:서승숙, 회계: 김영숙)
11월 25일	첫 세례식

1980년

1월 27일	예배당 건축 위한 기도 시작
5월 17일	담임목사 첫 주례(현관섭 청년)
7월 6일	성가대 헌신예배
9월 14일	제1대 전도사 부임(윤순중)
9월 21일	주보에 설교 요약, 구역예배 기록 시작
12월 18일	제1회 제직수련회(강사 이광학 목사)

1981년

4월 26일	새신자등록 관리 체계화(담당: 이강현 집사)
6월 28일	총 50평(지하 2층 포함) 상가 건물(당동 122번지)로 이전(네 번째 예배당)
8월 23일	피아노 구입

| 9월 20일 | 한나 성경공부반 제1기 수료(8명) |
| 12월 6일 | 6구역으로 확대 |

1982년

1월 31일	선한교회 후원
2월 7일	성가대원 교회음악 교육 및 헌신예배
2월 23일	선교원 개원(5월 2일 보사부로부터 인가), 권태진 담임목사가 초대원장을 맡음
3월 27일	본 예배당 최초 결혼식(김남섭) 담임목사 주례
5월 2일	선교원 보건사회부 허가 어린이집으로 인가
10월 31일	찬송가 326장을 개사하여 예배당 주제가로 사용
11월 7일	김신조 집사 간증집회
12월 12일	104평 교회 대지 구입 계약(당동 740-11)
12월 12일	최초 안수집사 피택(성재용 집사)

1983년

| 2월 13일 | 교패 제작 |
| 4월 10일 | 청년회 40일 산기도 |

<h1 style="text-align:center">1984년</h1>

1월 1일	대학부 신설
4월 1일	건축위원회 조직
4월 21일	건축 허가 받음
4월 26일	기공예배
6월 17일	건축부 헌신예배
8월 6일	단독 교회(당동 740-11) 첫 예배(다섯 번째 예배당)
11월	학생회 신앙의 밤(감사제 전신)
12월	청년부 제1회 불우이웃돕기 및 예배당 건축을 위한 엿 판매

<h1 style="text-align:center">1985년</h1>

1월 27일	주보 컬러 인쇄 시작
3월 4일	선교원 재개원
6월 9일	구역 편성 6교구 11구역 특별구역

<h1 style="text-align:center">1986년</h1>

5월 2일	제일노인학교 설립(1992년 5월 6일 6회 졸업까지 151명 입학, 47명 졸업)
5월 16일	제1회 전교인 교구대항 체육대회

| 10월 12일 | 창립 8주년 신학 강좌 |
| 11월 20일 | 단독 교회 준공(건평 140평, 대지 100평, 다섯 번째 예배당) |

1987년

2월 19일	노인학교 졸업식(1회 8명 졸업)
3월 8일	교회 증축 공사 준공
4월 4일	평신도 사역자 전도인 임명(유명숙)
5월 10일	주일학교 3부로 확대(1부장: 이남숙 집사, 2부장: 권수안 집사, 3부장: 이순선 집사)
5월 17일	학생 성가대 조직(1, 3주 저녁예배 학생성가대 찬양)
12월 24일	새벽송(캘린더 제작, 무상 배급)

1988년

1월 22일	청년회 주최 행복한 부부 모임
5월 15일	해외선교를 위한 모임 시작
6월 26일	중앙병원 환우예배(매월 넷째 주 2시)

1989년

| 2월 5일 | 예배당 법정 문제 해결 |

2월 12일   담임목사 신임투표(193명 투표 신임 188명, 불신임 3명, 기권 2명)

3월 4일   베델 성서연구반 개강

4월 9일   에스더 성경공부반 제1기 수료

6월 11일   군포중학교 학생장학금 수여(10명)

7월 9일   김래성 전도사 임명

1990년

4월 29일   70명 기도용사 발족(특별새벽기도회)

7월 29일   러시아 선교헌신예배

9월 2일   청지기 훈련 공부 시작

10월 28일   30명 기도용사 기도회

11월 11일   3분 전화설교 개통 53-7502(54-0691)

12월 2일   안수집사 피택(김영철 박용구 박병규 손양호), 권사 피택(강복주)

1991년

3월 3일   주일 3부 예배 시작

3월 10일   시흥 병원 예배

3월 10일   백합성가대 찬양 시작

3월 13일   베델 성경공부반 1기 졸업

3월 13일   영아부예배 시작(기도실)

4월 9일   당동 산39-36에 400평 교회 부지 구입

5월 12일	교회사무장(박용구 집사), 교회사무원(이기순)
10월 16일	농어촌교회에 설교집 보내기
12월 16일	불우이웃돕기 일일찻집 및 바자회

1992년

| 3월 6일 | 경찰선교예배 |

1993년

7월 11일	일만제단 기도회 시작
10월 15일	담임목사 위임 권태진(장로 피택: 박용구, 권사 취임: 유화용, 안수집사 피택: 박광식 이강현 전재덕 한윤호)
11월 28일	김희연 사모님 외 8명 평신도신학원 졸업

1994년

1월 24일	담임목사님 외 16명 대만 선교지(현지 교회) 방문
5월 15일	예배당 건축을 위한 매월 1000명 성도 일만 구좌 건축 연보하기 시작
9월 4일	주택공사에서 분양한 종교부지 입찰 계약(금정동 870-10, 대지 271평)

| 9월 11일 | 예배당 건축 위해 기도 시작(지하 1층, 지상 5층 건평 1000평) |
| 10월 29일 | 군부대 진중 세례식 |

1995년

1월 8일	장로, 안수집사, 권사 투표(유현숙 집사 3분의 2 이상 득표, 장로 추천자: 박광식 이강현, 권사 추천자: 배성임 유정희 유현숙, 안수집사 추천자: 김남규 손춘근 오중희 유현만 이춘봉 정차교)
2월 5일	다니엘 특별새벽기도회
3월 19일	예배당 건축 준비 위한 100일 새벽기도회 시작
5월 7일	성경 쓰기 전 성도 참여
8월 13일	24시간 릴레이 기도 시작
10월 2일	교회 부지 잔금 완납
10월 15일	시와 찬미의 시간

1996년

2월 5일	담임목사 아주대학병원 신우회 예배 인도
3월 1일	설계 허가 및 사공업체 선정을 위한 100일 특별 기도회
3월 11일	군부대 위문 방문(승안군인교회 방문)
4월 6일	지하 2층, 지상 2층으로 건축할 것을 공동의회에서 결정
8월 4일	미국 발렌시아 문화교류 연수단 정길훈 집사(선교부장) 외 학생 5명 출국

8월 18일	군포경찰서 유치장 선교예배
9월 9일	담임목사 필리핀 선교지 방문 차 출국
10월 1일	'도서출판 성빛' 출판 등록
11월 10일	경찰선교의 밤
12월 15일	문상진 부목사 부임
12월 25일	교회 부지에서 예배당 건축 착공예배

1997년

1월 10일	김성수 부목사 부임
2월 2일	장로, 안수집사, 권사 투표(장로: 박광식, 이강현, 안수집사: 김남규, 진양호 권사: 유명숙), 박용구 장로 신임 투표(99% 신임)
2월 23일	권연순 전도사 출판담당 전도사 임명
4월 27일	부교역자 타 교회 연수
5월 2일	치매 예방과 대책을 위한 세미나(주최: 성민회)
5월 2일	성민회 어버이날 기념 독거노인가정(192가정) 떡, 카네이션 전달
6월 29일	신약성경 전 성도 일독(7~8월)
10월 10일	새 예배당 입당까지 24시간 릴레이 기도 시작
10월 26일	성민회 '자원봉사자 교육' 신청 받음
11월 16일	임석용 부목사 부임
11월 16일	11시 예배 후 새 예배당에서 감사예배
12월 25일	본 교인 제6기 가정봉사원 교육(2급 양성 교육) 수료자 68명
12월 28일	남전도회 통신성경공부반 2기 모집

1998년

1월 11일	24시간 기도회(10/10부터 입당까지, 여호수아 갈렙 모세)
1월 21일	성민회 주최 산본2단지 경로당에서 200여 명 어르신께 중식 대접
3월 5일	사단법인으로 성민원 인가
4월 12일	새 예배당에서 부활절 기념 음악회
4월 17일	입당 및 법인 설립 감사예배(금정동 870-10, 여섯 번째 예배당)
4월 17일	사단법인 성민원 현판식
4월 20일	담임목사 총회 교직자기도회 인도
4월 26일	군포시노인복지회관 수탁 운영 계약 체결(9년 수탁 운영)
5월 14일	교회 어르신 온천과 제암리교회 유적지 방문
6월 6일	향군종위원회 51사단 신병 세례식 집례(전승교회)
6월 7일	1천 명 복지후원회 모집(358명으로 시작)
6월 24일	남전도회 주최 조찬기도회(새벽5시)

1999년

1월 3일	백은성 전도사 부임
5월 9일	교회 20년 다큐멘터리 비디오 제작
5월 15일	담임목사 탈북난민보호유엔청원운동, 경기도 군포시 협의회장 위촉
7월 1일	가정봉사원 파견 사업 제일케어 개원(현재 성민재가노인복지센터)

8월 3일	전남 영광군 안마도교회 여름성경학교 자원봉사(교사 지원 6명)
11월 28일	재소자 선교위원회 후원을 위한 성경 판매
12월 10일	독거노인 돕기 바자회 '일일찻집'

2000년

9월 24일	예배당 증축을 위해 제2교육관으로 이전(일곱 번째 예배당)
10월 2일	담임목사 사단법인 성민원 보건복지부장관 표창
10월 2일	담임목사 군포시장 표창(노인복지 유공자 부문)
10월 10일	군포푸드뱅크 수탁 운영

2001년

2월 11일	기드온 300용사 특별기도 시작
6월 3일	예배당 건축 완공을 위한 100일 릴레이 기도
6월 3일	요셉운동본부 설립
7월 23일	한미요셉운동 주관(1000여 명 참석)
9월 7일	담임목사 사회복지 활동 유공자 대통령 표창(제2회 사회복지의 날)
10월 6일	담임목사 군포시민대상 수상(명예선양부문)

2002년

3월 1일	예배당 증축 입당감사예배(금정동 870-10, 여덟 번째 예배당)
3월 1일	임직예배, 임직 및 취임식
3월 6일	담임목사 전승교회에서 51사단 사단장 감사패
8월 28일	방송실 개설
11월 3일	행복한 가정 준비 성경공부반 시작
11월 14일	산본제일병원 신우회 예배 인도
11월 22일	통일기원예배 통일전망대 십자가 점등식

2003년

1월 1일	교회 홈페이지 운영 개시
4월 22일	담임목사 한국기독교 100주년기념관 특별강의
5월 11일	사랑부 개설(장애인을 위한 예배 시작, 대상: 발달지체 장애인, 자폐, 정신지체 등, 주일 오전 11시 교육관)
5월 25일	성민실버합창단 창단
5월 28일	신수진 부목사 부임
6월 10일	백은성 전도사 이라크 의료봉사 파견(2주)
7월 6일	네팔 노동자들을 위한 예배
7월 17일	담임목사 목회와 간증 CBS 〈새롭게 하소서〉 방송
10월 12일	양화진 절두산 순례
10월 27일	성민원 후원을 위한 여전도회 바자회
11월 23일	주일 1부 예배, 4부 예배 개설

11월 23일	군포제일교회 영상 뉴스 시작
11월 23일	방과 후 '비전의 교실' 개원
12월	논문집 〈교회성장과 사회복지사역의 연관성 연구〉 출판
12월 14일	공동모금에서 지원 받은 로또 '이동 목욕 차량'반납(복지와 교육의 뜻에 맞지 않음)

2004년

1월 15일	담임목사 박사논문 발표회 〈교회성장과 사회복지사역의 연관성 연구〉
3월 14일	교회 홈페이지 개편 www.gunpojeil.org
4월 2일	FEBC 라디오 극동방송 〈우리 교회 좋은 교회〉 방송
7월 19일	본 교회와 담임목사 C3TV 〈목회자를 찾아서〉 방영
8월 8일	담임목사 CBS 〈TV 강단〉 설교 방송
8월 16일	청년 · 학생 임원 단기선교활동(중국 심양, 연길)
9월 11일	옹기장이 콘서트 2004(청년 · 학생회 주관)
9월 13일	기독교 TV 선교원 촬영 〈영유아교육 교회가 책임진다〉
10월 6일	카렌족 영적 지도자 짜렌파치 목사 설교
11월 4일	한국기독교성령 100년사 '일백헌정교회' 선정
12월 9일	제1회 CBS크리스천 자원봉사대상 우수상 수상
12월 23일	성탄축하 거리공연 및 노방전도(청년회)

2005년

1월 9일	군포복지뉴스 창간(발행인 권태진)
3월 5일	군포 8기 아버지학교(매주 토요일 5시 5주간)
3월 11일	담임목사 한국복음주의협의회 월례주제발표회 '목회와 복지' 강의
3월 15일	군포원로회 발족식
4월 5일	담임목사 세계 한인 목회자 세미나 강의 '교육목회'
5월 1일	군포제일결혼정보 홈페이지 운영 개시(wedding.gunpojeil.org)
5월 10일	군포시 메시아 합동 대연주회
5월 23일	교회 사회복지 지도자 세미나 및 현장실습
6월 23일	제1기 교회 사회복지 지도자 워크숍
8월 24일	기독교사회복지엑스포 2005 참여
9월 6일	제2회 교역자 케어복지 세미나
10월 4일	제1회 군포시 기독교연합회장기 축구대회 우승
11월 21일	24시간 40일 기도회 '잃어버린 양 찾기 운동'
11월 29일	카렌족선교회 창립 7주년 감사예배
12월 3일	담임목사 천국사다리 호스피스 이사장 취임
12월 6일	제1기 디모데 성경공부반 부부 모임
12월 25일	조진모 목사(합동신학대학원 교수) 협동목사로 부임

2006년

1월 4일	2007 한국기독교성령백주년대회를 위한 연속 회개기도 성회(첫 예배)
1월 12일	성민요양원(유료 요양시설) 개원
1월 25일	담임목사, 사모 성지 연구 차 이스라엘 출국
1월 29일	담임목사 세계성신클럽 제18대 회장 취임예배
3월 19일	세계성신클럽 제17주년 기념예배
4월 9일	24시간 100일 특별기도(직분자 임직과 예배당 건축 위해)
4월 16일	장애인 복음화 대회예배(강사: 박창윤 목사)
5월 13일	담임목사 51사단 신병교육대 세례 집례
7월 8일	인도네시아 목회자 문화 · 복지 견학
7월 16일	북경조선족 어린이 선교 · 문화 견학
7월 17일	강원도 인제군 수해지역 이동급식차량 투입
8월 3일	한국기독교성령 100주년, 2006 여름회개성령수련회 주최
8월 14일	광복절 평화통일 기도성회
11월 3일	담임목사 한국기독교성령 100주년 준비 오산리 금식기도성회 설교
12월 17일	장로 신임 투표(5명 모두 97% 이상 신임)

2007년

1월 7일	한나 교구, 에스더 교구 신설
1월 14일	청년회를 위한 5부 예배 신설

2월 15일	김희연 사모 성결대학교 사회복지학과 졸업
3월 2일	성민소년소녀합창단 창단
3월 15일	성민원 9주년 기념 성악가 박인수 초청음악회
5월 7일	결식노인 및 카렌족 난민을 위한 사랑의 바자회
5월 9일	한국기독교성령 100주년 대성회
5월 20일	임직식(권사 17명, 안수집사 9명, 명예권사 9명)
5월 27일	해외동포 책 보내기
6월 1일	담임목사 설교 모바일 방송
7월 1일	군포시니어클럽 수탁 운영
7월 3일	1천 명 제1차 특별새벽기도회(1차 7월, 2차 9월, 3차 12월)
11월 18일	여덟 번째 예배당 헌당예배
11월 25일	아홉 번째 예배당 건축을 위한 300명 건축위원 선정
12월 1일	청년회 노방전도 거리공연

2008년

1월 21일	24시간 40일 기도회(1, 6, 11월)
2월 18일	양병희 목사 초청 '2008 심령부흥성회'
5월 18일	군포시청 신우회 성경책 기증식(30권)
6월 4일	CBS노컷뉴스 〈우리 교회 복지사역〉 방영
6월 6일	제1회 당회장기 교구대항 축구대회
6월 29일	주일 4부·5부 예배 통합
6월 29일	군포제일교회, 성민원 충남도지사 감사패 수여(태안 기름 유출 사고 무료 급식 봉사)

9월 7일	군포제일교회 방송국 서비스 개시(KT채널 888번)
9월 18일	CTS 〈내가 매일 기쁘게〉 '사람의 영혼을 사랑하는 목회자' 군포제일교회 권태진 목사 편 방송
10월 12일	창립 30주년 신학 강좌(강사: 권태진 담임목사 이광길 목사 박영선 목사)
10월 18일	연합성가대 제13회 경기남부 성가합창제 참가
10월 19일	《군포제일교회30년사》 출판감사예배
10월 26일	〈군포제일교회 아름다운 뉴스〉 1호 발행
11월 18일	CTS 〈열전 씽! 할렐루야〉 방송
11월 30일	C3TV 〈시인의 언덕〉 방송

2009년

2월 2일	예배당 건축을 위한 1천 일 24시간 100일 기도회 시작(1차 2월부터 10차 2012년 3월까지)
5월 29일	극동방송 〈좋은 아침입니다〉 방송
10월 14일	창립 31주년 기념 감사회 '에벤에셀 음악회'
11월 22일	군포제일교회 예배당 신축 부지 매입 감사예배(당정동 626번지)
12월 19일	청년회 노방전도 공연

<h2 align="center">2010년</h2>

1월 11일	CTS 〈내 영혼의 찬양〉 마리아중창단 출연
6월 28일	㈔한국기독교실업인회 군포지회 창립대회 개최
8월 4일	CBS 〈요리쿡 건강쿡〉 방송
10월 13일	기독교사회복지 엑스포 2010 참가
10월 17일	새 예배당 건축 기공예배(당정동 군포제일교회 비전센터)
10월 19일	군포제일교회 창립 32주년 기념 음악회 '소향콘서트'

<h2 align="center">2011년</h2>

1월 7일	극동방송 라디오(FM 106.9 MHZ) 담임목사 설교 방송
4월 7일	대한예수교장로회(합신) 제7회 은퇴목사(부부) 초청 경친회
10월 28일	빈곤 대물림 방지를 위한 교육복지 '성민에듀투게더' 개원감사예배 및 협약식

<h2 align="center">2012년</h2>

5월 14일	전 성도 릴레이 성경 쓰기 시작
7월 18일	안양시관악장애인종합복지관 수탁 운영
8월 25일	CBS 한국장로교회 100주년 기념 특집 좌담 〈분열의 100년을 넘어 하나 되는 100년을 향해서〉 방송
8월 26일	예루살렘예배당 입당(당정동 630-4, 아홉 번째 예배당) 및 임

직 감사예배(장로 2명, 안수집사 11명, 권사 14명)

10월 23일	장애인 후원을 위한 힐링콘서트
10월 24일	성령 충만을 위한 부흥회(강사: 소강석 목사 김문훈 목사)
12월 2일	파이프오르간 봉헌 연주 시리즈 Ⅰ '백금옥 교수 초청 파이프오르간 독주회'
12월 11일	담임목사 한국장로교총연합회 제30회기 대표회장 취임 감사예배
12월 26일	현대케피코 기술연구소 의료선교센터 협약식

2013년

1월 14일	한국장로교총연합회 '따스한채움터' 노숙인 점심 봉사
2월 14일	GoodTV 우리 교회 예배 실황 방송 시작
3월 15일	파이프오르간 봉헌 연주 시리즈 Ⅱ '도날드 서덜랜드(피바디 음대 교수) 초청 파이프오르간 연주회'
3월 29일	성금요일음악예배
4월 21일	장경동 목사 초청 부흥성회
6월 16일	군포제일교회 교회복지연구소 주관 '군포제일교회 부흥과 성장에 대한 설문조사' 실시(666명 참여)
7월 5일	한국장로교총연합회 복지학술 심포지엄 개최, 성민원 사례 발표(박용구 장로, 예루살렘 예배당 비전홀)
8월 2일	GoodTV 〈가물어 메마른 땅에〉 '행복은 에덴동산 안에서', '때를 아는 지혜'(5분 칼럼) 방송
9월 1일	성민힐링클리닉 개소식

10월 13일	창립 35주년 '바람바람 성령바람 전도축제'(강사: 권태진 담임목사 장경동 목사 주성민 목사 김종준 목사 김문훈 목사 박병선 안수집사)
10월 19일	천재 바이올리니스트 고수지와 함께하는 '희망·사랑·감사 콘서트'
12월 11일	피드 더 칠드런 FTC 사랑의 부츠 전달식

2014년

1월 6일	승리하는 한 해를 위한 24시간 금식 특별기도회
2월 15일	성경 읽기 캠페인 '성경통독 153' 시작
3월 2일	믿음 교구(일곱 번째 교구) 신설
3월 22일	영상아카데미 개강(강사: 이소윤 작가)
6월 15일	2014 나라사랑 희망 콘서트 '평화의 기도'
6월 23일	제31회 전국 오르가니스트대회 및 파이프오르간 독주회
7월 4일	제일선교원 창립 30주년 홈커밍데이 개최
7월 18일	안양시관악장애인종합복지관 재수탁 운영
10월 6일	CTS 〈내가 매일 기쁘게〉 '그저 사랑한 아비목자 권태진 목사' 편 방송
10월 17일	창립 36주년 기념음악회 'Love and Hope 사랑과 희망'
10월 19일	《아비목회》(2014, 두란노) 출판감사예배
11월 3일	CTS 〈4인4색〉 '권태진 목사-아비목회' 방송
11월 23일	종교개혁 497주년 한국교회개혁실천예배

<h1 style="text-align:center">2015년</h1>

1월 25일	북한주민을 위한 따뜻한 옷 보내기
2월 17일	제1회 북한 이탈 주민 설 선물 나눔 행사(군포경찰서 협력 : 오문교 서장)
3월 2일	CBS 〈미션스케치〉 군포제일교회 편 '이웃을 내 몸같이' 편 방영
3월 26일	(사)성민원 설립 17주년 기념 KBS교향악단과 함께하는 후원음악회(군포시문화예술회관)
5월 13일	담임목사와 함께하는 크루즈 성지순례
7월 5일	광복70주년 대한민국 통일 및 장로교의 날 성공기도회
10월 11일	제1회 대한민국 월남참전용사 평화통일기도회 개최
10월 22일	'한국 교회 오늘과 내일' 포럼(대표회장: 권태진 담임목사) 군포제일교회 성민원 사례 발표(국회도서관)
11월 15일	추수감사절 1만 명 초청 사랑의 떡 잔치
12월 16일	파이프오르간 봉헌 3주년 기념 '채진수 교수 초청 파이프오르간 연주회'

<h1 style="text-align:center">2016년</h1>

3월 9일	성령충만 특별집회 '깨어라, 일어나라!'
3월 13일	청장년회 조직 및 헌신예배
5월 14일	제30회 전교인체육대회
7월 3일	송암 권태진 목사 찬송봉헌 · 시집출판 · 명예신학박사

감사예배

7월 3일   한국찬송가개발원 설립(이사장 권태진, 원장 문성모)

7월 17일   천재 바이올리니스트 고수지 바이올린 리사이틀 '음악
            이 함께하는 사랑과 감사의 여름밤'

8월 25일   성민원과 함께하는 KBS교향악단 제709회 정기연주회
            (군포시문화예술회관)

9월 5일   종교개혁 500주년 성령대회 주관 비텐베르크 국제포럼
            (독일 비텐베르크대학교)

10월 5일   파이프오르간 봉헌 연주 시리즈 Ⅲ '백금옥 교수 초청 파
            이프오르간 연주회'

10월 9일   2016 공동회의(권성근 목사 청빙 찬성 98.9%, 권사 · 안수집사 지
            원자 교육 인준)

10월 15일   제3회 기독교사회복지엑스포 (2016 디아코니아 코리아) 참가
            (아동 · 청소년 영역 주관)

10월 17일   권성근 강도사 목사 안수식

10월 19일   2016 기독교사회복지엑스포 아동청소년 영역 세미나
            주관

11월 27일   파이프오르간 봉헌 4주년 기념음악회(오르가니스트: 성결대
            학교 채진수 권은혜 교수)

1월 20일	북한 이탈 주민 설 선물 전달식
2월 5일	1천 명 1천 일 24시간 특별기도회 시작
4월 16일	한국교회연합 부활절 새벽연합예배 본 교회에서 개최

참고문헌

◎ 1차 자료 - 권태진 목사의 저서 및 글 모음(날짜순)

1. 설교집

권태진, 《마태복음(상)》, 성빛출판사, 경기 1991.

권태진, 《마태복음(중)》, 에벤에셀, 서울 1996.

권태진, 《열매를 보면 지혜를 안다》, 성빛출판사, 경기 1999.

권태진, 《사랑의 능력》, 성빛출판사, 경기 2002.

권태진, 《요한이 가르쳐준 사랑의 능력》, 성빛출판사, 경기 2002.

권태진, 《요한일서 사랑의 능력》, 성빛출판사, 경기 2003.

권태진, 《하나님의 능력을 입은 백성이 되라》, 성빛출판사, 경기 2004.

권태진, 《행복한 오솔길》, 성빛출판사, 경기 2005.

권태진, 《믿음의 사람이 가는 길》, 성빛출판사, 경기 2007.

권태진, 《주선된 만남》, 쿰란출판사, 서울 2009.

권태진, 《사랑이 흐르는 강》, 쿰란출판사, 서울 2012.

2 소그룹 및 개인용 성경공부 교재

권태진, 《요한일서, 사랑의 능력》, 성빛출판사, 경기 2003.

3. 단행본(에세이, 칼럼집 등)

권태진, 《예수를 믿으면 잘되는가》, 성결문화사, 서울 1992.

권태진, 《그 나라가 좋아요》, 성빛출판사, 경기 1992.

권태진, 《슬픔 속에도 찾아오는 봄》, 도서출판 우인스, 경기 1994.

권태진, 《환난 속에 자라는 교회》, 기독출판 에벤에셀, 서울 1995.

권태진, 《사랑의 위력》, 도서출판 진흥, 서울 1997.

권태진, 《사막에도 꽃은 피고》, 성빛출판사, 경기 1998.

권태진, 《목회 속에 피어나는 복지》, 성빛출판사, 경기 2003.

권태진, 《빚진 자의 마음으로 사회로 달려가라》, 국민일보, 서울 2004.

권태진, 《행복오네》, 성빛출판사, 경기 2006.

권태진, 《군포제일교회30년사》, 군포제일교회 편집부, 경기 2008.

권태진, 《겨자씨 사랑》, 쿰란출판사, 서울 2010.

권태진, 《아비목회》, 두란노서원, 서울 2014.

4. 시집

권태진, 《어둠의 화폭에 빛 되었으면》, 도서출판 우인스, 경기 1993.

권태진, 《아름다운 세계》, 성빛출판사, 경기 1996.

권태진, 《난 태양을 보리라》, 성빛출판사, 경기 2000.

권태진, 《당신을 사랑하기 때문에 당신을 외면할 수 없습니다》, 도서출
      판 인화, 경기 2001.

권태진, 《당신은 나의 날개》, 성빛출판사, 경기 2004.

권태진, 《사랑의 불씨를 살리라》, 성빛출판사, 경기 2005.

권태진, 《선물 52》, 성빛출판사, 경기 2007.

권태진, 《행복의 옥토》, 성빛출판사, 경기 2008.

권태진, 《살아도 죽어도》, 쿰란출판사, 서울 2009.

권태진, 《꿀벌의 날갯짓》, 쿰란출판사, 서울 2011.

권태진, 《복 있는 너야》, 쿰란출판사, 서울 2012.

권태진, 《우리, 희망을 이야기하자》, 쿰란출판사, 서울 2013.

권태진, 시작노트01 《너의 새날을 위하여》, 성빛출판사, 경기 2015.

권태진, 시작노트02 《시.작.하다》, 성빛출판사, 경기 2016.

5. 기고문(단행본 및 정기간행물)

권태진, "끝까지 견디라", 〈월간기독교상담〉(서울: 1992년 10월호(창간호))

권태진, "위기를 기회로 만들라", 〈월간기독교상담〉(서울: 1993년 1~2월호)

권태진, "부모님은 기다려주지 않는다", 〈월간기독교상담〉(서울: 1993년 3~6월호)

권태진, "현대교회에서의 사모의 위치와 역할", 〈월간기독교상담〉(서울: 1993년 7~8월호)

권태진, "전하고 버림받지 않도록", 〈월간기독교상담〉(서울: 1993년 9~10월호)

권태진, "어둠의 화폭", 〈월간기독교상담〉(서울: 1993년 11월호)

권태진, "예수님의 피난교회", 〈월간기독교상담〉(서울: 1993년 12월호)

권태진, "가정교회"외 시 2편, 〈월간문예사조〉(경기: 1994년 7월호)

권태진, "아내가 입원한 날", 〈기독문학〉(서울: 1994년 11 · 12월호)

권태진, "새롭게 하소서"외 시 2편, 〈시민문학〉(경기: 1996년 봄호)

권태진, "참 생명"외 시 1편, 〈시민문학〉(경기: 1996년 가을호)

권태진, "한 노파의 한숨"외 시 3편, 〈시민문학〉(경기: 1997년 여름호)

권태진, "오월을 맞으며"외 시 4편, 〈시민문학〉(경기: 1999년 여름호)

권태진, "택한 백성을 버리시지 않는 사랑의 하나님", 〈인물계〉(서울: 1999년 겨울호)

권태진, "반보"외 시 3편, 〈시민문학〉(경기: 2000년 겨울호)

권태진, "복지목회 사역하면서", 〈합동소식〉(서울: 2007년 4월호)

권태진, "봄의 낙엽"외 시 2편, 〈시민문학〉(경기: 2007년 여름호)

권태진, "행복을 원하는가"외 시 2편, 〈문예와 비평〉(서울: 2007년 가을 · 겨울호)

권태진, "사랑의 꽃"외 시 2편, 〈시민문학〉(경기: 2008년 가을호)

권태진, "바람따라"외 시 1편, 〈시민문학〉(경기: 2009년 가을호)

권태진, "소중한 날들"외 시 1편, 〈짚신문학〉(서울: 2010년 겨울호)

권태진, "복지는 말씀실천의 장이다", 〈월간목회〉(서울: 2011년 7월호)

권태진, "빗물을 눈물로 느낄 때의 추억"외 시 3편, 〈짚신문학〉(서울: 2011년 겨울호)

권태진, "자녀교육의 성공과 실패", 〈월간목회〉(서울: 2012년 4월호)

권태진, "종입니다", 〈America Holy〉(서울: 2012년 7월호)

권태진, "세 발로 가는"외 시 1편, 〈짚신문학〉(서울: 2012년 겨울호)

권태진, "섬김의 상담", 〈교회성장〉(서울: 2013년 5월호)

권태진, "꿈에서"외 시 1편, 〈짚신문학〉(서울: 2013년 겨울호)

권태진, "바다가 되고 싶다"외 시 1편, 〈짚신문학〉(서울: 2014년 겨울호)

권태진, "실버 멘토들과 함께 만드는 한국 교회와 가정", 〈교회성장〉(서울: 2015년 10월호)

권태진, "소중한 당신"외 시 1편, 〈경기PEN문학〉(경기: 2015년 11월(제13집))

권태진, "2016년, 반석에서 백 년을 준비하며 부흥을 성취하는 해", 〈월간목회〉(서울 : 2015년 12월호)

권태진, "희망을 시로 노래한다"외 시 1편, 〈짚신문학〉(서울: 2015년 겨울호)

권태진, "[이달의 설교] 성탄에 함께 한 사람들", 〈맑은 물가〉(서울: 2015년 12월호)

권태진, "어둠의 화폭에 빛 되었으면"외 시 1편, 〈월간문예사조〉(경기: 2016년 3월호)

권태진, "당신은"외 시 7편, 〈2016년 제8회 군포문학상수상작품집〉(경기: 2016년 12월)

권태진, "노송"외 시 1편, 〈짚신문학〉(서울: 2016년 겨울호)

권태진, "치료하는 바다"외 시 1편, 〈문예사조 2016년 사화집 '길고 긴 문학이야기'〉(서울: 2016년 12월호)

6. 학술대회 및 심포지엄 자료집

권태진, "아름다운 조화", 〈미주한인교회 창립100주년 감사대축제〉(서
　　　울: 2003년 11월 9일)

권태진, "서러워 마소서", 〈한국기독교성령일백년〉(서울: 2007년)

권태진, "성령 2세기의 성숙함을 나타내는 심포지엄이 되기를", 〈한국
　　　기독교성령100주년 제4차 신학심포지엄, 백만인구령운동 한국
　　　교회 성령백년의 아젠다〉(서울: 2008년 11월 7일)

권태진, "전 세계 선교의 사명을 잘 감당하기를 소망하며", 〈한국기독
　　　교성령100주년 제5차 신학심포지엄, 백만인구령운동 일백주년
　　　과 한국 교회〉(서울: 2009년 11월 5일)

권태진, "부활의 종점으로 가는 십자가의 길, 성령의 지배받는 회개의
　　　길", 〈2010천만인성령대회, 성령의 계절이 오게 하자!〉(서울:
　　　2010년 5월)

권태진, "해방 70주년, 평화통일 원년으로", 〈한국 교회 오늘과 내일을
　　　말한다, 연합운동과 사회참여를 중심으로〉(서울: 2015년 10월 22일)

권태진, "기독교적 가치 실현을 위한 교회의 사회참여 −군포제일교회
　　　와 성민원 사례를 중심으로", 〈2017 종교개혁 500주년 한국 교
　　　회개혁실천서울포럼〉(서울: 2016년 10월)

7. 신문 및 인터넷 신문

1) 국민일보

권태진, "[겨자씨] 우러러보자", 〈국민일보〉(2008년 8월 32일)

권태진, "[겨자씨] 화목은 부부사랑부터", 〈국민일보〉(2009년 5월 12일)

권태진, "[겨자씨] 바로 지금", 〈국민일보〉(2009년 5월 19일)

권태진, "[겨자씨] 사자굴로 가자", 〈국민일보〉(2009년 5월 26일)

권태진, "[겨자씨] 다름을 위하여", 〈국민일보〉(2009년 6월 2일)

권태진, "[겨자씨] 말씀을 먹자", 〈국민일보〉(2009년 6월 9일)

권태진, "[겨자씨] 어르신의 목소리", 〈국민일보〉(2009년 6월 16일)

권태진, "[겨자씨] 아~아~ 잊으랴…", 〈국민일보〉(2009년 6월 23일)

권태진, "[겨자씨] 환한 미소", 〈국민일보〉(2009년 6월 30일)

권태진, "[겨자씨] 하루하루", 〈국민일보〉(2009년 7월 7일)

권태진, "[겨자씨] 우산", 〈국민일보〉(2009년 7월 14일)

권태진, "[겨자씨] 선행과 협력", 〈국민일보〉(2009년 7월 21일)

권태진, "[겨자씨] 사랑의 씨는", 〈국민일보〉(2009년 7월 28일)

권태진, "[겨자씨] 순종", 〈국민일보〉(2009년 8월 4일)

권태진, "[겨자씨] 때가 있다", 〈국민일보〉(2009년 8월 11일)

권태진, "[겨자씨] 작은 규칙이라도", 〈국민일보〉(2009년 8월 18일)

권태진, "[겨자씨] 바른 안내", 〈국민일보〉(2009년 8월 25일)

권태진, "[겨자씨] 더 무서운 것", 〈국민일보〉(2009년 9월 8일)

권태진, "[겨자씨] 보험", 〈국민일보〉(2009년 9월 15일)

권태진, "[겨자씨] 가을 나무의 수난", 〈국민일보〉(2009년 9월 22일)

권태진, "[겨자씨] 화목의 디딤돌", 〈국민일보〉(2009년 9월 29일)

권태진, "[겨자씨] 하늘 문 열기", 〈국민일보〉(2009년 10월 6일)

권태진, "[겨자씨] 더 나은 물질관", 〈국민일보〉(2009년 10월 13일)

권태진, "[겨자씨] 존재의 재발견", 〈국민일보〉(2009년 10월 20일)

권태진, "[겨자씨] 맡긴다는 것은", 〈국민일보〉(2009년 10월 27일)

권태진, "[겨자씨] 민심이 천심(?)", 〈국민일보〉(2009년 11월 3일)

권태진, "[겨자씨] 하나님이 달아준 날개는", 〈국민일보〉(2009년 11월 10일)

권태진, "[겨자씨] 지도자의 조건", 〈국민일보〉(2009년 11월 17일)

권태진, "[겨자씨] 자기 사랑", 〈국민일보〉(2009년 11월 24일)

권태진, "[겨자씨] 주님이 찾는 손", 〈국민일보〉(2009년 11월 31일)

권태진, "[겨자씨] 역사는 연결고리", 〈국민일보〉(2009년 12월 8일)

권태진, "[겨자씨] 성탄 준비", 〈국민일보〉(2009년 12월 15일)

권태진, "[겨자씨] 거룩한 고민", 〈국민일보〉(2009년 12월 22일)

권태진, "[겨자씨] 작살을 놓아라", 〈국민일보〉(2009년 12월 29일)

권태진, "[겨자씨] 아픔까지 또는 말+행동=사랑", 〈국민일보〉(2010년 1월 5일)

권태진, "[겨자씨] 생명 꽃", 〈국민일보〉(2010년 1월 12일)

권태진, "[신임 교단장 릴레이 설교] 큰 기쁨을 만드는 사람들", 〈국민일보〉(2011년 10월 3일)

권태진, "[오늘의 설교] 선지자의 말을 들어라", 〈국민일보〉(2012년 2월 21일)

2) 기독교개혁신보

권태진, "미래의 초석 놓는 자세로 최선 다할 터", 〈기독교개혁신보〉(2011년 9월 24일)

권태진, "[신년메세지] 십자가 승리와 부활능력으로 힘차게 전진합시다", 〈기독교개혁신보〉(2011년 12월 31일)

권태진, "[초대시] 쫓기는 주역", 〈기독교개혁신보〉(2012년 9월 24일)

3) 기독교신문

권태진, "[정론] 성령의 사람으로 일어나자", 〈기독교신문〉(2011년 6월 25일)

권태진, "[신년설교] 복음의 신앙을 힘쓰는 해", 〈기독교신문〉(2012년 1월 6일)

4) 기독일보

권태진, "[오늘의 설교] 보혜사를 영접하라", 〈기독일보〉(2014년 3월 31일)

권태진, "[오늘의 설교] 세상을 이긴 예수님", 〈기독일보〉(2014년 4월 10일)

권태진, "[오늘의 설교] 예수님만이 희망이다", 〈기독일보〉(2015년 4월 22일)

권태진, "[오늘의 설교] 성령을 선물로 받으라", 〈기독일보〉(2015년 6월 25일)

5) 들소리신문

권태진, "[칼럼] 건강한 교회가 되게 하자", 〈들소리신문〉(2002년 2월 14일)

권태진, "[칼럼] 감사하며 살자", 〈들소리신문〉(2002년 4월 11일)

권태진, "[칼럼] 행복하기를 원하는가", 〈들소리신문〉(2002년 7월 4일)

권태진, "[칼럼] 교회 안에서의 노인문제", 〈들소리신문〉(2002년 8월 22일)

권태진, "[칼럼] 가을의 풍성함은 봄, 여름의 수고의 결실", 〈들소리신문〉(2002년 10월 4일)

권태진, "[칼럼] 영혼과 육체,물과 컵", 〈들소리신문〉(2002년 11월 7일)

권태진, "[칼럼] 하나님의 능력을 제한하지 않는 해", 〈들소리신문〉(2002년 12월 30일)

권태진, "[칼럼] 선한 사마리아 사람의 운동", 〈들소리신문〉(2003년 2월 19일)

권태진, "[칼럼] 생각 좀 하고 살자", 〈들소리신문〉(2003년 3월 12일)

권태진, "[칼럼] 히스기야의 눈물", 〈들소리신문〉(2003년 4월 16일)

권태진, "[칼럼] 나타나지 않는 것을 볼 수 있는 지혜", 〈들소리신문〉(2003년 7월 2일)

권태진, "[칼럼] 아무리 우겨쌈을 당하여도", 〈들소리신문〉(2003년 9월 17일)

권태진, "[주일강단] 주 안에서 자랑하라", 〈들소리신문〉(2008년 9월 17일)

권태진, "[인터뷰] 주님 성품 닮은 건강한 교회 이룰 터", 〈들소리신문〉(2011년 10월 2일)

권태진, "[주일강단] 복이 있는 사람", 〈들소리신문〉(2011년 10월 16일)

권태진, "[주일강단] 참 제자의 길", 〈들소리신문〉(2012년 1월 20일)

6) 미주크리스천신문

권태진, "신년 시", 〈미주크리스천신문〉(2009년 1월 1일)

권태진, "[성탄시] 아버지 사랑", 〈미주크리스천신문〉(2010년 12월 18일)

권태진, "[초대시] 부활의 날", 〈미주크리스천신문〉(2011년 4월 16일)

권태진, "[신년설교] 복음의 신앙을 힘쓰는 해", 〈미주크리스천신문〉(2012년 1월 2일)

권태진, "[성탄시] 성탄", 〈미주크리스천신문〉(2012년 12월 15일)

권태진, "부활과 생명 되신 예수", 〈미주크리스천신문〉(2013년 3월 23일)

권태진, "[강의연재] 부모를 통한 자녀의 복과 화⑴", 〈미주크리스천신문〉(2013년 7월 27일)

권태진, "[강의연재] 부모를 통한 자녀의 복과 화⑵", 〈미주크리스천신문〉(2013년 8월 3일)

권태진, "[신년설교] 풍성한 복을 체험하라", 〈미주크리스천신문〉(2014년 1월 4일)

권태진, "[1500호 축시] 성령의 능력 입으라", 〈미주크리스천신문〉(2014년 9월 13일)

권태진, "[부활절 설교] 부활의 영광을 체험하라", 〈미주크리스천신문〉(2016년 3월 19일)

7) 크리스천투데이

권태진, "한국 교회, 문화공동체를 형성하자", 〈크리스천투데이〉(2010년 10월 7일)

◎ 2차 자료: 권태진 목사와 관련된 자료

1. 기고문(잡지 및 정기간행물)(가나다순)

고세진, "한국 교회 사회참여의 오늘과 내일", 〈한국 교회 오늘과 내일을 말한다, 연합운동과 사회참여를 중심으로〉(서울: 2015년 10월 22일)

김계숙, "노인복지 공로로 대통령상 수상한 군포제일교회 권태진 목사 '교회는 복지의 심장부에요'", 〈오늘의 한국〉(서울: 2002년 1월)

김성태, "지역사회 섬기며 더불어 성장하는 군포제일교회 '목회는 복지입니다'", 〈The world bridge〉(서울: 2003년)

김영애, "송암 권태진 시인을 만나다—제7회 군포문학상수상자", 〈군포예술〉(경기: 2015년 12월)

김윤선, "제28회 기독교문화대상", 〈성신세계〉(서울: 2016년 1월)

김윤선, "2017 종교개혁 500주년 한국 교회개혁갱신실천대회", 〈성신세계〉(서울: 2016년 1월)

김창곤, "성령의 능력으로 새로운 도약을!", 〈성신세계〉(서울: 2006년 9월)

김창곤, "한국기독교성령100주년대성회, 이제 그 성령의 불길을 해외로!", 〈성신세계〉(서울: 2007년 5월)

김창곤, "제21회 기독교문화대상", 〈성신세계〉(서울: 2008년 4월)

김창곤, "세계성령운동중앙협의회 회관 예인사랑 개관식", 〈성신세계〉(서울: 2008년 4월)

김창곤, "2008 성령의 역사를 실천하는 성령의 사람 홀리 스피리츠맨 메달리온 시상식", 〈성신세계〉(서울: 2009년 1월)

김창곤, "2010천만인성령대회지역성회", 〈성신세계〉(서울: 2009년 1월)

김창곤, "성령의 인도를 받아 선한 일 감당하는 2010년이 되기를", 〈성신세계〉(서울: 2010년 1월)

김창곤, "'성령으로 오세아니아를!' 2010오세아니아성령대성회 개최",
〈성신세계〉(서울: 2010년 5월)

김창곤, "2010천만인성령대성회영혼구령역사 100주년 기념예배",〈성
신세계〉(서울: 2010년 8월)

김창곤, "제26회 기독교문화대상",〈성신세계〉(서울: 2013년 4월)

김창곤, "종교개혁 297주년 한국 교회개혁실천예배 개회",〈성신세계〉(서
울: 2015년 1월)

박용구, "교회의 사회복지모델–군포제일교회 (사)성민원을 중심으로",
〈'2013 나눔과 섬김의 장로교회' 제5회 장로교의 날 기념 복지
학술 심포지엄〉(서울: 2013년 7월)

선종욱, "아버지의 마음을 담은 사랑의 목회",〈월간목회〉(서울: 2013년 7월)

엄진용, "성령역사일백년을 향한 역사와 전망 제시",〈성신세계〉(서
울:2005년 11월)

엄진용, "세계성령봉사상 축시",〈성신세계〉(서울: 2005년 11월)

옥세철, "사회복지, 교회성장 주요 배경 입증",〈America Holy〉(서울:2012
년 7월)

이성용, "군포제일교회 권태진 목사의 목회는 '영혼구원,사랑실천'을 통
한 복지목회를 말한다",〈월간 한국뉴스〉(서울: 2011년 7월)

이수미, "교회와 사회를 잇는 징검다리 세계성신클럽 제18대 회장 권태
진목사",〈크리스챤21세기〉(서울: 2006년 2월)

2. 신문 및 인터넷 신문(날짜순)

1) 경기신문

"군포서, 직장훈련 · 성탄예배",〈경기신문〉(2011년 12월 26일)

2) 경기일보

"노인들 새삶 불어넣어주는 (사)성민원", 〈경기일보〉(2000년 6월 3일)

"군포시민대상 최정선씨 등 7명 수상", 〈경기일보〉(2001년 10월 6일)

"군포 한국복합물류㈜ '그늘진 이웃에 한줄기 희망을' ", 〈경기일보〉(2006년 8월 7일)

"'사랑의 빵 저금통' 가득 채워주세요", 〈경기일보〉(2013년 5월 6일)

"군포 사랑의 점심나누기 성금전달 명단", 〈경기일보〉(2013년 5월 7일)

3) 경기헤럴드

"성민에듀투게더 제1기 수료 및 입학식 성료", 〈경기헤럴드〉(2013년 3월 5일)

"군포경찰서 · 군포제일교회, 탈북민을 위한 사랑나눔 행사 개최", 〈경기헤럴드〉(2016년 2월 9일)

"권태진 목사, 웨스트민스터신학대학원대학교 명예박사 학위 받아", 〈경기헤럴드〉(2016년 3월 22일)

"성민재가노인복지센터, 어르신 봄나들이로 새로운 가족 만들어", 〈경기헤럴드〉(2016년 4월 26일)

"성민원과 함께하는 KBS교향악단 최고의 선율로 군포문화수준 높여", 〈경기헤럴드〉(2016년 8월 30일)

4) 경인일보

"행복 나르는 사랑의 밥차", 〈경인일보〉(2006년 4월 19일)

"성민원, 빛사랑모임 700여명 참석 성료", 〈경인일보〉(2011년 12월 12일)

"경기경찰청 선교회원 성탄축하예배", 〈경인일보〉(2011년 12월 23일)

"군포시니어클럽, 노인일자리 종합평가대회서 보건복지부장관상 수

상”, 〈경인일보〉(2014년 9월 10일)

“군포제일교회, 탈북주민에 선물 나눔”, 〈경인일보〉(2015년 2월 23일)

“권태진 목사 웨스트민스터 명예철학박사”, 〈경인일보〉(2016년 3월 17일)

5) 경인투데이뉴스

“군포서, 법질서확립과 평온한 연말연시를 기원하는 성탄예배”, 〈경인투데이뉴스〉(2013년 12월 23일)

“군포경찰서, 제일교회와 추석맞이 탈북민 사랑 나눔 행사 개최”, 〈경인투데이뉴스〉(2015년 9월 26일)

6) 교회연합신문

“하나님의 무한한 사랑 회복하는 새해 다짐”, 〈교회연합신문〉(2014년 1월 9일)

“성민원, 어버이날 맞아 효 잔치”, 〈교회연합신문〉(2015년 4월 23일)

“한국 교회 오늘과 내일 포럼 개최 ”, 〈교회연합신문〉(2015년 10월 10일)

“아낌없는 사랑과 봉사를 실천한 당신이 빛의 사람”, 〈교회연합신문〉(2015년 11월 28일)

“권태진 목사, 찬송봉헌 및 시집출판 감사예배”, 〈교회연합신문〉(2016년 7월 10일)

“세성협, 비텐베르크포럼 및 순회포럼 설명회”, 〈교회연합신문〉(2016년 8월 11일)

“성민원과 함께하는 KBS교향악단 제709회 정기연주회”, 〈교회연합신문〉(2016년 9월 1일)

7) 국민일보

"나눠주는 사랑보다 얻는 사랑이 커요, 말보다 행동으로 지역사회 섬기는 군포제일교회", 〈국민일보〉(2008년 11월 22일)

"권태진 목사 시집《살아도 죽어도》발간", 〈국민일보〉(2009년 6월 9일)

"23회 기독교문화대상 시상식, 복음 담긴 문화예술 창달에 전력", 〈국민일보〉(2010년 2월 25일)

"제7회 '메달리온' 시상식, 국회도서관 대강당 300여명 참가", 〈국민일보〉(2010년 3월 26일)

"여기! 학교가 가르쳐 주지 못한 배움이 있습니다", 〈국민일보〉(2010년 9월 1일)

"지역 청소년 섬기는 교회들이 있다", 〈국민일보〉(2010년 9월 1일)

"한복총 제정 연합과 일치상 시상식", 〈국민일보〉(2010년 9월 10일)

"간경화 동료에게 간 기증…말씀대로 행한 목사님들", 〈국민일보〉(2011년 4월 3일)

"경기도 성시화운동본부' 실무진 좌담, 한반도 중심…1만3000 교회가 힘을 모은다", 〈국민일보〉(2011년 6월 10일)

"권태진 예장 합신 총회장 '분초 아껴 사역 감당…총회 활성화 헌신' ", 〈국민일보〉(2011년 9월 20일)

"2012 신년조찬기도회 교계인사 및 성도 500여 명 참여 은혜의 2012년 되자 강조", 〈국민일보〉(2012년 1월 5일)

"예장 합신 5월 목사 · 장로 수양회", 〈국민일보〉(2012년 2월 10일)

"한국희연 공식 출범…한국 교회가 대한민국의 희망적 미래와 진로 제시", 〈국민일보〉(2012년 3월 11일)

"4월 17-20일, 제27회 세계한인목회자 및 평신도지도자세미나 한국서 열린다", 〈국민일보〉(2012년 3월 23일)

"세계 한인목회자들 4월 서울서 '영성 재충전'···각국 선교사 · 평신도 지도자 등 초청 세미나", 〈국민일보〉(2012년 3월 23일)

"가정 바로설 때 평화가···나라 · 민족 · 경기도 복음화 기도대성회", 〈국민일보〉(2012년 3월 26일)

"나라와 민족 경기도 복음화 위한 기도대성회 25일 경기도 군포제일교회서 열려", 〈국민일보〉(2012년 3월 26일)

"'고국에서 신앙 재충전' 말씀으로 돌아간다. ···세계 한인목회자 · 평신도 세미나", 〈국민일보〉(2012년 4월 18일)

"한국교회연합 임시총회 및 초대 대표회장 취임감사예배 열어", 〈국민일보〉(2012년 4월 19일)

"한장총 새 상임회장에 권태진 목사 선출", 〈국민일보〉(2012년 7월 5일)

"통일시대 준비하는 건강한 장로교단으로···한장총, 장로교의 날 기념예배", 〈국민일보〉(2012년 7월 10일)

"9월 1일 한국장로교 100주년 기념대회···의미와 향후 계획 좌담", 〈국민일보〉(2012년 8월 22일)

"한국교회 먼저 하나돼 통일문제 다양한 방법 내놔야", 〈국민일보〉(2012년 8월 23일)

"요양원 건립 등 복지 영역 넓혀야죠···군포제일교회 권태진 목사", 〈국민일보〉(2012년 8월 24일)

"'불산 사고' 이재민 돕기, 교회가 팔 걷었다···한교봉, 구호품 전하고 위로", 〈국민일보〉(2012년 10월 15일)

"한국장로교총연합회 정기총회···대표회장에 권태진 목사 선출", 〈국민일보〉(2012년 12월 2일)

"이미 결정된 WCC총회 반대 의미 없다", 〈국민일보〉(2012년 12월 12일)

"한장총, 노숙인 400명 사랑으로 품었다", 〈국민일보〉(2013년 1월 15일)

"4·19정신 바탕 희망의 시대 잇도록 기도를…4·19 53주년 기념 국가 조찬기도회", 〈국민일보〉(2013년 4월 18일)

"나눔과 섬김의 장로교, 사회통합에 앞장선다…한장총 7월 10일 올림픽공원서 '장로교의 날'", 〈국민일보〉(2013년 7월 3일)

"한장총, 올림픽공원서 제5회 장로교의 날 행사 250여 장로교단 하나 되겠습니다", 〈국민일보〉(2013년 7월 11일)

"한국 교회, 평화통일 이루는 동반자 돼주길…박 대통령, 기독교지도자 청와대 초청 오찬", 〈국민일보〉(2013년 7월 19일)

"국회조찬기도회·의회선교연합 등 교계 5단체 동성애 특별대책위 구성 총력대응 나섰다", 〈국민일보〉(2013년 8월 23일)

"한국기독교복음단체총연합 교회일치위원회, '교회일치상'에 권태진·김용완 목사, 김명규 장로", 〈국민일보〉(2013년 10월 1일)

"'군내 동성애 금지' 명시 軍형법 92조 개정 반대", 〈국민일보〉(2013년 10월 23일)

"경기도 용인 성산수양관서 한장총, 10월 31일 '선교의 날' 행사", 〈국민일보〉(2013년 10월 29일)

"한장총·한지협 등 '시국대책위' 80여명 '종교인 과세·동성애 반대' 선언", 〈국민일보〉(2013년 11월 24일)

"한교연 차기 대표회장 한영훈·권태진 목사 경합", 〈국민일보〉(2013년 12월 12일)

"종교인 과세 법안 폐기해야…시국대책위, 교단장 초정 간담회", 〈국민일보〉(2014년 1월 29일)

"교계·정부 관계자 간담회…'목회자 과세' 입장 정리할 교계 공청회 조만간 연다", 〈국민일보〉(2014년 3월 27일)

"한국 교회 바뀌지 않고서는 미래로 나아갈 수 없다", 〈국민일보〉(2014

년 6월 12일)

"5000여 성도 회개로 하나되게 하소서…2014 한국 교회 본질회복 성회 가보니", 〈국민일보〉(2014년 6월 30일)

"쓰레기장 천막교회의 성장 비결", 〈국민일보〉(2014년 7월 9일)

"경찰복음화 기도의 불꽃 모은다…7월 15일부터 금식대성회", 〈국민일보〉(2014년 7월 14일)

"제28회 기독교문화대상 4개 부문 선정", 〈국민일보〉(2014년 12월 26일)

"종교개혁500주년성령대회, 신년조찬기도회 믿음의 본질로 돌아가자", 〈국민일보〉(2015년 1월 8일)

"한국 교회 오늘과내일연합 본격 활동", 〈국민일보〉(2015년 10월 25일)

"한국 교회 신앙 본질 회복과 개혁 방안 좌담, 한국 교회 성경원리로 돌아가는 제2의 종교개혁 필요", 〈국민일보〉(2015년 10월 28일)

"한국 교회 살 길은 말씀에 순종해 거룩함 회복하는 것", 〈국민일보〉(2015년 10월 29일)

"경기지방경찰청 경목회 2015년 성탄축하예배", 〈국민일보〉(2015년 12월 21일)

"한국 교회오늘과내일연합 선정 오늘의 키워드 '개혁 · 인권 · 통일'", 〈국민일보〉(2015년 12월 30일)

"권태진 목사, 웨신大 명예신학박사", 〈국민일보〉(2016년 2월 21일)

"아비의 마음으로 보는 것이 아비 목회", 〈국민일보〉(2016년 4월 29일)

"다시 복음의 본질로 돌아가 교회갱신 앞장", 〈국민일보〉(2016년 6월 14일)

"2016 유럽성시화대회…9월 13~16일 체코 프라하한인교회서 열린다", 〈국민일보〉(2016년 8월 21일)

"종교개혁 현지서 한국 교회 길을 묻다", 〈국민일보〉(2016년 9월 19일)

"종교개혁 500주년 앞… 체코 방문해 '프라하 성시화' 간구", 〈국민일

보〉(2016년 9월 28일)

8) 군포신문

"천막에서 가마니 깔고 첫 예배 시작한 군포제일교회 창립 30주년 성민
원 설립…예수사랑으로 병들고 소외된 지역민 섬기는 아비목회 실천",
〈군포신문〉(2008년 10월 27일)

"군포제일교회 김장 담그던 날", 〈군포신문〉(2008년 11월 25일)

"군포제일교회 자원봉사자−후원자와 함께하는 빛사랑 모임", 〈군포신
문〉(2008년 12월 15일)

"신간안내 권태진 목사 목회시 출판", 〈군포신문〉(2009년 5월 25일)

"성민원 군포노인문화축제 개최", 〈군포신문〉(2009년 9월 7일)

"예수님의 빛이 이 땅에 가득하길", 〈군포신문〉(2010년 12월 15일)

"옥천초, 성민원에 카네이션 기증 독거 · 저소득층 어르신께 전달", 〈군
포신문〉(2011년 5월 16일)

"스포츠로 건강한 청소년 육성에 기여", 〈군포신문〉(2011년 8월 18일)

"권태진 목사, 명예철학박사 학위 받아 ", 〈군포신문〉(2011년 11월 8일)

"온 세상에 빛 비추는 이들의 모임 성민원 제12회 자원봉사자 · 후원자
와 함께하는 빛사랑", 〈군포신문〉(2011년 12월 14일)"

"군포경찰서 성탄축하 예배 가져", 〈군포신문〉(2012년 1월 4일)

"당당하고 힘찬 실버리더의 삶을 이어 가자 군포시니어클럽 2011 사업
평가보고회 개최", 〈군포신문〉(2012년 2월 13일)

"노인일자리 통해 기쁨과 보람 나누는 한해 되길", 〈군포신문〉(2012년 3
월 8일)

"시니어클럽, 지역사회의 성원과 노력 덕분에 발전 이뤄", 〈군포신문〉(2012
년 7월 26일)

“성민원 ‘제13회 빛사랑 모임’ 성료”, 〈군포신문〉(2012년 12월 5일)

“청소년복지학교의 힐링 토크(Healing Talk)”, 〈군포신문〉(2013년 1월 24일)

“착한가격 업소로 선정된 ‘할매정성밥상’ ”, 〈군포신문〉(2014년 5월 15일)

“군포시니어클럽 개관 7주년기념행사 ‘다채’ ”, 〈군포신문〉(2014년 7월 1일)

“군포시니어클럽 노인일자리사업 ‘전국 1위’ 영예”, 〈군포신문〉(2014년 9월 22일)

“군포시니어클럽 2014년 사업보고회 성료”, 〈군포신문〉(2015년 1월 2일)

“일자리에 참여하는 어르신은 건강하고 행복하다”, 〈군포신문〉(2015년 2월 2일)

“성민원, ‘10대, 우리의 멘토를 만나다’ ”, 〈군포신문〉(2015년 2월 3일)

“시니어 일자리, 노후를 가치 있고 행복한 삶으로”, 〈군포신문〉(2015년 3월 10일)

“성민원 17주년 기념음악회 성료”, 〈군포신문〉(2015년 4월 7일)

“군포성민원, 자원봉사자 후원자를 위한 제16회 빛사랑 모임 개최”, 〈군포신문〉(2015년 12월 4일)

“군포서, 제일교회와 연말연시 탈북민 사랑 나눔 행사 개최”, 〈군포신문〉(2016년 1월 19일)

“군포시니어클럽 사업보고회 개최 및 최우수기관상, 최우수참여자상 수상!”, 〈군포신문〉(2016년 1월 22일)

“군포시니어클럽, 노인일자리사업 참여자 통합모집 진행”, 〈군포신문〉(2016년 2월 5일)

“성민재가노인복지센터 어버이날을 맞이해 효잔치 진행”, 〈군포신문〉(2016년 6월 3일)

9) 굿데일리

"군포제일교회 제1회 대한민국 월남참전용사 평화통일기도회 개최",
〈굿데일리〉(2015년 10월 6일)

10) 기독공보

"연합과 일치로 한국 교회 부흥을", 〈기독공보〉(2013년 7월 15일)

11) 기독교개혁신보

"영적 각성된 교단으로 이 시대에 책임 다하자", 〈기독교개혁신보〉
(2010년 9월 18일)

"너의 내일을 디자인하라!", 〈기독교개혁신보〉(2011년 12월 31일)

"영혼 구원 위해 목숨 거는 목자 되기를 합신 2012학년도 학위수여 및
34회 졸업예배 거행", 〈기독교개혁신보〉(2013년 2월 23일)

"나눔과 섬김을 실천하는 제5회 장로교의 날 한국장로교총연합회…7월
10일 잠실 올림픽홀에서", 〈기독교개혁신보〉(2013년 6월 29일)

"권태진 목사, 한국 교회의 빛과 소금 역할 강조", 〈기독교개혁신보〉(2013년
12월 27일)

"화목케 하는 직책을 주신 하나님 앞에 충성하자…2014년 신년 감사예
배 및 하례회 가져", 〈기독교개혁신보〉(2014년 1월 18일)

"화해, 평화, 통일을 이루는 한 해 되자", 〈기독교개혁신보〉(2016년 1월 16
일)

"2016 디아코니아 코리아 출범예배…한국 교회 사회적 섬김·나눔 위한
실천 다짐", 〈기독교개혁신보〉(2016년 4월 2일)

"권태진 목사, 웨신 명예박사 학위 받아 – 복지사업과 교회일치운동에
공로 인정", 〈기독교개혁신보〉(2016년 4월 2일)

"은퇴 목회자 위한 지원사업 시행 은급위, 군포제일교회 후원으로", 〈기독교개혁신보〉(2016년 4월 16일)

"권태진 목사 신작찬송발표 한국찬송가개발원 개원식, 시집 출판 기념식도", 〈기독교개혁신보〉(2016년 7월 23일)

12) 기독교보

"대표회장 후보 한영훈 · 권태진 목사…한교연, 내년 1월 27일 제3회 총회에서 선출", 〈기독교보〉(2013년 12월 21일)

"다양성 속 일치, 공신력 회복, 성직윤리, 화목…강조", 〈기독교보〉(2014년 1월 11일)

13) 기독교성결신문

"더 나은 세계를 위해 – 군포제일교회(권태진 목사) 창립 30주년 기념 감사예배 및 30년사 출판감사예배", 〈기독교성결신문〉(2008년 10월 20일)

"사회적 객관성 · 수상자의 문화공헌도 중시", 〈기독교성결신문〉(2009년 12월 10일)

"설맞아 불우한 이웃에 '밥퍼'로 '훈훈함' 전해", 〈기독교성결신문〉(2010년 2월 18일)

"기독교문화예술원 이사장 권태진 목사", 〈기독교성결신문〉(2010년 10월 7일)

"경기도 근무, 2만2천명 경찰관 복음화 다짐", 〈기독교성결신문〉(2012년 3월 27일)

"한국 교회의 성령운동 이끌어가는 단체 자리매김", 〈기독교성결신문〉(2012년 4월 9일)

"강력한 성령 임재로 교회 살리는 운동 필요", 〈기독교성결신문〉(2012년

5월 16일)

"한국 교회여 성령의 회오리바람 다시 불어라!", 〈기독교성결신문〉(2012
년 6월 20일)

"교회연합과 일치ㆍ민족과 사회 위해 봉사", 〈기독교성결신문〉(2012년 6
월 27일)

"성령컨퍼런스 통해 강력한 은혜 임한다", 〈기독교성결신문〉(2012년 7월
11일)

"목회자ㆍ사모ㆍ성도 치료 위해 목숨 건다", 〈기독교성결신문〉(2012년
10월 23일)

"한 교단 다체제 연합비전 제시", 〈기독교성결신문〉(2013년 7월 17일)

"한국문학 발전 기여 등 각각 자기분야서 탁월", 〈기독교성결신문〉(2013
년 12월 4일)

"기독교문화ㆍ예술 창달에 힘이 되길…기독교문화예술원 제29회 기독
교 문화대상 시상식", 〈기독교성결신문〉(2016년 3월 7일)

14) 기독교신문
"2일부터 각 단체와 교단서 신년예배", 〈기독교신문〉(2013년 1월 3일)

15) 기독교연합신문
"한장총, '제2회 장로교단 신학대 연합찬양제' 개최", 〈기독교연합신문〉(2013
년 5월 7일)

"세속적 복지론 탈피해 '디아코니아신학' 재발견해야", 〈기독교연합신
문〉(2013년 7월 7일)

"한국장로교총연합회, 신년하례회", 〈기독교연합신문〉(2014년 1월 17일)

"한복총, 제10회 한국 교회 연합과 일치상 시상식", 〈기독교연합신문〉(2015

329

년 9월 8일)

16) 기독교중앙신문

"제5회 장로교의 날 대회 준비기도회 개최", 〈기독교중앙신문〉(2013년 6
월 28일)

17) 기독교타임즈

"부활절 연합예배 '연합·일치' 계기 만들 것", 〈기독교타임즈〉(2013년
2월 20일)

"정교분리 심각한 훼손", 〈기독교타임즈〉(2013년 8월 21일)

"종교인 과세 제도적 보완 필요", 〈기독교타임즈〉(2013년 8월 28일)

"종교인 과세 정교분리 원칙에 어긋나", 〈기독교타임즈〉(2013년 9월 4일)

"절망의 시대 교회가 새 희망 심어야", 〈기독교타임즈〉(2014년 5월 10일)

"분단 넘어 통일로…예수 그리스도 평화의 길 다짐", 〈기독교타임즈〉
(2015년 8월 9일)

18) 기독교포털뉴스

"세계 성령운동 중앙협의회 성신상 시상", 〈기독교포털뉴스〉(2008년 4월
11일)

"섬기는 자세로 한국 교회와 소통에 앞장설 것", 〈기독교포털뉴스〉(2012
년 4월 19일)

19) 기독교한국신문

"장로교 각 교단 총회 이슈는 무엇인가?", 〈기독교한국신문〉(2012년 9월
15일)

“일본의 진심어린 사과와 인권회복 기대”, 〈기독교한국신문〉(2012년 11월 7일)

“한국 교회 대선 후보 초청 정책토론회”, 〈기독교한국신문〉(2012년 11월 19일)

“한장총, 한국 교회 부흥과 발전 이바지”, 〈기독교한국신문〉(2012년 11월 30일)

“각 교단 및 단체 신년 설계”, 〈기독교한국신문〉(2012년 12월 28일)

“교회발전과 경제안정, 한반도 평화 기원”, 〈기독교한국신문〉(2013년 1월 9일)

“사랑나눔복음쌀운동본부 취임감사예배”, 〈기독교한국신문〉(2013년 12월 2일)

“정교분리 원칙 훼손하는 종교인 과세 철회하라⋯성직자 과세 반대 및 나라를 위한 기도회 드려”, 〈기독교한국신문〉(2013년 12월 15일)

“한교연, 사랑의 연탄 2만장 전달⋯백사마을 소외된 이웃에게 따뜻한 겨울 선물”, 〈기독교한국신문〉(2013년 12월 22일)

“한국기독교복음단체총연합회 제25차 정기총회”, 〈기독교한국신문〉(2014년 11월 5일)

“이벤트가 아닌 무브먼트의 성령운동 전개할 것”, 〈기독교한국신문〉(2016년 2월 3일)

“정직, 청렴, 고결 실천해 본질을 회복하자”, 〈기독교한국신문〉(2016년 6월 1일)

“비텐베르크 포럼 및 종교개혁지 순회포럼 설명회”, 〈기독교한국신문〉(2016년 8월 9일)

20) 기독교헤럴드

"교계단체 8·15 메시지", 〈기독교헤럴드〉(2013년 8월 28일)

21) 기독뉴스

"다시 복음의 본질로 돌아가 교회갱신 앞장", 〈기독뉴스〉(2016년 6월 14일)

22) 기독신문

"순수한 기독교정책 전달 힘쓰자", 〈기독신문〉(2012년 4월 23일)

"통일 준비 새 100년 맞자", 〈기독신문〉(2012년 9월 3일)

"한교봉, 구미 불산 누출사고 피해주민 찾아 지원책 논의", 〈기독신문〉(2012년 10월 16일)

"한장총 대표회장 권태진 목사", 〈기독신문〉(2012년 12월 3일)

"은혜로 얻은 부활생명 끊임없이 나눕시다", 〈기독신문〉(2013년 3월 26일)

"장로교 전통 따른 섬김 구축", 〈기독신문〉(2013년 7월 9일)

"한교연 회장 후보 '공명선거' 서약", 〈기독신문〉(2014년 1월 20일)

23) 기독인뉴스

"한장총 제63주년 6·25 기념 메시지 발표해", 〈기독인뉴스〉(2013년 6월 21일)

"한장총 나눔과 섬김의 복지학술 심포지움 열어", 〈기독인뉴스〉(2013년 7월 8일)

"군포제일교회서 종교개혁 497주년 한국 교회 개혁실천예배", 〈기독인뉴스〉(2014년 12월 1일)

"한국교회봉사단 지난 2월 6일 정기총회 열고 회무처리", 〈기독인뉴스〉(2015년 2월 22일)

"한국 교회 오늘과내일연합 교계 2015년 10대 이슈 발표", 〈기독인뉴스〉(2015

년 12월 30일)

"권태진 목사 웨신대에서 명예박사학위 수여 받아", 〈기독인뉴스〉(2016년 2월 17일)

"안준배 서평 송암 권태진 시인의 시.작.하다", 〈기독인뉴스〉(2016년 7월 5일)

24) 기독일보

"장로교, 보수-진보 연합하면 전체 복지 아우를 수 있어", 〈기독일보〉(2013년 7월 5일)

"목회자 과세는 교회의 논의를 더 기다려야 한다", 〈기독일보〉(2013년 9월 2일)

"한장총, 28일 제22회 학술세미나 개최", 〈기독일보〉(2013년 9월 23일)

"권태진 목사 어둠의 기간, 침묵할 때 기독교는 몰락", 〈기독일보〉(2013년 11월 23일)

"한교연, 서울 마지막 달동네 연탄 2만장 전달", 〈기독일보〉(2013년 12월 11일)

"기독교 싱크탱크로 전국민 위한 성경적 법안 내놔야", 〈기독일보〉(2014년 1월 25일)

"오는 29일 한국 교회 본질회복성회 열린다", 〈기독일보〉(2014년 6월 16일)

"한국 교회, 회개해 초심으로 돌아가자", 〈기독일보〉(2014년 6월 29일)

"신간 소개, 아비 목회", 〈기독일보〉(2014년 7월 1일)

"제9회 한국교회연합과 일치상 수상자 선정", 〈기독일보〉(2014년 7월 24일)

"종교개혁의 달, 교계 인사들 메시지 발표", 〈기독일보〉(2014년 9월 23일)

25) 기독일보씨디엔

"2016 디아코니아 엑스포 출범", 〈기독일보씨디엔〉(2016년 3월 28일)

26) 기호일보

"즐거운 명절 한민족에 뜨거운 정 듬뿍", 〈기호일보〉(2015년 2월 23일)

27) 노컷뉴스

"지역사회를 섬기는 군포제일교회", 〈노컷뉴스〉(2008년 6월 4일)

"CBS 주최 신임 교단장, 총무 축하예배 성황", 〈노컷뉴스〉(2011년 10월 25일)

"한국 장로교 100년의 발자취 살펴봐", 〈노컷뉴스〉(2012년 8월 24일)

"기독교계, 6·25 순국선열 기리며 남북 평화 기원", 〈노컷뉴스〉(2013년 6월 25일)

"세계성령중앙협, 웨슬리에서 얀 후스까지 종교개혁지 순례 대장정", 〈노컷뉴스〉(2016년 9월 11일)

"종교개혁가 칼빈에게 배우는 한국 교회 개혁 '성경으로 돌아가자'", 〈노컷뉴스〉(2016년 9월 13일)

28) 뉴스미션

"오르간 거장 도널드 서덜랜드, 한국서 연주회 연다", 〈뉴스미션〉(2013년 3월 5일)

"유별난 성도 사랑 실천…권태진 목사", 〈뉴스미션〉(2015년 1월 15일)

"군포제일교회, 성민실버합창단 연주회 개최", 〈뉴스미션〉(2016년 6월 14일)

29) 뉴스에이

"한국기독교지도자협의회 2014 신년하례 작금 시국보며 입장밝혀", 〈뉴스에이〉(2014년 1월 6일)

"KD한교봉 한국기독교사회복지엑스포 '디아코니아 코리아' 2016년 개최 선언", 〈뉴스에이〉(2015년 2월 10일)

30) 뉴스캔

"힌복총 신년하례회 연합과 일치 다짐", 〈뉴스캔〉(2010년 1월 18일)

"성령백년 역사 속 사역자들의 휴먼스토리", 〈뉴스캔〉(2010년 3월 5일)

31) 뉴스파워

"통일은 한국 교회 부흥케 할 계기", 〈뉴스파워〉(2016년 1월 25일)

32) 동양뉴스

"군포경찰서, 연말연시 사랑나눔 행사 개최", 〈동양뉴스〉(2015년 12월 31일)

33) 동양뉴스통신

"군포시니어클럽 노인일자리사업 종합평가대회 '대상' 수상", 〈동양뉴스통신〉(2014년 9월 3일)

34) 들소리신문

"[본사방문] LA화재로 고통당한 이들, 저들이 강도 만난 이웃 아닌가", 〈들소리신문〉(2009년 9월 5일)

"권태진 목사 명예철학박사 학위 루지애나 침례대학으로부터, 한국인에게는 처음", 〈들소리신문〉(2011년 10월 2일)

"기관/교단, 한국기독교성령센터 개관", 〈들소리신문〉(2011년 11월 9일)

"생활신앙, 신앙, 그리스도인은 개인 나에서 우리로 시선 넓혀야…", 〈들소리신문〉(2011년 12월 14일)

"기관/교단, 희망적 미래를 창조한다", 〈들소리신문〉(2012년 3월 27일)

"기관/교단, 신천지에 대한 설교적 대응 모색", 〈들소리신문〉(2012년 4월 16일)

"기관/교단, 요한계시록 바르게 알고 이단 물리치도록", 〈들소리신문〉(2012년 7월 25일)

"각 교단 총회 일제히 개회, 새 지도부 선출", 〈들소리신문〉(2012년 9월 24일)

"기관/교단, 외로운 길에 선한 이웃 되어주어 감사", 〈들소리신문〉(2012년 11월 14일)

"기관/교단, 처음 사랑으로 돌아가 예수의 삶 살아냅시다", 〈들소리신문〉(2012년 12월 31일)

"생명 회복, 새 생명 열망", 〈들소리신문〉(2013년 2월 25일)

"교회−서울시 환경 문제 해결하자", 〈들소리신문〉(2013년 4월 10일)

"군내 성추행 집중 단속 · 예방 시급", 〈들소리신문〉(2013년 11월 21일)

"한영훈 권태진 목사 접전…한교연 대표회장 후보 마감, 1월 27일 선거", 〈들소리신문〉(2013년 12월 22일)

"한교연, 대표회장 선거전 돌입…권태진 · 한영훈 후보−정책은 비슷, 수면 위 도덕성은 차이", 〈들소리신문〉(2013년 12월 29일)

"현안 대처 위한 '싱크탱크' 필요", 〈들소리신문〉(2014년 2월 5일)

"복음이 도전받는 시대, 복음의 진리를 외치라", 〈들소리신문〉(2014년 4월 28일)

"회개합니다, 성령충만을 사모합니다", 〈들소리신문〉(2014년 7월 10일)

"세월호 참사 − '한국 교회' 책임, 지도자부터 회개를…", 〈들소리신문〉(2014년 7월 14일)

"말로만이 아닌 우리교회는 진정 신령한 가족", 〈들소리신문〉(2014년 10월 8일)

"월남 참전용사 평화통일 기도회", 〈들소리신문〉(2015년 10월 7일)

"파월장병, 전쟁 없는 평화통일 위해 기도하다", 〈들소리신문〉(2015년 10

월 14일)

"하나님의 거룩에 참여하며 회개할 때", 〈들소리신문〉(2015년 11월 4일)

"고통받는 이들에게 희망 되는 성탄절", 〈들소리신문〉(2015년 12월 16일)

"웨신대, 권태진 목사에게 명예박사학위 수여", 〈들소리신문〉(2016년 2월 28일)

"종교개혁500주년성령대회, 독일서 포럼", 〈들소리신문〉(2016년 8월 31일)

"세계성령중앙협의회, 종교개혁 순례 대장정", 〈들소리신문〉(2016년 9월 21일)

"종교개혁 과제 분석, 이제는 삶, 실천이다", 〈들소리신문〉(2016년 11월 6일)

35) 리폼드뉴스

"한국교회연합 창립, 무너진 교회연합", 〈리폼드뉴스〉(2012년 3월 29일)

36) 목회자사모신문

"신령한 가정과 가족된 영육의 회복과 안식이 있는 교회 세상의 소금과 빛이 되는 교회", 〈목회자사모신문〉(2016년 3월 1일)

37) 미주크리스천신문

"세계 9개국서 150명 참석…제29회 세미나는 프랑스 파리에서", 〈미주크리스천신문〉(2013년 4월 27일)

"제28회 세계 한인 목회자 세미나-예수님 발자취 따라가며 영적 충전", 〈미주크리스천신문〉(2013년 4월 27일)

"한국 교회, 새로운 100년 위해 요셉의 지혜 필요…한장총 '선교의 날' 세미나", 〈미주크리스천신문〉(2013년 11월 9일)

38) 복음신문

"한민족 복음통일 위해 뜨겁게 기도 통일의 문을 여는 열쇠…남북조찬

기도회가 감당하자", 〈복음신문〉(2013년 7월 7일)

39) 부르심

"제2회 한국장로교단 신학대학교 찬양제 성료", 〈부르심〉(2016년 6월)

40) 서울매일

"회개와 개혁 '한국 교회 본질회복성회' ", 〈서울매일〉(2014년 7월 1일)

"한국 교회 오늘과내일연합 포럼 ", 〈서울매일〉(2015년 10월 26일)

"권태진 목사, '아침 하늘 빛 받아' 등 신작 찬송 봉헌", 〈서울매일〉(2016년 7월 4일)

41) 시민일보

"통일을 준비하는 장로교회", 〈시민일보〉(2012년 7월 11일)

42) 시사타임즈

"부활절연합예배, '나는 부활이요 생명이니' 주제로 3월 31일 개최", 〈시사타임즈〉(2013년 2월 19일)

"한국 교회 현안 문제 관련 교단장 초청간담회 열려", 〈시사타임즈〉(2014년 1월 24일)

43) 시포커스

"한교연, NCCK, 부활절연합예배, 정동제일예배당에서", 〈시포커스〉(2012년 4월 9일)

44) 아시아뉴스통신

"기독교 정책 제안, 이제 한목소리 낸다", 〈아시아뉴스통신〉(2012년 4월 23일)

"(사)성민원, 제13회 빛사랑 모임 개최", 〈아시아뉴스통신〉(2012년 11월 20일)

"장애인과 아프리카 에이즈 고아 후원을 위한 연주회", 〈아시아뉴스통신〉(2013년 2월 27일)

"품격있는 시니어– 품격있는 워크샵!", 〈아시아뉴스통신〉(2013년 3월 30일)

"전국 최초 춘천ITX 힐링 효 기차여행! 비상(飛上)", 〈아시아뉴스통신〉(2013년 5월 13일)

"군포시니어클럽 '우수 수행기관 수상' 비상(飛上)", 〈아시아뉴스통신〉(2013년 5월 31일)

"군포시니어클럽, 개관7주년 네가지 테마여행 눈길", 〈아시아뉴스통신〉(2014년 6월 25일)

45) 아이굿뉴스

"기독교의 한류열풍을 우리가 선도한다", 〈아이굿뉴스〉(2015년 11월 28일)

"사드 배치는 방어할 자유이자 국가의 생존문제", 〈아이굿뉴스〉(2016년 8월 9일)

46) 아주경제

"군포 성민원 빛사랑 모임 열어", 〈아주경제〉(2011년 12월 9일)

47) 안양광역신문

"사랑가득 택시타고 떠나는 재가어르신 가을나들이", 〈안양광역신문〉(2014년 10월 13일)

48) 업코리아

"안양시관악장애인종합복지관 개관 18주년 기념행사 개최 ", 〈업코리아〉(2013년 6월 4일)

49) 연합뉴스

"한희년, 서울역서 노숙자 위한 설잔치", 〈연합뉴스〉(2008년 2월 6일)

"종교개혁 500주년 교회 개혁갱신 실천대회 개최", 〈연합뉴스〉(2015년 10월 29일)

50) 인천일보

"뭐니뭐니해도 선물은 책이죠", 〈인천일보〉(2007년 5월 31일)

51) 조선일보

"쪽방 어르신은 온천, 우린 쪽방으로…청년산타 17人의 성탄", 〈조선일보〉(2012년 12월 25일)

52) 중부일보

"군포 성민원(노인복지회관) 체육대회 ", 〈중부일보〉(2004년 6월 1일)

"군포 성민원 자원봉사자의 날", 〈중부일보〉(2004년 11월 15일)

"군포제일교회 소망선교원 장애우에게 따뜻한 사랑을", 〈중부일보〉(2004년 12월 30일)

"군포 성민원 재가어르신 온천 나들이", 〈중부일보〉(2006년 4월 24일)

"군포 사랑의밥차 재난지역 긴급출동", 〈중부일보〉(2006년 7월 24일)

"군포 권태진 목사, 태안 피해복구 충남지사 감사패", 〈중부일보〉(2008년 7월 11일)

53) 총회신학연구원

"기도는 나라를 구할 유일한 통로 한장총, 한국장로교지도자기도회 개최", 〈총회신학연구원〉(2013년 3월 25일)

"빛과 소금의 역할로 혼탁한 세상을 밝히자!! 2013 한장총 지도자 기도회와 정책간담회", 〈총회신학연구원〉(2013년 4월 28일)

54) 코람데오

"섬김으로 오신 그리스도의 정신으로", 〈코람데오〉(2013년 6월)

55) 크리스챤연합신문

"연합과 일치상에 권태진 김용완 김명규 수상", 〈크리스챤연합신문〉(2013년 10월 20일)

"한교연 차기 대표회장 경합구도", 〈크리스챤연합신문〉(2013년 12월 22일)

"한교연 대표회장 후보 정책발표회 개최", 〈크리스챤연합신문〉(2014년 1월 5일)

"성민재가노인복지센터 독거노인 유공 표창", 〈크리스챤연합신문〉(2015년 1월 5일)

"청소년들, 복지를 알고 실천하다", 〈크리스챤여합시무〉(2015년 1월 27일)

"설 명절 독거 어르신에 사랑담아 떡국 한 그릇", 〈크리스챤연합신문〉(2015년 2월 23일)

"사단법인 성민원 설립 17주년 기념 후원음악회", 〈크리스챤연합신문〉(2015년 4월 1일)

"소외된 어버이들 섬긴 성민원의 효 잔치", 〈크리스챤연합신문〉(2015년 5월 11일)

"사단법인 성민원, 제32기 청소년 복지학교 개최", 〈크리스챤연합신문〉(2015년

8월 7일)

"독거어르신과 함께 떠난 가을 나들이", 〈크리스챤연합신문〉(2015년 10월 12일)

"성민재가노인복지센터, 군포시 지역사회 연계 협약", 〈크리스챤연합신문〉(2016년 3월 24일)

"군포시 독거노인들 안성팜랜드로 봄소풍", 〈크리스챤연합신문〉(2016년 4월 21일)

"재가어르신 위한 어버이날 효 잔치 열려", 〈크리스챤연합신문〉(2016년 5월 4일)

"권태진 목사 '아침하늘 빛 받아' 등 신작찬송 봉헌", 〈크리스챤연합신문〉(2016년 7월 3일)

"군포시 200여 독거어르신 초청 추석 음악회 열어", 〈크리스챤연합신문〉(2016년 9월 18일)

"성민재가노인복지센터 독거노인 가을온천나들이 떠나", 〈크리스챤연합신문〉(2016년 10월 13일)

56) 크리스챤월드모니터

"장로교회가 선교와 각종 섬김에 앞장서는 계기로 삼자", 〈크리스챤월드모니터〉(2015년 7월 8일)

"세계성령중앙협의회, 웨슬리에서 얀 후스까지 종교개혁 순례 대장정 ", 〈크리스챤월드모니터〉(2016년 9월 13일)

"우리는 한국 교회 인테그리티(정직, 청렴, 고결)를 실천하겠습니다", 〈크리스챤월드모니터〉(2016년 9월 23일)

57) 크리스천 헤럴드

"한국 교회 지도자 광복 70주년 메시지", 〈크리스천 헤럴드〉(2015년 8월 3일)

58) 크리스천데일리

"하나님의 꿈을 이루어 드리는 리더십 '아비목회' ", 〈크리스천데일리〉(2014
년 6월 30일)

"우리는 한국 교회 인테그리티를 실천하겠습니다", 〈크리스천데일리〉(2015
년 10월 28일)

59) 크리스천투데이

"성령운동중앙협의회 여름수련회 개최", 〈크리스천투데이〉(2006년 8월 5일)

"세계성령운동중앙협의회, 일본서 성령화대성회 가져", 〈크리스천투데
이〉(2006년 9월 7일)

"설날 맞아 노숙인 2만 명에게 밥 퍼주는 교회들", 〈크리스천투데이〉(2008
년 1월 29일)

"제21회 기독교문화대상 시상식 열려", 〈크리스천투데이〉(2008년 2월 23일)

"당신이 성령의 사람입니다", 〈크리스천투데이〉(2008년 4월 11일)

"올해의 한국 교회 '성령의 사람들'은 누구?", 〈크리스천투데이〉(2008년
4월 11일)

"미주 전역에 성령의 열기, '미주성령성회' 열려", 〈크리스천투데이〉(2008
년 5월 5일)

"성령운동지도자 101인 선정, '복음의 야성을 회복하자' ", 〈크리스천투
데이〉(2008년 11월 8일)

"천만인성령대회, 내년 성령강림절에 10만 집회 계획", 〈크리스천투데
이〉(2009년 9월 9일)

"성령 100년 주역들의 '휴먼스토리' ", 〈크리스천투데이〉(2009년 12월 2일)

"성장에만 관심 가진 것 반성하고 사회 섬기자", 〈크리스천투데이〉(2010년
1월 14일)

“하나된 희망봉사단, 설맞이 '밥퍼'로 섬김 지속”, 〈크리스천투데이〉(2010
년 2월 12일)

“한국 교회희망창조연합 창립…이사장 권태진 목사”, 〈크리스천투데이〉
(2012년 3월 12일)

“세성협 창립 23주년…'주님의 고난 통해 위로받으라' ”, 〈크리스천투데
이〉(2012년 4월 4일)

“제4회 '장로교의 날', 통일을 준비하는 장로교회”, 〈크리스천투데이〉(2012년
7월 10일)

“장로교단 하나됨 선언하고 새출발 다짐할 것”, 〈크리스천투데이〉(2012년 8월 14일)

“복 있는 너야, 형통하리라”, 〈크리스천투데이〉(2012년 10월 15일)

“교계, 종자연 설문조사 강행에 '종교자유 침해' 성토”, 〈크리스천투데
이〉(2012년 11월 16일)

“새 상임회장 맞이한 한장총”, 〈크리스천투데이〉(2012년 11월 20일)

“권태진 · 유만석 목사, 한장총 대표 · 상임회장 추대”, 〈크리스천투데
이〉(2012년 11월 23일)

“개인적 입장보다 장로교 연합과 본질 추구만 생각”, 〈크리스천투데이〉(2012
년 11월 30일)

“한장총 30대 대표회장 권태진 목사 취임”, 〈크리스천투데이〉(2012년 12
월 11일)

“성령운동 지도자들 제18대 대통령 당선자에게 바란다”, 〈크리스천투
데이〉(2012년 12월 20일)

“한장총 신년하례회 개최”, 〈크리스천투데이〉(2013년 1월 7일)

“위기는 최대의 기회…장로교는 이 시대 빛과 소금 될 것”, 〈크리스천
투데이〉(2013년 7월 10일)

“권태진 · 김용완 · 김명규, '연합과 일치상' 수상”, 〈크리스천투데이〉(2013년 10

월 10일)

"사랑해서 뭔가 할 때는 피곤하지도, 아깝지도 않다", 〈크리스천투데이〉(2014
년 7월 22일)

"아브라함처럼 믿음의 제단 쌓고 거룩한 문화 창달하자", 〈크리스천투
데이〉(2015년 3월 5일)

"한교봉, 팽목항서 세월호 1주기 유가족 위로 기도회", 〈크리스천투데
이〉(2015년 4월 18일)

"장로교회가 선교와 섬김에 앞장서는 계기로", 〈크리스천투데이〉(2015
년 7월 6일)

"송암(松巖) 권태진 목사 찬송 봉헌, 시집 출판, 명예신학박사 감사예
배", 〈크리스천투데이〉(2016년 7월 3일)

"세성협, 5일부터 '웨슬리에서 얀 후스까지' 종교개혁 순례 중", 〈크리스
천투데이〉(2016년 9월 13일)

60) 한국 교회공보

"종교개혁 497주년 한국 교회개혁 실천예배 개최", 〈한국 교회공보〉(2014년
12월 3일)

"(사)성민원 KBS 교양악단 초청 정기연주회 연다", 〈한국 교회공보〉(2016년
8월 18일)

61) 한국기독공보

"남·북조찬기도회, 탕자 향한 아버지의 마음이 통일의 초석", 〈한국기
독공보〉(2013년 6월 28일)

"한교연 대표회장 후보 2명으로 압축", 〈한국기독공보〉(2013년 12월 16일)

"한교연, 대표회장 입후보자 정책발표회", 〈한국기독공보〉(2013년 12월

23일)

62) 호헌연합신문

"한장총 총무단 간담회 개최 중요사업 검토 WCC문제 각 교단의 입장 따라 조율하기로", 〈호헌연합신문〉(2013년 2월 25일)

"나눔과 섬김의 장로교회 장로교의 날 개최 준비기도회, 각 분야별 세부점검 및 협력사항 토의", 〈호헌연합신문〉(2013년 7월 7일)

"미래방향 설정 통해 선교 동력화 이끌 것 한장총 선교의 날, 10월 31일 개최", 〈호헌연합신문〉(2013년 10월 31일)

"복음의 참 빛으로 어두운 세상 밝힐 것…한장총 대표회장 · 상임회장 취임예배", 〈호헌연합신문〉(2013년 12월 31일)

3. 방송 및 TV 영상자료(날짜순)

1) CBS

"새롭게 하소서", 〈CBS〉(2003년 7월 17일)

"TV 강단", 〈CBS〉(2004년 8월 8일)

"요리쿡 건강쿡", 〈CBS〉(2010년 8월 4일)

"CBS 좌담회", 〈CBS〉(2012년 8월 25일)

"한국장로교회 100주년 기념 특집 좌담 '분열의 100년을 넘어 하나 되는 100년을 향해서' ", 〈CBS〉(2012년 8월 25일)

"미션 인터뷰 : 한국 교회, 좀 더 당당하게 – 권태진 대표회장", 〈CBS〉(2012년 12월 15일)

2) CTS

"내가 매일 기쁘게" 사람의 영혼을 사랑하는 목회자 군포제일교회 권태진 목사편, 〈CTS기독교〉(2008년 9월 18일)

"열전 씽! 할렐루야", 〈CTS기독교〉(2008년 11월 18일)

"내가 매일 기쁘게"–그저 사랑한 아비목자 권태진 목사편, 〈CTS기독교〉(2014년 10월 6일)

"4인 4색" 권태진 목사–아비목회, 〈CTS기독교〉(2014년 11월 3일)

"종교개혁 500주년 준비위 신년예배", 〈CTS기독교〉(2016년 1월 12일)

"대한민국 국가조찬기도회 제8대 신구회장 이취임 감사예배", 〈CTS기독교〉(2016년 1월 12일)

"한장총 장로교회날 첫 전체회의", 〈CTS뉴스〉(2013년 6월 14일)

"제14회 빛사랑모임", 〈CTS뉴스〉(2013년 11월 29일)

"한국 교회연합사랑회 연탄 나누기", 〈CTS뉴스〉(2013년 12월 13일)

"피드더칠드런 '사랑의 부츠' 전달식", 〈CTS뉴스〉(2013년 12월 13일)

"주간기자수첩 – 한국 교회 연합기관들이 총회를 앞두고 대표회장 선거 경쟁", 〈CTS뉴스〉(2013년 12월 14일)

"한국 교회연합 자기 대표회장의 공약은?", 〈CTS뉴스〉(2013년 12월 19일)

"필리핀 구호 현장을 가다", 〈CTS뉴스〉(2013년 12월 30일)

"한기지협 신년하례", 〈CTS뉴스〉(2014년 1월 6일)

"제15회 자원봉사자, 후원자와 함께 하는 빛사랑 모임", 〈CTS뉴스〉(2014년 11월 27일)

"제28회 기독교문화대상 시상식", 〈CTS뉴스〉(2015년 3월 6일)

"2016년 7월 4일 전체뉴스", 〈CTS뉴스〉(2016년 7월 4일)

"유럽기획3 – 성시화대성회", 〈CTS뉴스〉(2016년 9월 21일)

"종교 개혁 기획 5 – 존 녹스", 〈CTS뉴스〉(2016년 9월 30일)

3) C채널

"대선후보 기독교 공공정책 발표", 〈C채널〉(2012년 11월 29일)

"나눔과 섬김의 장로교회", 〈C채널〉(2013년 6월 15일)

"한장총 권태진 목사 '통일 위해 기도하자!' ", 〈C채널〉(2013년 6월 20일)

"이슈를 보는 창 권태진 대표회장", 〈C채널〉(2013년 7월 9일)

"제8회 '한국 교회 연합과 일치상' ", 〈C채널〉(2013년 10월 4일)

"군대 내 성추행 문제 막아야", 〈C채널〉(2013년 10월 23일)

"한교연 대표회장 후보자 등록", 〈C채널〉(2013년 12월 11일)

"한교연 대표회장 선거 '2파전' ", 〈C채널〉(2013년 12월 16일)

"한교연 대표회장 후보 소견발표", 〈C채널〉(2013년 12월 19일)

"권태진-한영훈 후보 공명선거 서약", 〈C채널〉(2014년 1월 20일)

"'깨끗한 대표회장 선거' 서약", 〈C채널〉(2014년 1월 20일)

"종교인 과세, 국회 종교계 간담회", 〈C채널〉(2014년 2월 26일)

4) GoodTV

"우리교회예배실황 방송", 〈GoodTV〉(2013년 2월 14일)

〈가물어 메마른 땅에〉 '행복은 에덴동산 안에서', '때를 아는 지혜'(5분칼럼), 〈GoodTV〉(2013년 8월 2일)

"한장총 '종교인 과세, 종교인이 간이사업자가 됐다' 비판", 〈GoodTV〉(2013년 8월 20일)

"한장총 주관 '종교인 과세' 공청회 30일 열린다", 〈GoodTV〉(2013년 8월 26일)

"데일리 뉴스브리핑…한교연 대표회장 후보 마감", 〈GoodTV〉(2013년 12월 17일)

"한국 교회연합 대표회장 후보 권태진 목사와 한영훈 목사가 공청회자리를 마련했습니다", 〈GoodTV〉(2013년 12월 27일)

"한국교회연합회 정기총회", 〈GoodTV〉(2014년 1월 28일)

"한국 교회 본질회복성회 열려", 〈GoodTV〉(2014년 7월 11일)

"유별난 성도 사랑 실천…권태진 목사", 〈GoodTV〉(2015년 1월 15일)

"교회성장비결 '아비목회'", 〈GoodTV〉(2015년 1월 16일)

"기독교문화대상 시상식", 〈GoodTV〉(2015년 3월 10일)

"월남참전용사 평화통일기도회 개최", 〈GoodTV〉(2015년 10월 14일)

"성민에듀투게더 제1기 수료 및 입학식 개최 내용", 〈GoodTV〉(2013년 3월 5일)

"2013년 한국 교회 부활절연합예배", 〈GoodTV〉(2013년 3월 12일)

5) CGNTV

"CGN 한교단다체제 인터뷰", 〈CGN TV〉(2013년 1월 2일)

6) 극동방송

"우리 교회 좋은 교회", 〈극동방송〉(2004년 4월 2일)

"좋은 아침입니다", 〈극동방송〉(2009년 5월 29일)

송암(松岩)
권태진(權泰鎭)
목사 연보(年譜)

1949년　4월 23일(음력) 경북 문경군 산양면 형천리에서 아버지 권중훈(權重熏)과 어머니 최일녀 사이의 2남으로 출생하여 3세 때 교육자였던 부친을 여의고 홀어머니와 형과 함께 지내다.

1964년　15세 무렵 폐결핵에 걸려 사경을 헤매다가 점촌제일교회의 종소리를 듣고 처음 교회에 나가 예수님을 영접하고 목사가 되기로 서원하다.

1967년　고등학교 때 서울로 상경하여 형과 함께 삼양동 산동네에 기거하다.

1970년　군에 입대하여 아산만 석문 근처에서 복무하다.

1972년　월남전에 참전하여 맹호부대 통신병으로 복무하다.

1973년　제대 후 서울 중곡동에 위치한 세광교회에 출석하며 주일학교 교사로 봉사하다가 담임목사의 권유로 성신신학교에서 공부하다.

1976년　목사고시를 준비하다가 본동교회 교육목사로 추천 받다.

1977년　3월 27일 교회 주일학교 교사 김희연을 만나 결혼하다.

　　　　12월 6일 동아신학교를 졸업하다.

1978년　7월 30일 30세에 목사안수를 받다(대한예수교장로회 합동측).

　　　　개척교회를 세우기 위해 기도하다가 복음신문을 보고 시흥군 남면 중앙교회를 찾아가던 중에 군포역 근처의 공터에 개척을 결심하다.

　　　　10월 15일 군포에서 천막을 세워 첫 번째 예배당을 개척하다(당리 122번지).

　　　　12월 5일 단독주택으로 이전하여 두 번째 예배당을 세우다(당리 121-21호).

1979년　4월 3일 임대하여 사용하던 건물이 매각되어 세 번째 예배처소를 마련하다(당리 122-21호).

1979년　7월 1일 향군종 목사로 임명되다.

1980년　1월 8일 총신대학교(총회신학교)를 졸업하다(제73회 졸업).

3월 25일 합동측 가입으로 한 번 더 강도사고시를 치르고 합격하다.

1981년　6월 28일 네 번째 예배당으로 이전하다(당동 122번지).

1982년　2월 23일 선교원을 개원하여 5월 2일 보사부로부터 어린이집으로 인가 받고 원장이 되다.

12월 12일 104평 교회 대지를 구입하고 계약하다(당동 740-11).

1984년　8월 6일 다섯 번째 예배당 건축 후 입당하다(군포시 당동 740-11).

8월 6일 단독 예배당(다섯 번째 예배당)에서 첫 예배를 드리다(군포시 당동 740-11).

1985년　3월 4일 제일선교원을 재개원하다.

8월 31일 중앙대학교 사회개발대학원에서 사회복지학을 수료하다.

1986년　5월 2일 제일노인학교를 설립하다(1992년 5월 6일 6회 졸업까지 151명 입학, 47명 졸업).

11월 20일 다섯 번째 예배당인 단독 교회를 준공하다(건평 140평, 대지 100평).

1987년　3월 8일 교회 증축 공사 준공하다.

1988년　4월 17일 서울노회 부노회장으로 선출되다.

4월 향군종 모임의 회원이 되다.

1993년　1월 31일 법무부 청소년 지도위원과 군포시 기독교연합회 회장을 맡다.

2월 2일 합동신학교 목회대학원을 수료하다.

2월 22일 모친 최일녀 권사의 장례를 치르다.

10월 15일 군포제일교회 담임목사로 위임되다.

1994년　2월 29일 합동신학연구원을 졸업하다.

4월 12일 극동방송 〈김혜자와 차 한잔을〉의 구성작가로 참여하다.

7월 3일 문예사조 시인으로 등단하다.

1996년   1월 군포경찰서 경목위원장으로 추대되다.

5월 13일 문화신문 논설위원으로 추대되다.

9월 17일 총회(개혁) 교육부장으로 선출되다.

1997년   3월 3일 사이판 신학교에서 강의하다.

1998년   3월 5일 사단법인으로 성민원을 인가 받다.

4월 12일 여섯 번째 예배당으로 이전하여 입당하다(금정동 870-10).

4월 17일 입당 및 법인설립 감사예배를 드리다.

1999년   2월 14일 합동신학대학원대학교(구 합동신학교)를 졸업하다.

2000년   4월 10일 제14회 합신 경기중노회장에 선출되다.

9월 24일 일곱번째 예배당으로 이전하여 입당하다

10월 2일 노인복지 기여 부문에서 군포시장상을 받다.

10월 노인복지 증진 기여자 부문에서 보건복지부장관상을 받다.

2001년   3월 5일 예배당 증축을 위해 제2교육관으로 이전하다(일곱 번째 예
배 당, 군포시 금정동 850-5).

9월 7일 제2회 사회복지의 날에 사회복지 활동 유공자 부문에서
대통령 표창을 받다.

9월 18일 2001 PPP 십자가 대행진 공로상을 수상하다.

10월 6일 군포시민의 날에 명예선양 부문에서 군포시민대상을 받다.

2002년   3월 1일 여덟 번째 예배당을 증축하고 입당감사예배를 드리다(금
정동 870-10).

2004년   2월 17일 합동신학대학원대학교(미국 버밍햄신학대학원)에서 목회학
박사학위를 취득하다.

11월 한국기독교성령 일백교회 일백인 목회자로 선정되다.

12월 9일 제1회 CBS 크리스천 자원봉사자 대상에서 우수상을 수
상하다.

2005년   12월 3일 천국사다리 호스피스 이사장으로 취임하다.

2006년   1월 29일 세계성신클럽 제18대 회장 취임예배를 드리다.

2007년   2월 15일 김희연 사모 성결대학교 사회복지학과를 졸업하다.

         4월 17일 대한예수교장로회(합신) 27회 경기중노회장으로 선출되다.

         11월 합동신학대학원대학교 법인이사로 취임하다.

         11월 18일 여덟 번째 예배당에서 헌당예배를 드리다.

2008년   4월 10일 세계성령운동중앙협의회 제5회 홀리스피리츠맨 메달리

         온에서 문화예술부문을 수상하다.

         12월 10일 서해안 유류 오염 사고 방제유공포상 전수식에서 국토

         해양부장관 표창을 수상하다.

2009년   9월 2010천만인성령대회 대표대회장으로 취임하다.

2011년   9월 20일 제96회 대한예수교장로회(합신) 총회장으로 취임하다.

         9월 25일 루이지애나 침례대학교에서 명예철학박사학위를 취득하다.

         12월 19일 짚신문학상을 수상하다.

2012년   8월 26일 아홉 번째 예배당(예루살렘 예배당)에 입당 감사예배를 드리

         다(공단로 22).

         12월 6일 제23회 문예사조 문학상 본상을 수상하다.

         12월 11일 한국장로교총연합회 대표회장 취임감사예배를 드리다.

2013년   10월 10일 제8회 한국교회 연합과 일치상을 수상하다.

         11월 30일 한국교회 정교분리와 윤리회복을 위한 시국대책위원회

         상임대표회장으로 추대되다.

2015년   3월 5일 제28회 기독교문화대상(문학부문)을 수상하다.

         7월 2일 월남전 참전 국가유공자로 지정되다.

         7월 21일 한국교회 오늘과내일연합 대표회장으로 취임하다.

         12월 12일 제7회 군포문학상을 수상하다.

2016년 1월 경기남부경찰청 경목위원장으로 추대되다.

2월 16일 웨스트민스터신학대학원대학교에서 명예신학박사학위를 취득하다.

7월 3일 한국찬송가개발원(원장: 문성모)을 설립하고 이사장으로 추대되다.

■ 가족사항

사모 : 김희연

자녀 : 권은혜 집사(남편 심준섭 집사, 자녀 심은하, 심은호),

권성애 교수, 권성근 기획목사